Dolf Sternberger
Lebende Verfassung

Dolf Sternberger (1907–1989) gehört zu den Mitbegründern der deutschen Politikwissenschaft nach 1945 und avancierte in der Nachkriegszeit zu einem der wichtigsten politischen Publizisten der Bundesrepublik. Als „Demokratielehrer" im Hessischen Rundfunk und in der Frankfurter Allgemeinen Zeitung wirkte er über lange Jahre auf eine breite Hörer- und Leserschaft. Zu seinen wichtigsten Werken zählen *Grund und Abgrund der Macht* (1962) und *Drei Wurzeln der Politik* (1977).

Steffen Augsberg, geb. 1976, studierte Rechtswissenschaft an der Universität Trier und der LMU München. Nach der Promotion in Heidelberg erfolgte die Habilitation an der Universität zu Köln. 2011 übernahm er den Lehrstuhl für Öffentliches Recht, insbesondere Recht des Gesundheitswesens, an der Universität des Saarlandes, 2013 wechselte er auf eine Professur für Öffentliches Recht an der JLU Gießen. Seit 2016 ist er Mitglied des Deutschen Ethikrates.

Dolf Sternberger

Lebende Verfassung

Mit einer Einleitung
von Steffen Augsberg

Europäische Verlagsanstalt

Bibliografische Information der Deutschen Nationalbibliothek
Die Deutsche Nationalbibliothek verzeichnet diese Publikation in der Deutschen Nationalbibliografie; detaillierte bibliografische Daten sind im Internet über http://dnb.d-nb.de abrufbar.

Erstausgabe: 1956 Verlag Anton Hain K.G., Meisenheim am Glan
Coverabbildung: Gettyimages ullstein bild
Portrait Steffen Augsberg: Deutscher Ethikrat/Reiner Zensen
Umschlaggestaltung und Satz: Christian Wöhrl, Hoisdorf,
Signet: Dorothee Wallner nach Caspar Neher »Europa« (1945)

Printed in Germany
ISBN 978-3-86393-146-9
Auch als E-Book erhältlich, ISBN 978-3-86393-639-6

Informationen zu unserem Verlagsprogramm finden Sie im Internet unter www.europaeischeverlagsanstalt.de

Inhalt

Steffen Augsberg

Die „Lebende Verfassung“ als Problem und Programm VII
Was ist uns Dolf Sternberger? | Politikwissenschaft als Beruf | „Vor dem Nichts raffen wir uns auf“: Grundgesetz und werdende Bundesrepublik in Symbiose und Spannung | Wer lebt denn da? | Lebende Verfassung und Verfassungspatriotismus | Aktuelle Relevanz | Unsere lebende Verfassung als Daueraufgabe

Dolf Sternberger
Lebende Verfassung

Vorwort 10

Macht und Sitte — Eine Studie über Politik als Wissenschaft 11

Einige Elemente der lebendigen Verfassung der Bundesrepublik Deutschland 23
Vorbemerkung 23
Das Problem der Loyalität 25
Das Parlament und das System der Parteien 31
Anhang: Wahlbeteiligung in den Ländern 1946–1955 42

Block und Koalition — Eine Studie zur Entstehung der deutschen Parteiensysteme nach 1945 43
Parteien als Staatsgründer 43
Exkurs: Zur Kritik einiger älterer Definitionen der politischen Partei 45
Der Widerspruch von Potsdam 51
Kriterien des demokratischen Charakters von Parteien 58
Das Blocksystem der Sowjetzone 63
Exkurs über eine Theorie zur Rechtfertigung des Blocksystems 66
Das Prinzip der starren Koalitionen 77
Der Horror Majoritatis 81
Anhang: Zeittafel 88

Bildung und Formen der Koalitionsregierung – Eine Studie zum Regierungssystem 101
Die Ausbreitung des Koalitionssystems 103
National Government in England 107
Notstands-Bündnisse 111
Parlamentarier-Regierung in Frankreich 113
Der Parteienvertrag 115
Andere Einteilungsgründe 117
Primäre und sekundäre Opposition 119
Die wirkliche und die förmliche Regierungsbildung 121
Der Regierungs-Chef als Koalitionsführer 128
Anhang: Verzeichnis der aus Wahlen hervorgegangenen Kabinette westdeutscher Länder seit 1946 132

Opposition des Parlaments und Parlamentarische Opposition – Eine Studie zum Problem der Gewaltenteilung 133

The House — Les Députés — Die Parteien — Eine Studie zur vergleichenden Morphologie der Parlamente 151
Drei Mehrheiten 152
Drei Gegenstände 153
Krise in Paris 154
Festigung in London 156
Zerrung in Bonn 157

Anhang: Begleittexte der Erstausgabe 160

Die „Lebende Verfassung" als Problem und Programm

Was ist uns Dolf Sternberger?

Mit diesem Buch wird ein wichtiges Dokument der Zeitgeschichte, aber auch ein wissenschaftlich wie politisch bedeutsames Grundlagenwerk wieder zugänglich gemacht. Dolf Sternberger (1907–1989) ist heute zweifellos weitaus weniger präsent und prominent als zu Lebzeiten. Während seine enge Vertraute Hannah Arendt posthum zu einem internationalen philosophischen Weltstar geworden ist, scheint das Interesse an ihm auch auf nationaler Ebene zu verblassen. Das ist eigentlich unverdient, denn seine Arbeiten sind dem Leser zugewandt und belohnen ihn mit prägnanten Formulierungen, originellen Beobachtungen und nachhaltig wirkenden Einsichten. Bevor auf die konkreten Texte dieses Bandes eingegangen und die Aktualität der darin verarbeiteten Überlegungen erläutert wird, sind zunächst zwei knappe einführende Bemerkungen zum Autor und seinem Werk angebracht:

Liest man mit dem Abstand einiger Jahre noch einmal die Veröffentlichungen, die 2007 anlässlich von Sternbergers 100. Geburtstag erschienen sind, fällt unmittelbar eine gewisse Dissonanz auf. Leben und Werk bündeln sich in einer Persönlichkeit, die zu den prägenden Intellektuellen der frühen Bundesrepublik zählte und die offensichtlich bei vielen Zeitgenossen Spuren hinterlassen hat. Gleichzeitig ist aber schon damals die Sorge zu erkennen, der hochgeschätzte Mann und Autor könne in Vergessenheit geraten. Sternberger war nicht nur unbelastet durch die Zeit des Nationalsozialismus gekommen. Er gehörte zu der kleinen Zahl derjenigen, deren Verhalten auch im Nachhinein als vorbildhaft gelten darf: beruflich als Redakteur der liberalen „Frankfurter Zeitung", der mutig (inhaltlich und gerade sprachlich) Regimeferne demonstrierte, bis er 1943 Schreibverbot erhielt; privat vor allem dadurch, dass er seiner jüdischen Frau die Treue hielt und ihr in der Endphase der nationalsozialistischen Terrorherrschaft half, sich vor der Deportation zu verbergen. Er war ein Mann, der Widersprüche aufnehmen und auflösen konnte und den genau dies auszeichnete: Immer wieder als (Groß-)Bürger beschrieben (was als Lob gemeint ist und doch heute etwas eigenartig anmutet; erst recht, wenn Frank Schirrmacher anerkennend beschreibt, er habe „auch aus der Nähe wie ein britischer Kolonialoffizier" gewirkt), begann er zunächst das dezidiert nicht-bourgeoise Studium der Theaterwissenschaft und wechselte später zunächst zur Germanistik und Kunstgeschichte sowie vor allem zur Philosophie. Karl Jaspers und Martin Heidegger wirkten auf unterschiedliche Weise prägend; die Promotion (bei Paul Tillich) befasst sich kritisch mit dem Tod in Heideggers Fundamentalontologie. Auch dass er unmittelbar im Anschluss bei der „Frankfurter Zeitung" das für ihn eingerichtete Ressort der „Kulturpolitik" erhielt, deutet bereits seine vielseitige Begabung an. Er bewegte sich ganz selbstverständlich zwischen verschiedenen Disziplinen und kultivierte mit ungeheurer thematischer Spannweite ein kontinuierlichen Grenzgängertum zwischen Literatur und Journalismus, Philosophie und Politologie. Diese charakteristische Vielschichtigkeit dürfte maßgeblich dazu beigetragen haben, dass Sternberger in der jungen Bundesrepublik in mehrfacher Hinsicht reüssierte: als einer der einflussreichsten Publizisten, als Mitbegründer der (west)deutschen Politikwissenschaft und als „Demokratielehrer", der seine Reichweite, unter anderem in der Frankfurter Allgemeinen Zeitung und in zahlreichen Sendungen des Hessischen Rundfunks, nutzte, um der deutschen Bevölkerung Wesenselemente der Demokratie und das Zusammenwirken der unterschiedlichen Akteure des neuen repräsentativen Systems zu erklären. Zugleich erschwerte sie indes eindeutige Zuordnungen und Bildung einer klassischen, dauerhaft Einfluss sichernden „Schule".

Beim Blick auf Sternbergers Œuvre fällt auf, dass die mit der biographischen Skizze bereits angedeutete Vielfalt von Interessen und Expertise sich in seinen wissenschaftlichen und publizistischen Arbeiten widerspiegelt. Es umfasst literaturwissenschaftlich relevante Werke (etwa die Monographie „Heinrich Heine und die Abschaffung der Sünde"), begriffs- und ideengeschichtliche Studien ebenso wie sprach- und politikwissenschaftliche sowie genuin philosophische Texte. Typisch ist ferner das Bestreben, nicht nur für den begrenzten Kreis der *academic community* zu schreiben, sondern kompliziertere Gedanken auch einem breiteren Publikum zu vermitteln. Diese für die journalistische Tätigkeit selbstverständliche Tugend tritt in den Nachkriegsjahren noch stärker hervor. Als Leitmotiv lässt sich die Sorge um die Funktionsweise der Institutionen der jungen Demokratie und das rechte Verständnis von ihnen rekonstruieren. Übertriebenen Erwartungen ist dabei ebenso zu begegnen wie tiefsitzenden Vorbehalten. Vor dem Hintergrund der Weltkriegserfahrungen, des Nationalsozialismus und des Stalinismus bleibt dies eine dringliche Aufgabe, zumal die weitreichende geistesgeschichtliche Tradition einer Demokratie- und Parteienskepsis in Deutschland keine kleine Barriere darstellt, um der bundesdeutschen Bevölkerung Wesen und Wert der pluralistisch organisierten, repräsentativen Demokratie zu vermitteln. Die edukatorische Abgrenzung zum NS-

Terror erfolgte indes nicht allein auf der Ebene der Institutionenanalyse und -kritik. Mit der im Herbst 1945 gemeinsam mit Karl Jaspers, Alfred Weber und Werner Krauss (später Marie Luise Kaschnitz) herausgegebenen Zeitschrift „Die Wandlung" sollte vielmehr in einem umfassenden Sinne das Erbe der Aufklärung und des Humanismus reaktiviert werden. Zu diesem Zwecke veröffentlichte Sternberger dort gemeinem mit Gerhard Storz und Wilhelm E. Süskind eine Artikelserie, die sich mit der Pervertierung von Sprache im sog. Dritten Reich und ihren Konsequenzen auseinandersetzte. Dieses später mehrfach aufgelegte Buch mit dem Titel „Aus dem Wörterbuch des Unmenschen" dürfte neben Victor Klemperers „LTI" die bekannteste und wichtigste frühe sprachanalytische Auseinandersetzung mit dem Nationalsozialismus sein. Es stellte zugleich eine Aufforderung an die bundesdeutsche (Sprach-)Wissenschaft dar, in diese Richtung weiterzuforschen. Dass Sprache Machtstrukturen abbilden und fördern bzw. selbst brutale Gewalt sein (oder auch verschleiern) kann, ist mithin keine erst dem Poststrukturalismus zu verdankende Einsicht. Jüngere Untersuchungen haben diese Grundgedanken fortgeführt und belegt, wie sehr in der Zeit des Nationalsozialismus gerade in der Rechtswissenschaft weniger auf vollständige Neuschöpfungen denn auf grundlegende Bedeutungswechsel mit camouflierenden Auslegungs- und Verwendungsmodi gesetzt wurde. Anders als Klemperer ging es Sternberger und seinen Co-Autoren dabei weniger um spezifisch totalitäre Sprachelemente und diesbezügliche Kontinuitäten in der „DDR", sondern um subtilere Folgen des NS-Sprachgebrauchs auch unter den freiheitlichen Bedingungen der Bundesrepublik. William Dodd hat mit seiner 2008 erschienenen Untersuchung „Jedes Wort wandelt die Welt" Sternbergers Rolle als sensiblen Beobachter, Analytiker und Kritiker des Sprachgebrauchs näher beschrieben – wie er seine Befunde unter dem Eindruck der nationalsozialistischen Sprachpolitik entwickelte und welche Nachwirkungen sie bis hin zum „Sprachkritik-Streit" in den 1960er Jahren hatte.

Noch essentieller und einflussreicher dürften jedoch die politologischen und politiktheoretischen Veröffentlichungen sein. Mit ihnen avancierte Sternberger zu einem der wichtigsten Vermittler eines realistischen Demokratieverständnisses, das existierende Probleme nicht ignoriert, aber in größere ideengeschichtliche und praktische Zusammenhänge einordnet, mit anderen, älteren Demokratien vergleicht und damit in ihrer Bedeutung im positiven Sinne relativiert. Obschon Aristoteliker, legte er damit den Fokus weniger auf Werteorientierung denn auf Formen und Institutionen. Die schon bei Rudolph von Jhering nachzulesende Einsicht, dass die Form „die geschworene Feindin der Willkür, die Zwillingsschwester der Freiheit" ist – *„forms liberate"* formuliert später ganz ähnlich und prägnant Lon Fuller –, wird so aktualisiert und produktiv gewendet; das Funktionieren der Institutionen wird als Freiheitsermöglichung eingeordnet und als Aufgabe verstanden. Soweit nicht vorrangig Mittel, sondern speziell die Zwecke betrachtet werden, geschieht dies, etwa in der Heidelberger Antrittsvorlesung Ende 1960, in Abgrenzung nicht nur zu Carl Schmitt, sondern auch zu Max Weber, indem nicht die Feind- bzw. Gegnerschaft zum Kern des Politischen erklärt, sondern der Friede als Ziel der Politik verstanden wird. Dementsprechend stehen weniger Dominanzszenarien als Koexistenz ermöglichende Vereinbarungen im Zentrum der Überlegungen. Das betrifft nicht allein das zwischenstaatliche Handeln (also v.a. völkerrechtliche Verträge), sondern verweist staatsintern auf die Organisationsform des demokratischen Verfassungsstaats, in dem die Staat-Bürger-Beziehung nicht von wechselseitigem Misstrauen, sondern von Kooperation, Loyalität und Solidarität geprägt ist – diese Annahme liegt auch der oft (und oft falsch) zitierten Rede vom „Verfassungspatriotismus“ zugrunde. Näher ausgeführt werden diese Gedanken insbesondere in den beiden wohl wichtigsten Monographien, „Grund und Abgrund der Macht“ (1962), ein Werk, das eine „Kritik der Rechtmäßigkeit heutiger Regierungen“ versucht und unterschiedliche Legitimitätsvorstellungen in Ost und West kontrastiert, sowie „Drei Wurzeln der Politik“ (1978). Hier werden idealtypisierend drei Ahnherren und mit ihnen verbundene politische Denkstile beschrieben, wobei der – von Sternberger eindeutig favorisierte – „politologische“ (Aristoteles) vom „eschatologischen“ (Augustinus) und „dämonologischen“ (Machiavelli) unterschieden wird. Auch darin zeigt sich, wie sehr der (Groß)Bürger Sternberger zugleich ein Theoretiker und Proponent bürgerschaftszentrierter Organisationsstrukturen war.

Einige Grundelemente dieser später umfassender ausgearbeiteten Lehren lassen sich schon der vorliegenden Arbeit über die „Lebende Verfassung“ entnehmen. Es handelt sich zugleich um Texte (teilweise ausdrücklich als „morphologisch“ apostrophiert), die in spezifischer Weise ihrem Entstehungszusammenhang verbunden sind. Schon 1947 hatte Sternberger einen Lehrauftrag für Politik an der Universität Heidelberg erhalten. Noch bevor er 1955 zum Honorarprofessor, 1960 zum persönlichen Ordinarius und 1962 zum ordentlichen Professor und Direktor des Instituts für Politische Wissenschaft ernannt worden war, leitete er bereits (seit 1951) eine Forschungsgruppe am Alfred-Weber-Institut. Im Rahmen dieser Forschungsgruppe, aus der das Institut für Politische Wissenschaft hervorging, entstanden die Aufsätze, die für den hier vorliegenden Band zusammengefügt wurden. Er bildete zugleich Band 1 der Schriftenreihe „Parteien – Fraktionen – Regierungen“, die Studien zu den unterschiedlichen Akteuren des demokratischen Gemeinwesens und ihren jeweiligen Interaktionen umfasste. Schon in der vorgeschalteten „Bemerkung zu dieser Schriftenreihe“ verweist der Herausgeber Sternberger explizit darauf, solche das Zusammenwirken der Fraktionen, Parteien, Parlamente und Parlamentsausschüsse, aber auch der Verbände, thematisierenden Untersuchungen seien „auf die lebende politische Verfassung“ ausgerichtet. Darin sah er eine wissenschaftliche Innovation, knüpfte aber auch bewusst an historische, staatsrechtliche und vor allem soziologische Forschung an. Im Vorwort präzisiert er: Die entscheidenden Fragen seien „nicht beliebig gestellt, sondern aus dem Experiment des neuen deutschen Staatswesens erwachsen, dessen Versuchspersonen wir selber sind“. Mit dem unerprobt-experimentellen Staatsmodell verband er eine neuartige, tentative Forschungsstrategie, die die „Hoffnungen und Sorgen“ ins Zentrum stellt, die aus der neuen Verfassung erwachsen. Warum Sternberger das 1956 erstmals erschienene, nun wieder vorgelegte Buch selbst nicht wieder veröffentlicht hat, lässt sich heute ebenso schwer rekonstruieren wie die Entscheidung, sie nicht in die Gesammelten Schriften aufzunehmen. Ein naheliegender Erklärungsansatz könnte sein, dass ihm die Texte aufgrund des konkreten zeithistorischen Kontextes überholt erschienen und weniger „haltbar“ als seine abstrakteren Arbeiten zur politischen Theorie. Wirklich überzeugen kann das indes nicht. Denn zunächst sind eine derartig strikte Trennung und Qualifizierung allgemein fragwürdig. Darüber hinaus zeigt die Lektüre der Texte ja gerade, dass die spezifische Genese weiterreichende, allgemeingültige Einsichten bzw. zumindest übergreifende produktive Irritationen nicht ausschließt.

Politikwissenschaft als Beruf

Sternbergers programmatisch betitelte Aufsatzsammlung „Lebende Verfassung“ ist ein Produkt ihrer Zeit – und sie ist doch weit mehr als das. Sie führt uns zurück in die Frühphase nicht nur der Bundesrepublik und des Grundgesetzes, sondern auch der Politikwissenschaft. Die noch recht junge Disziplin, deren Selbstverständnis im fortlaufenden Ausdifferenzierungsprozess der alten „Staatswissenschaften“ noch wenig geformt war, musste in grundsätzlicher wie methodischer Hinsicht „eingenordet“ werden. So legt Sternberger immer wieder Wert darauf, festzuhalten, dass die Wissenschaft von der Politik weder selbst politisch wirken will noch eine Szientifizierung des Politischen anstrebt: „Politik als Wissenschaft kann ebenso wenig Politisierung der Wissenschaft wie

Verwissenschaftlichung der Politik bedeuten oder erstreben." (13) Es geht auch hier, wie es Trutz Rendtorff prägnant für die Ethik formuliert hat, nicht um Bescheid wissen, sondern um Begleitwissen. Im Vorwort folgt dem etwas pathetischen Bezug auf das „Gebot der wissenschaftlichen Wahrhaftigkeit" die apodiktisch-knappe Feststellung: „Vorurteile haben darin keinen Platz, wohl aber Urteile." (9) Politologie ist mithin nicht unpolitisch (oder „wertfrei"); sie ist aber keine Politik. Gerade weil die Beziehung von Politik und (beratender) Wissenschaft in den letzten Jahren wieder deutlich spannungsreicher geworden ist, sind dies wichtige Erinnerungsposten dafür, daß Demokratie und Expertokratie nicht in symbiotischer Beziehung stehen, sondern konkurrierende Legitimations- und Legitimitätsmodelle sind. Zwar werden auch in der Wissenschaft Urteile gefällt. Doch bleibt wissenschaftliches Erkennen notwendig ein unabgeschlossener, pluralistischer und skeptischer Prozess. Politische Entscheidungen können zudem nicht an wissenschaftliche oder gesellschaftliche Beratungsgremien delegiert werden, ohne die spezifischen demokratischen Verantwortungszusammenhänge zu beeinträchtigen. Je mehr daher die Politik Verantwortung an sog. Experten abgibt, desto mehr müssten insbesondere Motive, Auswahl- und Qualitätskriterien transparent gemacht werden.

Das Streben nach „wissenschaftlicher Wahrhaftigkeit" darf demnach nicht mit einer pauschalen Korrespondenzvorstellung von Wahrheit verwechselt werden. Sternbergers Texte enthalten für ein solches, insbesondere in den empirischen Disziplinen verbreitetes Fehlverständnis von „Objektivität" schon deshalb wenig Anhaltspunkte, weil er entsprechende Einseitigkeiten ablehnt und moderne Reinkarnationen des Philosophenkönigs kritisiert. Gleich zu Beginn steht eine methodische Kernaussage: Politikwissenschaft soll demnach weder reine Empirie noch bloße theoretische Reflexion sein, sondern sich aus beiden speisen (9). Das ist, zugegebenermaßen, für sich gesehen nicht besonders originell. Interessant wird es aber dann, wenn man die konkrete Umsetzung in den nachfolgenden Texten nachvollzieht und zugleich liest, wie wenig Beachtung Sternberger an anderer Stelle methodologischen Überlegungen schenkte. So hebt Günther Nonnenmacher mit Blick auf seine Begegnungen mit Sternberger hervor, dieser habe entsprechende Debatten nicht geführt, sie sogar verachtet. Den Studenten gab er demnach keine methodischen Anweisungen; selbst sei er vor allem an einer gründlichen Auseinandersetzung mit den konkreten Untersuchungsgegenständen interessiert gewesen, die man im untechnischen Sinne phänomenologisch nennen könne. Dieses Bemühen, konkret „zu den Sachen selbst" vorzudringen, ist auch in den Texten dieses Bandes zu erkennen, die sich gerade dadurch auszeichnen, demokratische Institutionen und ihre Interaktionen aus dem Schatten in das Licht zu ziehen und in ihrer jeweiligen Funktionalität näher zu erläutern.

Trotz ihrer titelgebenden Hervorhebung erhält interessanterweise die Verfassung als Text eher wenig Aufmerksamkeit. Das Verhältnis von Normativität und Faktizität wird nicht interdisziplinär im Sinne eines Dialogs mit der Rechtswissenschaft, sondern als intern politologisches Problem verstanden. Ausgerechnet der ausgewiesene Literatur- und Sprachexperte lässt sich vergleichsweise wenig auf die interpretatorische Auseinandersetzung mit den einzelnen Normen des Grundgesetzes ein. Der Fokus liegt ungeachtet der betonten Überschneidungen primär auf den realen Voraussetzungen, Wirkbedingungen und Konsequenzen des Rechts (*might, not right*, vgl. 21). Das betrifft einzelne Teilaspekte, aber auch die übergreifende Rolle der neuen normativen Ordnung: Obwohl das Grundgesetz bekanntlich zunächst als interimistische Zwischenlösung gedacht war, spricht Sternberger mit großer Sicherheit von der „Verfassung" der Bundesrepublik. Sein Augenmerk gilt gerade der Frage, wie diese tatsächlich verfestigt und in der Gesellschaft verankert werden kann. Das stellt einen Bruch dar mit einer Wissenschaftstradition, die herkömmlich weniger auf die Verfassung denn auf den Staat fixiert war. Dennoch bedeutet die Konzentration auf die Verfassung keine positivistische Engführung. Die konkreten Normeninhalte kommen allenfalls am Rande vor. Für sie interessiert er sich weniger als für ihre praktischen Auswirkungen. Genuin juridische Bezüge sind eher selten. Eine Erklärung hierfür ist nicht ersichtlich. Immerhin passt es aber dazu, dass, wie insbesondere Ingeborg Maus immer wieder kritisiert hat, die (deutsche) Politologie eine gewisse Normenferne und eine ausbaufähige staatsrechtliche Neugier wie Expertise kennzeichnet. Ungeachtet der zu Beginn der 1950er Jahre bereits vorhandenen Literatur ist zudem zu berücksichtigen, dass auch die Juristen selbst sich erst näher mit den neuen Normen auseinandersetzen mussten. Schließlich entspricht es eher Sternbergers eigenem Vorgehen, konkrete Ereignisse und Institutionen nicht nur in einen größeren ideengeschichtlichen Kontext einzuordnen, sondern zudem in komparativer Perspektive Bezüge zu anderen, schon länger funktionierenden demokratischen Modellen herzustellen. Die „lebende Verfassung" impliziert insoweit auch eine dynamische Ko-Existenz mit weiteren, ihrerseits lebendigen Verfassungssystemen. Die hier mitenthaltene „Studie zur vergleichenden Morphologie der Parlamente" (151 ff.) veranschaulicht diesen Grundgedanken.

„Vor dem Nichts raffen wir uns auf“: Grundgesetz und werdende Bundesrepublik in Symbiose und Spannung

Die Auseinandersetzung mit den staatlichen wie gesellschaftlichen Institutionen der jungen Republik ist selbstredend vor dem Hintergrund der totalen Katastrophe des Nationalsozialismus und des Weltkriegs zu verstehen. Im Geleitwort zur ersten Ausgabe der „Wandlung“ schrieb Karl Jaspers im November 1945: „Wir haben zwar alles verloren: Staat, Wirtschaft, die gesicherten Bedingungen unseres physischen Daseins, und schlimmer noch als das: die gültigen uns alle verbindenden Normen, die moralische Würde, das einigende Selbstbewußtsein als Volk [...] Wohl haben wir keinen Besitz, auf dem wir ausruhen können, auch keinen Erinnerungsbesitz; wohl sind wir preisgegeben im Äußersten; doch daß wir am Leben sind, soll seinen Sinn haben. Vor dem Nichts raffen wir uns auf.“

Dieses „Nichts“, das Fehlen einer im Wortsinn wert-vollen Traditionslinie, an die angeknüpft und die weiterentwickelt werden kann, würde missverstanden, wenn man es im Sinne einer freischwebenden, gänzlich ungebundenen neuen Ordnung interpretierte. Vielmehr verweist die Abwesenheit stabile Orientierung stiftender Bezugspunkte in der eigenen, nationalen Geschichte auf die Relevanz vergleichender Betrachtungen, aber auch universeller Wertvorstellungen. In diesem Sinne zielt das Grundgesetz unmittelbar darauf ab, Strukturen zu schaffen, um zukünftig totalitären Machtansprüchen widerstehen zu können. Die neue Verfassungsordnung soll, aufbauend auf Karl Löwensteins Konzept der *militant democracy*, „wehrhaft“ sein. Diese Abkehr von Hans Kelsens bekannter These, es zähle zum Wesen der Demokratie, „diejenige Staatsform [zu sein], die sich am wenigsten gegen ihre Feinde wehrt“, und die, um sich selbst treu zu bleiben, „auch eine auf Vernichtung der Demokratie gerichtete Bewegung dulden“ müsse, erfolgte nicht allein aufgrund der Erfahrungen des Nationalsozialismus, sondern auch mit Blick auf die Bedrohung durch die kommunistischen Staaten. Umgekehrt bedeutete dies eine enge Anbindung an die westliche Welt und deren Verfassungstraditionen – *ex occidente lex*. Diese Westorientierung ist auch in Sternbergers Texten dauerpräsent: Die Adenauer-Ära muss sich am angelsächsischen Vorbild messen lassen. In einer charakteristischen Fußnote (39) übt Sternberger Kritik an der „empfindlichen, furchtsamen, krampfartigen Fixierung: Was muß getan werden, um die ‚Fehler der Vergangenheit‘ diesmal zu vermeiden?“ und empfiehlt demgegenüber die „natürlichere und gesündere Frage: Was muß man tun, um es gut zu machen?" Das wiederum aber kann ersichtlich nur beantworten, wer weiß, wie die entsprechenden Entscheidungen *in praxi* getroffen werden.

Hier scheint schon die enorme Bedeutung auf, die der frisch geschaffenen verfassungsnormativen Ordnungsstruktur zukommt. Dass diese in ihrer praktischen Wirksamkeit im Zentrum der Beobachtungen steht, bedeutet eine wichtige Abgrenzung gegenüber denjenigen Stimmen der Zeit, die aus den offenkundigen Schwächen der Weimarer Republik negative Schlüsse auf deren Verfassung und daraus wiederum auf das geschriebene Recht insgesamt gezogen hatten. Zu entsprechenden Überlegungen der „Naturrechtsrenaissance" der 1950er Jahre stehen Sternbergers Ausführungen zur „lebenden Verfassung" in deutlichem Kontrast. Sein analytischer Blick auf die konkreten (Dys)Funktionalitäten der jungen Demokratie unterscheidet sich aber auch von den Bemühungen des Bundesverfassungsgerichts in seinem durch die Entwicklungen des ersten Jahrzehnts der Geltung des Grundgesetzes vorgeprägten Lüth-Urteil. Mit ihm wurde der Anwendungsbereich der Grundrechte ausgedehnt; diese sind demnach auch bei der Anwendung von Zivilrechtsnormen – also zwischen Privatrechtssubjekten – heranzuziehen. Wo das Verfassungsgericht so möglichen metalegalen Wertbindungen das Konzept einer verfassungsrechtskonstituierten „objektiven Wertordnung" entgegensetzt, dominiert bei Sternberger der Blick nicht auf materielle Entscheidungsgrundlagen, sondern auf prozedurale und organisatorische Aspekte der Entscheidungsfindung. Das bedeutet keineswegs eine Negation der Bedeutung des Verfassungsrechts, aber Sternberger problematisiert Voraussetzungen statt Ergebnisse. Dabei ist Sternbergers Beziehung zum Grundgesetz ein Entwicklungsprozess. Als er kurz nach dessen Inkrafttreten das „schwächliche Bonner Machwerk" kritisiert, geschieht das in klar funktionaler Analyse. Denn „schwächlich" ist das Regelwerk nicht als normatives Korpus, im Vergleich zu anderen, existierenden oder idealen Verfassungsordnungen. Nein, die Schwäche ergibt sich zu einem Gutteil aus fehlender Vertrautheit, gerade im Vergleich zu den „bolschewistischen Routiniers". Dieser initial besonders starke Gegensatz von innovativer, aber auch instabiler Disruption und Routine wird zwangsläufig durch zunehmende Anwendung abgemildert. Die „lebende Verfassung" verweist deshalb weniger auf dynamische Interpretationsprozesse, die sich in den aus dem US-amerikanischen Verfassungsrecht respektive dem Völkerrecht bekannten Schlagworten von der *living constitution* bzw. dem *living instrument* ausdrücken, sondern auf eine gelebte, im realen politischen Leben umgesetzte Verfassung. Das ist kein nur auf den Ernstfall bezogener, sondern im Gegenteil ein die alltägliche Arbeit betreffender Tauglichkeitstest. Im Sinne Odo Marquards: „Souverän ist, wer den Ausnahmezustand vermeidet."

Zugleich ändert dies nichts an der Erkenntnis, dass normtextbezogene Aus- und Festlegungen eminent politische Bedeutung haben. „*Begriffe sind immer auch Eingriffe*", heißt es hellsichtig (13, Hervorhebung i.O.); später werden sie (am Beispiel des Parteienbegriffs) als „Kobolde" bezeichnet: „Man muß sie dauernd im Auge behalten, damit sie nicht entschlüpfen." (48) Hier nutzt Sternberger seine parallel für das „Wörterbuch des Unmenschen" spezifisch fruchtbar gemachte Sprachsensibilität, die eine grundlegende Sprachkritik jedenfalls nahelegt und semantisch verbrämte Fehlentwicklungen bekämpft. Dass er selbst Verbrecher und andere Friedensbrecher als „Entartungsprodukt" beschreibt (21), steht hierzu in einem merkwürdigen Widerspruch.

Wer lebt denn da?

Knapp zusammengefasst geht es Sternberger somit, auch wenn er eindeutigen Abgrenzungen eine Absage erteilt (21), eher um Formalismus denn um Materialismus. Formen sind indes gerade keine abstrakten Gebilde, sondern werden ihrerseits durch die zahlreichen in ihnen wirkenden Akteure geprägt. Diese wiederum sind nicht isoliert, sondern in ihrem jeweiligen, mehr oder weniger kooperativen oder antagonistischen Zusammenwirken zu verstehen. In diesem Sinne geht es um Pluralismus statt Monismus, um die grundlegende Einsicht, daß die parlamentarische (Massen-)Demokratie komplexe Abstimmungsmodi verlangt und nicht auf schematische, allzu schlichte Erklärungsmuster heruntergebrochen werden kann. Bei Sternberger hingegen werden Verfassung und Verfassungsleben gemeinsam gedacht – eben als „lebende Verfassung". Diese Lebendigkeit bezieht sich nicht auf den Staat als solchen; mit organistischen Staatsvorstellungen („Staat als Organismus") haben die Ausführungen Sternbergers wenig gemein. Stattdessen geht es um die grundlegende Frage, ob, wie und durch wen die demokratische Ordnung mit Leben zu füllen sei. Das verlangt zunächst eine umfassende Analyse der tatsächlich relevanten Gruppen und Personen. Daraus resultiert eine gesteigerte Aufmerksamkeit für die Vielzahl unterschiedlicher, staatsinterner wie -externer Faktoren, Akteure und „Imponderabilien". Näher betrachtet werden Parteien, Fraktionen, Regierung, Bundeskanzler und -präsident, Koalitionen, Ausschüsse, Beamtentum, Rundfunkanstalten, Verbände. Innerhalb dieser Betrachtungen findet sich eine Fülle interessanter Einzelbeobachtungen und übergreifender, zumindest teilweise weiterhin aktueller Einsichten. Nur beispielhaft: Das Parlament wird als „*Verband von Fraktionen*" gekennzeichnet (32, Hervorhebung i.O.), das Adenauer-Bundeskanzleramt als Gegengewicht zu parteienstaatlichen Erstarrungstendenzen vorgestellt (38 ff.), die Parteien in ihrer grundlegenden Funktion und ihrer besonderen geschichtlichen Aufgabe im Prozess des Wiederaufbaus der deutschen Staatlichkeit geschildert und als übergreifendes, nahezu alle Bereiche des öffentlichen Lebens erfassendes Phänomen verstanden (43 ff., 54, 84).

Dass manches für die Gegenwart überholt erscheint und insbesondere die Rollen des Bundesverfassungsgerichts und der Massenmedien zwar nicht außer Acht gelassen werden (40, 84), aber noch nicht die ihnen heute zukommende, in sich durchaus nicht unproblematische, Dominanz besitzen, sei nur am Rande vermerkt. Wenn Sternberger hingegen schreibt, nicht nur hätten Parteien Einfluss auf Koalitionen, sondern umgekehrt auch Koalitionen Einfluss auf Parteien (127), könnte dies wohl kaum aktueller sein. Zudem vermittelte er den Nachkriegsdeutschen die wichtige Rolle der Opposition (63, 119 ff., 133 ff.) und die Erkenntnis, dass es demokratische Parteien nur im Plural geben kann (49, 58, 61). Beides ist auch aus heutiger Sicht keine Selbstverständlichkeit. Bei den Parteien wirkt erkennbar der lange dogmengeschichtliche Schatten der Parteienskepsis mitsamt der Sorge vor „Faktionen" bis in die Gegenwart hinein, obwohl das Grundgesetz insoweit eine eigentlich recht eindeutige positive Festlegung getroffen hat. Demgegenüber bleibt die Rolle der Opposition verfassungsnormativ eigenartig unterbelichtet, auch wenn sie in jüngeren demokratietheoretischen Analysen, etwa bei Niklas Luhmann, eine erhebliche Relevanz zugewiesen bekommt und in anderen Rechtsordnungen, namentlich dem Vereinigten Königreich, deutlich stärkere rechtliche Konturen besitzt. Ähnliches gilt für die überkommene Vorstellung einer Identität von Herrschern und Beherrschten, von Volk und Staat bzw. von Volk und Parteien (71 ff.), die nicht erst durch moderne, sich dezidiert als postidentitär ausweisende Demokratietheoretiker durchschlagende Kritik erfahren hat, aber immer noch wirkmächtig ist.

Ungeachtet der damit nur angedeuteten Komplexität der Beobachtungen und Überlegungen zu den beschriebenen Akteuren stehen diese für Sternberger letztlich nicht im Zentrum des demokratischen Projekts. Als Aristoteliker wusste er vielmehr: Die Bürger machen den Staat aus. Dementsprechend insistiert er, dass „*die menschliche Person* das erste und letzte Subjekt der Politik und der wahre *Corps politique* ist" (17, Hervorhebung i.O.). Gute Politik zeichnet sich demnach einerseits dadurch aus, gesittetes Verhalten sicherzustellen und einen

Rückfall in rohe Gewalttätigkeit zu verhindern (21). Andererseits werden aber die Bürger/Wähler als die zentralen Figuren des Wandels bezeichnet, der letztlich das Lebendige der lebenden Verfassung ausmacht (38).

Lebende Verfassung und Verfassungspatriotismus

Das leitet über zu dem vielleicht bekanntesten, vermutlich aber auch am meisten miss- oder fehlverstandenen Wort Sternbergers, nämlich seiner Rede vom „Verfassungspatriotismus“. Dieser von ihm 1979 – in einem Leitartikel in der Frankfurter Allgemeinen Zeitung zum 30. Jahrestag der Verabschiedung des Grundgesetzes – geprägte Topos hat eine erstaunliche Karriere erfahren. Er bestätigt aber zugleich in interessanter Weise den oben beschriebenen Eingriffscharakter aller Begriffsbildungen. Für eine vereinfachte Interpretation, die eine Identifikation mit „Volk“ oder „Nation“ ablehnt und die Verfassung als modernes Substitut hierfür versteht, müsste die „lebende Verfassung“ ein Problem darstellen. Denn die Verfassung wird dadurch zu einem *moving target*, das Identifikationsprozesse jedenfalls erschwert. Für Sternberger bildet der spezielle Vitalitätsbezug hingegen einen elementaren Bestandteil seines Begriffskonzepts. Dem nach wie vor geteilten Deutschland setzt er 1979 die ganze Verfassung entgegen: „Das Nationalgefühl bleibt verwundet, wir leben nicht im ganzen Deutschland. Aber wir leben in einer ganzen Verfassung, in einem ganzen Verfassungsstaat, und das ist selbst eine Art von Vaterland.“ (GS, Bd. X, S. 13). Diese „ganze“ Verfassung wird dann sofort in ihrer eigenen Lebendigkeit in Bezug genommen und explizit auf die „Kräfte der lebenden Verfassung“ verwiesen. Zu diesen zählten nicht nur die vielfältigen staatlichen Einrichtungen, sondern auch gesellschaftliche Organisationen: „Auch Bürgerinitiativen, auch Demonstrationen sind Verfassungs-Lebensvorgänge“ (a.a.O., 15). Hier zeigt sich erneut der oben angedeutete Annäherungs- und Entwicklungsprozess. Sternberger räumt in der „lebenden Verfassung“ – mit Blick speziell auf das sog. konstruktive Misstrauensvotum des Art. 67 GG – eine entsprechende „Lernkurve“ ausdrücklich ein: „Konnte man das Grundgesetz [...] zu Anfang mit gutem Grund und bitterem Kummer als eine Art von traumatischer Neurose auffassen [...], so sind doch, wie sich zeigte, Motive der Heilung in ihm hervorgetreten, die sich nun mächtig fühlbar machten.“ (39) Mit der Erfahrung von mehr als zwanzig Jahren weiterer Verfassungswirklichkeit hat sich diese positive Beziehung verstärkt. Nun schreibt er, wir bräuchten uns nicht zu scheuen, „das Grundgesetz zu rühmen.“ (15) Der Verfassungspatriotismus bezieht sich bei Sternberger somit nicht auf ein abstraktes Konzept oder einen bloßen Normtext, sondern auf die tatsächliche Bestätigung und Umsetzung der verfassungsnormativen Ordnung in der Lebensrealität der Menschen. In diesem Sinne handelt es sich, wie Sternberger in späteren Veröffentlichungen noch deutlicher hervorgehoben hat, keineswegs um einen Gegensatz- oder Alternativbegriff zum klassischen Patriotismus. Es handelte sich nicht um einen bloßen „Notbehelf"; vielmehr wollte er darauf aufmerksam machen, dass „Patriotismus in einer europäischen Haupttradition schon immer und wesentlich etwas mit Staatsverfassung zu tun hatte, ja daß Patriotismus ursprünglich und wesentlich Verfassungspatriotismus gewesen ist" (GS, Bd. X, 32). Damit wird die Dynamik der „lebenden Verfassung" nicht zum Stolper-, sondern zum Grundbaustein dieses Verständnisses des Verfassungspatriotismus.

Aktuelle Relevanz

Eine angemessen kontextualisierende Lektüre ist nicht nur entstehungsgeschichtlich informiert, sondern sie spiegelt historische Texte auch in den Problemen der Gegenwart. Das verweist zunächst allgemein auf den weiterhin bedeutsamen Auftrag, Menschen die Demokratie zu erklären und jene für diese zu gewinnen. Gerade weil mit diesem „Begriff der Verheißung" oftmals (zu) große Hoffnungen verbunden sind, läuft die Demokratie Gefahr, aufgrund enttäuschter Erwartungen Ablehnung zu erfahren. Ihre tatsächlichen Leistungen werden dann übersehen bzw. als ungenügend empfunden; ihre unzweifelhaft vorhandenen Probleme werden übersteigert und als systemische Unfähigkeit gedeutet. Das betrifft etwa die Zeiterfordernisse oder die Eigenart, Problemlösungen stets im Plural (also keinesfalls als „alternativlos") zu denken und spätere Reformen sowohl im Sinne von Verbesserungen wie von Rückgängigmachen mitzubedenken. Nach wie vor wirkt zudem die (Fehl-)Vorstellung fort, in der Demokratie würden durch die über die bloße Identifizierung hinausgehende Identität von Herrschern und Beherrschten Herrschaftsverhältnisse letztlich zum Verschwinden gebracht. Dementsprechend wird die praktisch schlicht unvermeidliche Tatsache der Herrschaft als Zumutung und als demokratiefremd empfunden. Diese, letztlich auf unzureichendem Verständnis beruhende Mischung aus übersteigerter Hoffnung und konsequenter Enttäuschung stellt eine Gefahr für demokratisch geordnete Gemeinwesen dar. Zwar ist es einerseits durchaus demokratiekompatibel, wenn nicht -immanent, konsequent die aktuelle Herrschaftssituation in Zweifel zu ziehen und alternative Optionen zu prüfen. Die Geschichte der Demokratie ist insoweit auch eine Geschichte der (demokratischen) Krisen. Es ist kein Manko, sondern ein Charakteristikum und sogar ein Vorzug demokratischer Gemeinwesen, dem Wettbewerb der Ideen einen formalisierten Rahmen gegeben zu haben, der unterschiedliche Positionen im Rahmen eines regulierten Verfahrens miteinander in Konkurrenz treten lässt, damit aber zwangsläufig die Vorstellung einer allein richtigen, durch die Zeiten hindurch unangefochtenen Lösung zurückweist.

Insoweit wird die Demokratie als Regierungsform durch die jüngeren (Schulden-, Migrations-, Klima- und Energie-, Ukraine-)Krisen auch nicht grundlegend in Frage gestellt. Allerdings wird der offensichtlichen Unfähigkeit, etwa weitreichende wirtschaftliche, migrations- oder umweltbezogene Entwicklungen effektiv zu steuern oder doch zumindest ihre gesellschaftlichen Auswirkungen nachhaltig zu begrenzen, generalisierend auf eine grundsätzliche Abhängigkeit politischer Entscheidungsprozesse von externen Wirtschaftsfaktoren und -akteuren geschlossen, die für die Gegenwart der Bezeichnung als Demokratie entgegenstehen und statt dessen den Neologismus „Postdemokratie" rechtfertigen soll. Weniger grundsätzlich, aber doch ebenfalls skeptisch wird aus einer anderen Perspektive die parlamentarisch-repräsentative Demokratie als zum Schauspiel herabgesunkene „Publikumsdemokratie" kritisiert. Damit treten diese kritischen Stellungnahmen neben ältere demokratietheoretische Bemühungen, die als Defizitanalysen konzipiert sind und entsprechend etwa forderten, deliberative bzw. assoziative oder verhandlungsbezogene Elemente zu stärken. Diesseits solcher theoretischen Reflexionen werden gerade in der jüngeren Vergangenheit verstärkt auch praktisch die Mechanismen der indirekten, repräsentativen Demokratie als problematisch und jedenfalls ergänzungsbedürftig präsentiert. Teilweise werden materielle Entscheidungsinhalte als indiskutabel und zwingend verstanden („*Follow the science!*"); die Umsetzung erscheint dann nicht mehr als im demokratischen Diskurs auszuhandelnder Vorgang, sondern als bloße Formalität, die ausdrücklich „*beyond politics/ideology*" angesiedelt sein soll. Teilweise wird ein imaginärer unmittelbarer Rückgriff auf „das Volk" und dessen angeblichen wahren Willen postuliert.

Das verdeutlicht, warum die Frage nach inhärenten Gestaltungsgrenzen der Demokratie namentlich in besonderen Gefährdungslagen Relevanz und Brisanz gewinnt und weshalb krisenhafte Zuspitzungen immer Chance und Risiko zugleich sind. Die derzeitigen Krisenerfahrungen erinnern uns deshalb auch daran, wie fragil scheinbar stabile demokratische Institutionen sind. Auch dem Grundgesetz war seine Langlebigkeit nicht in die Wiege gelegt, nicht nur, weil es zunächst als Provisorium konzipiert war. Es zählt jedoch gerade zu den Stärken demokratischer Systeme, dass sie adaptiv, reaktions- und lernfähig sind. Das wiederum können sie nur sein, wenn die in ihnen wirkenden Akteure sich konstruktiv auf diese speziellen Entwicklungsmöglichkeiten einlassen, indem sie dem demokratischen Spiel der Kräfte einerseits seinen Lauf lassen, andererseits aber seine Funktionsbedingungen immer wieder in Frage stellen und ggf. verbessern. Ganz in diesem Sinne werfen die 1956 erschienenen Überlegungen zur „lebenden Verfassung" in *statu nascendi* Schlaglichter auf die Entwicklungsdynamiken der frühen Bundesrepublik, die ungeachtet der Unterschiede im Tatsächlichen für die heutigen Debatten durchaus anschlussfähig sind. Im Hintergrund steht bei Sternberger die Sorge um die Funktionalität der jungen Demokratie, der er aber nach und nach immer bessere Überlebenschancen einräumte. Diese realistischen, kritischen Aspekte nicht ausblendende, aber lösungsorientierte Perspektive ist nicht nur ein zeitgeschichtliches Dokument, sondern bleibt in ganz aktueller Perspektive zielführend und wertvoll. Demokratische Herrschaft verdient wie alle Herrschaftsformen ein gerüttelt' Maß an Misstrauen; sie benötigt und verdient aber auch in spezifischer Form Vertrauen und Zutrauen. Dieses Vertrauen setzt indes ein Vertrautsein voraus, und in diesem Sinne sind die erklärend-analytischen Texte zu den Teilelementen der politischen Ordnung tatsächlich demokratiefördernd.

Unsere lebende Verfassung als Daueraufgabe

Die Lektüre der Aufsätze verdeutlicht noch einmal: Die „lebende Verfassung" lebt nicht aus sich heraus. Sie muß gelebt werden. Um wahrhaft lebendig zu sein und zu bleiben, bedarf es der Einbeziehung möglichst der gesamten Bürgerschaft; jedenfalls sind entsprechende Optionen offenzuhalten. Der liberale Verfassungsstaat beschränkt sich nicht auf ein „Leben-lassen" seiner Bürger. Er lebt nicht nur mit ihnen, sondern aus ihnen heraus. Das schlägt den Bogen zum Verfassungspatriotismus: Nur die gelebte Verfassung kann auch eine geliebte Verfassung sein. Das schließt (auch scharfe) Kritik keineswegs aus. Demgegenüber werden indes diskursbeeinträchtigende Spaltungstendenzen zwischen den Bürgern bedenklich und zunehmend unerträglich, wenn sie sogar staatlich unterstützt oder vorangetrieben werden oder wenn der Staat selbst Bürger ausgrenzt und/oder abwertet. Die Verfassung stellt in diesem Sinne ungeachtet ihrer Fundierung in den Grundrechten des Individuums ein kollektives Erlebnis dar. Das ist kein Freizeitvergnügen, sondern essentieller Bestandteil eines sich fortentwickelnden, auf tatsächliche Herausforderungen reagierenden Verfassungssystems. Diese Grundeinsicht ist gerade angesichts des heute vielerorts spürbaren, tiefen Unbehagens an der (repräsentativen) Demokratie immer wieder hervorzuheben. Es geht nicht um *die*, es geht um *unsere* Demokratie. Während eine basale Demokratieskepsis ebenso wenig zielführend ist wie andere Spielarten des Kulturpessimismus, zählt es doch gerade zu den Stärken der liberalen, rechtsstaatlich gebundenen Demokratie, sich als *work in progress* zu verstehen. Das kontinuierliche Infragestellen demokratischer Institutionen und Leistungen ist deshalb durchaus demokratieadäquat; umgekehrt ist es undemokratisch, Diskussions- und Reformprozesse als dauerhaft abgeschlossen oder überhaupt nicht denkbar zu betrachten.

„Lebendig" ist indes nicht nur die Verfassung als Normengefüge wie als Realgeschehen. Lebendig sind auch die Texte über die „Lebende Verfassung" selbst. Wie jeder Text stehen sie nicht monolithisch-starr, sondern werden durch jede Lektüre neu interpretiert und verändert. Ungeachtet der eingangs beschriebenen Verbundenheit mit dem Entstehungskontext weisen sie eine weitergehende Bedeutungsschicht auf. Angesichts der uns alle betreffenden Daueraufgabe, das Über-Leben der Verfassung zu sichern, ist es überaus hilfreich, sich Grundbedingungen und -errungenschaften des verfassungsnormativ abgesicherten Institutionengefüges erneut vor Augen zu führen. Sternbergers Buch ist ein erstaunlich aktuelles Werk, das uns auch kurrente Probleme der repräsentativen Demokratie besser verstehen lässt.

STERNBERGER · LEBENDE VERFASSUNG

VORWORT

Diese Studien sind aus dem Bestreben unternommen, die Natur unserer lebenden politischen Verfassung, ihre vordringlichen Elemente und deren Wirkungsweise kennenzulernen, mit Verwandtem und Entgegengesetztem zu vergleichen und kritisch zu beschreiben. Die Fragen sind nicht beliebig gestellt, sondern aus dem Experiment des neuen deutschen Staatswesens erwachsen, dessen Versuchspersonen wir selber sind. Fragen entspringen aus Hoffnungen und Sorgen. Die Forschungen, die ihnen antworten sollen, folgen dem Gebot der wissenschaftlichen Wahrhaftigkeit. Vorurteile haben darin keinen Platz, wohl aber Urteile. Vor den lebendigen Erscheinungen der Politik kann der wissenschaftliche Betrachter sich mit reiner Theorie und daraus fließenden Postulaten nicht begnügen, er muß ins empirische Detail eindringen, mag es ihn vertraulich oder befremdlich anmuten. Aber auch reine Empirie kann niemals genügen. Wir wollen daraus wieder hervortreten und bei gewissenhafter Erinnerung und Wägung der Tatsachen eine Anschauung des Lebendig-Gerechten gewinnen, ohne welche Politik nur der Krüppel einer Wissenschaft wäre. Ich kann hier freilich nicht mehr als Versuche bieten, doch bitte ich die Leser, sie in diesem Geiste aufzufassen.

Frankfurt-Heidelberg, im November 1955

Dolf Sternberger

MACHT UND SITTE

Eine Studie über Politik als Wissenschaft

Alfred Weber gewidmet.

Wir sind eher gewohnt, die Politik, die von den Politikern getrieben wird, als ein Handwerk, allenfalls als eine Kunst aufzufassen, denn als eine Wissenschaft. Wir denken an Routine, Geschicklichkeit, Tatkraft, Voraussicht, Weitblick, Entscheidungskraft und Verhandlungsfähigkeit, Geduld und Wachsamkeit, wenn wir uns einen „Politiker" vorstellen. Oder aber an Dogmatismus, Geschäftigkeit, Redseligkeit, Bestechlichkeit, Postenjägerei, Unschlüssigkeit und Intrige — sofern nicht Tugenden, sondern Untugenden des „Politikers" bezeichnet werden sollen.

Vor fünfzig Jahren sprach man bei uns in Deutschland seltener von einem „Politiker", häufiger aber vom „Staatsmann", und das Wort hat noch heute einen hohen Klang. Man sieht im Geist das aufgeräumte Kabinett, den blanken Schreibtisch mit wenigen Papieren vor Augen, den blinkenden Stern am Frack, man imaginiert einen Mann, voll von geheimen Kenntnissen und Informationen, welche Fehldeutungen möglichst ausschließen, Deutungen aber Raum lassen, bisweilen rätselvoll gleich der Sphinx und in jedem Falle dem gemeinen Verstande weit entrückt, verehrungswürdig, doch kaum begreiflich. Heute denkt man in erster Linie an den Parteipolitiker und Parlamentarier, wenn vom Politiker die Rede geht, und von ihm hat der gemeine Verstand und der gemeine Mann keine so hohe Meinung. Vielmehr steht er im Geruche, parteilichen und also partiellen Interessen dienlich, Vorstands- oder Fraktionsweisungen unterworfen zu sein, er tritt nicht recht hervor aus solchem halbdunklen Hintergrunde, wird selten zur vollplastischen Figur, bleibt gleichsam im Flachrelief, lässt sich daher auch kaum als Typus beschreiben, verharrt im Anonymen, ohne daß seine Anonymität durch die Erhabenheit des Staatsinteresses und des Staatsdienstes gehoben und gerechtfertigt würde. Beide Figuren und ihre Geschäfte scheinen sich wissenschaftlichem Begriff zu entziehen.

In der Tat muß hier sogleich zweierlei angemerkt werden: Einmal, daß die Politik der Politiker nur einen Spezialfall derjenigen Wissenschaft darstellt, von der hier die Rede sein soll: diese Wissenschaft gründet sich vielmehr darauf, daß der Mensch im Umgang mit seinesgleichen auf *allen* Stufen und in *allen* Bereichen der Gesellschaft sich tatsächlich „politisch" verhält, verhalten muß und auch verhalten darf. Und zweitens: daß eine Wissenschaft der Politik weder die Voraussetzung macht noch die Forderung erhebt, es gehe in der wirklichen Politik wissenschaftlich zu oder es solle wissenschaftlich in ihr zugehen.

Diese zweite Anmerkung ist wichtig. Wir sind aus einer Epoche hervorgetreten und haben den Untergang einer Staatsform und Regierungsweise erlebt, in der die Wissenschaft schlechthin der Politik dienstbar gemacht werden sollte, zum guten Teil auch dienstbar gemacht worden ist. Die Parole von der „Politisierung" der Wissenschaft und der Hochschule bildet im totalitären System nur ein Element — ein sehr wesentliches allerdings — der „Gleichschaltung" aller Lebens- und Wirkungsbereiche, aller Verwaltungen und Selbtsverwaltungen, ein Element in dem teils triebhaften, teils absichtsvollen Prozeß der Vernichtung aller Eigenständigkeit.

In der Reaktion auf jene Politisierung der Wissenschaft begegnet uns heute vielfach die umgekehrte Tendenz, der Wunsch nach einer Verwissenschaftlichung der Politik. Ihm liegt augenscheinlich die abergläubische Vorstellung zugrunde, die wirkliche Wissenschaft und die Korporation der wirklichen Gelehrten oder doch eine auserlesene Schar unter ihnen habe nicht allein die Tugenden der Sachlichkeit, Redlichkeit, Nüchternheit, Objektivität, Wahrhaftigkeit und Friedlichkeit, sondern sie habe auch die gültigen Normen ebenso wie die methodischen Rezepte des glücklichen und gerechten menschlichen Zusammenlebens positiv in der Hand; dieser ihr kostbarer Besitz komme nur leider bei der bisherigen Organisation der Staaten und Parteien nicht zur Geltung und Anwendung. Dergleichen spukt in vielen Köpfen, und man mag in solchen Wünschen und den daraus folgenden staatsrechtlichen oder gar weltorganisatorischen Projekten gleichsam verstreute und erblindete Scherben vom platonischen Bilde des königlichen Weisen oder des Philosophenkönigs erblikken. Bei solchen Entwürfen, wonach man in allen Sachfragen — und welche Frage wäre nicht auch eine Sachfrage! — die *Entscheidung*, nicht bloß das Gutachten, sondern die Entscheidung an Kuratorien, Konzilien oder Senate wissenschaftlicher Art und akademischer Zusammensetzung übertragen müsse, übersieht man, daß der Gelehrte in demselben Augenblick aufhört, ein Gelehrter zu sein, wo er entscheiden und regieren soll. Daß die eigentümliche Interesselosigkeit der Erkenntnis, der eigentümliche sublime Schein von Triebfreiheit der Forschung in demselben Augenblick gefährdet wird, wo Forschung und Erkenntnis in der Welt angewendet, in Handlung und Entscheidung verwandelt werden soll. Entweder nämlich wird sie überrannt und muß sich dann als schwach erweisen, oder aber sie wird sich nach den Interessen, Trieben, Willensrichtungen, Machtfaktoren umsehen müssen, die ihrer jeweiligen Entscheidung günstig sind, das heißt, sie hört im selben Moment auf, interesselos zu sein, wenn sie es je zuvor gewesen ist. Die reine Luft der Gelehrtenstube und des Laboratoriums läßt sich in Parlamente und Kabinette nicht hinüberretten — um ganz davon zu schweigen, daß sie auch an ihrem eigensten Orte immer nur im Werden ist und keineswegs ein ererbter sicherer Besitz[1]).

Um daraus den Schluß zu ziehen: Politik als Wissenschaft kann ebensowenig Politisierung der Wissenschaft wie Verwissenschaftlichung der Politik bedeuten oder erstreben. Was bedeutet sie aber dann? Was kann sie erstreben und erreichen? Zweifellos muß sie zunächst als ein stetiger und methodischer Versuch aufgefaßt und betrieben werden, zu begreifen und zu ordnen, was in der Welt als „Politik" vorkommt, und insofern diese Wissenschaft also eine empirische Wissenschaft ist, hat sie die politischen Phänomene zu sammeln und zu beschreiben. Sofort freilich und in jedem Falle kommt hier die theoretische Frage auf, ob es spezifisch politische Phänomene gebe, wie sie in ihrer Besonderheit zu bestimmen seien, an welchem Leitfaden man sie aufspüren müsse, und wie sie sich etwa von rechtlichen, wirtschaftlichen, sozialen und moralischen Phänomenen abgrenzten. Insofern diese Wissenschaft daher eine *philosophische* Disziplin darstellt — und wir wollen nicht vergessen, daß Platon und Aristoteles die ersten abendländischen Klassiker der Politik sind —, hätte sie die Theorie des eigentümlich Politischen mit der Lehre vom Menschen zu verknüpfen, in die philosophische Anthropologie einzufügen oder aus ihr herzuleiten. Sie hätte die Frage zu stellen und vor allem zu beantworten: wie ist Politik möglich? Nämlich: wie ist sie menschenmöglich? wie ist sie menschlich möglich?

Wer begreifen will, muß darauf gefaßt und gewappnet sein, daß die Wirklichkeit sich seiner geistigen Greifhand nicht allein entzieht, sondern daß sie zurückschlagen und den Begriff zertrümmern kann.

Bereits in diesem hypothetischen und noch ganz abstrakten Entwurf einer politischen Wissenschaft zeigt sich also eine Eigentümlichkeit, die wir festhalten müssen und festhalten wollen: *Begriffe sind immer auch Eingriffe.* Mit jeder

[1]) Alfred Weber hat mehrfach der Wissenschaft insgesamt und der Theorie vom reinen Erkenntnistriebe des Menschen das eigentümliche „Macht-Ringen" entgegengehalten, das in ihren mythischen Ursprüngen wahrgenommen wird: „Paradies-Legende und Prometheus-Sage wissen von den gefährlichen Seiten jeder Erkenntniserweiterung, die sie, als den Menschen ursprünglich nicht zustehend, für ihn bedenklich und vor allem ausdrücklich als Machterweiterung empfinden." (So in dem Essay „Um das Problem der Macht" — Die Wandlung, I. Jg., S. 245.) Und abermals habe Macht „an der Wiege jener phantastischen Evolution des abendländischen Naturerkennens" gestanden; eben die „möglicherweise einmal herrenlose Macht" ihrer eigensten und neuesten Ergebnisse, die entfesselte Atomkraft, ist es, die den Soziologen und Politiker Alfred Weber nach neuen und stärkeren Mitteln der Kontrolle, der „Bannung", ebendieser an sich selbst oder doch in ihrem Selbstbewußtsein machtlosen Forschung und ihres endlosen „Fortschritts" fahnden und rufen läßt. (Vgl. auch „Das Ende des modernen Staates" — Die Wandlung, II. Jg., S. 476/477.)

Wesensbestimmung, auch mit der vorsichtigsten Definition laden wir eine Verantwortung gegenüber der Wirklichkeit und in derselben Wirklichkeit auf uns, die wir bestimmen und definieren wollen. Wir stehen nicht auf einem archimedischen Punkt außerhalb des Lebens. Gerade indem wir erkennen und nichts als erkennen wollen, schreiten wir aus der Sphäre der reinen Vernunft unentwegt in diejenige der praktischen Vernunft hinüber.

Anders ausgedrückt: Politik als Wissenschaft ist selber, in sich selber politisch, ohne daß sie darum im mindesten der Korruption einer „Politisierung" unterläge, nämlich in den Dienst irgendeiner Macht oder irgendeines Herrschaftssystems träte. Die reine Erkenntnis hat unvermeidlich praktische Folgen — Folgen, die meist „gar nicht abzusehen sind". Die reine Erkenntnis bleibt niemals bei sich selbst, sie macht immer Geschichte, vielleicht unmerklich, aber sicher. In dem Augenblick, in dem ein Begriff gefaßt, formuliert, ausgesprochen, verstanden und mißverstanden wird, hat er seinen geheimnisvollen Weg in der geschichtlichen Welt, seinen Weg in den Wirbel der Interessen und Strebungen, der Kämpfe und der Versöhnungen schon angetreten — vergleichbar einem Bazillus, der von Körper zu Körper wandert, der sich bei günstigem Wetter und bei günstigen physiologischen Bedingungen vermehrt, bei ungünstigen ohnmächtig bleibt, der aber in jedem Falle den leiblichen Zustand einer Gesellschaft verändert. Indem wir die Welt verstehen, verändern wir sie auch[2]). Indem wir uns, in der Windstille der Universität, scheinbar rein rezeptiv verhalten, nur wahrnehmen, auffassen, verstehen, erklären, deuten, ordnen, indem weben wir doch ununterbrochen an dem Muster der Wirklichkeit, am Teppich des Lebens. Indem wir die Wahrheit suchen, greifen wir ein ins menschliche Geschick, ob wir uns auch noch so sehr davor hüten, ob wir uns auch gegen Folgen und Wirkungen als „Mißverständnisse", Verderbnis und Abfall zu sichern streben. Der Gelehrte, der den Begriff und die Wissenschaft bei sich selbst oder bei ihr selbst halten will, der die Windstille, die reine Luft und das reine Licht bewahren, nicht in die Welt verwickelt werden, seine Seligkeit mitten in dieser Welt retten möchte — dieser Gelehrte bietet einen verzweifelten und, wenn man will, einen tragischen Anblick. Unversehens, in einem unbewachten Augenblick, stiehlt sich der Begriff hinaus und richtet wie ein boshafter Kobold draußen in der Welt die größte Verwirrung an, und wenn der Denker morgens erwacht, ist alles schon passiert. Wahrscheinlich wird er die Bescherung selbst gar nicht bemerken, und wenn er sie bemerkt, so wird er sie kaum mit seiner eigenen Wahrheitssuche, seiner reinen Vernunft in Zusammenhang bringen, und er wird sein Geschäft von neuem aufnehmen, die Flamme der Erkenntnis hüten und die Schatten abwehren oder leugnen, die doch eben diese Flamme wirft.

[2]) Derart wird politische Wissenschaft das berühmte Wort von *Karl Marx* variieren, es gelte die Welt nicht zu interpretieren, sondern zu verändern. („Thesen über Feuerbach", 11. These — vgl. Die Frühschriften, herausgegeben von Siegfried Landshut, Stuttgart 1955 S. 341.)

Ohne Gleichnis und vielleicht ketzerisch gesprochen: Die reine Vernunft ist selber praktische Vernunft[3]).

Wenn aber das Begreifen nicht bloß ein passiver, sondern zugleich notwendig ein aktiver Vorgang ist — oder besser: wenn wir es nicht vermeiden können, im passiven Verstehen immer auch aktiv zu begreifen, im passiven Erkennen immer auch aktiv einzugreifen, uns denkend zu verwickeln in den Lauf der Welt, wenn wir dieses Verhängnis — das Verhängnis der Freiheit — nicht zu hindern vermögen, ohne in die Donquichotterie zu verfallen, so tun wir gewiß besser, diese unabsehbaren Folgen gleichwohl abzusehen oder doch abzuschätzen, soweit es irgend in der Kraft unserer verantwortlichen Vorsicht liegt. Insofern die Wissenschaft der Politik selber unvermeidlich politische Wissenschaft ist, sollten wir daher dem Ideal der rücksichts*losen* Wahrheitssuche abschwören und vielmehr eine rücksichts*volle* Wahrheitssuche betreiben. Der rücksichtslose Wahrheitssucher mag — ähnlich wie der kompromißlose Politiker — als eine heroische Figur erscheinen. Bei Licht betrachtet ist er entweder bequem und praktisch unverantwortlich oder gewalttätig oder beides. Er gleicht jenem Alchimisten auf dem Bilde *Pieter Brueghels,* der in hagerer Besessenheit, die verfilzte Mähne über den Ohren, die Kappe in die Stirn gedrückt, an seinem von Töpfen und Retorten bedeckten Herde sitzt und den letzten Taler verschmilzt, während die zur Hexe verschrumpfte Ehefrau den leeren Säckel vorzeigt, und die verkommene Bande der Kinder in die ausgeräumte Vorratskammer hinaufkriechen und an einem schmutzigen Topfe lecken. Dieser Mann sitzt mit dem Rücken zu seinen Leuten, er hat keine Rücksicht und er nimmt keine Rücksicht, er ist ein rücksichtsloser Goldmacher. Haus und Hof und Kind und Kegel gehen zugrunde, und am Ende muß auch das heroische Genie selbst seine Retorten verlassen. Er sah die Folgen nicht ab, und das so lange, bis ihn diese Folgen überwältigten. Die Wissenschaft der Politik wird ihrerseits nicht minder entschieden die Wahrheit aufsuchen, aber sie wird, indem sie erkennend eingreift in die politische Wirklichkeit, in einem und demselben Vorgang zugleich rücksichtsvoll und verantwortlich, sorglich und geschickt darauf achten, ob ihr Griff und Begriff die Fäden zerreißt oder knüpft, ob er die Figuren setzt oder umwirft, ob er Ordnung oder Unordnung schafft, ob er konstruiert oder destruiert.

Die Kunstregel solcher wissenschaftlichen Erkenntnis laute also: Seien wir der praktischen Verantwortung der reinen Erkenntnis eingedenk!

Wir müssen einen Begriff gewinnen, einen Begriff von Politik und einen Begriff ihrer Erkenntnis, einen *menschlichen* Begriff. Es ist wahr, was Hegel sagt: „Im Begriff eröffnet sich das Reich der Freiheit."

[3]) Kant selber, auf dessen Begriffe hier angespielt wird, wollte nichts anderes als beweisen, „daß reine Vernunft practisch seyn könne", ja „daß sie allein . . . unbedingterweise practisch sey". (So in der Einleitung zur Critik der practischen Vernunft.)

Aber es ist nicht wahr, daß die Welt im Begriffe zu sich selbst käme, zu ihrem mittäglichen Stillstand, wo alles aufgehoben und versöhnt ist, und die Luft nur unmerklich in der Hitze zittert. Wenn es gelingt, so haben wir die Welt begriffen, aber zugleich bleibt der Begriff immer und überall auch *in* der Welt. Jeder unserer Begriffe bleibt ein *menschlicher* Begriff, und auch seine Freiheit ist eine menschliche Freiheit. Das bedeutet, daß jeder Schritt der Erkenntnis in das Reich der Freiheit uns selbst, als Erkennende, von neuem und in neuer, verhängnisvoller Weise an das Reich der Notwendigkeit bindet. Dies ist gewiß eine politische Theorie der menschlichen Erkenntnis, und sie unterscheidet sich sehr deutlich von der idealistischen, zumal der Hegelschen, indem sie es vermeidet, den Begriff mit göttlichen Ehren und Würden herauszuputzen, als ob tausend Jahre vor ihm wie ein Tag wären. Hegel wollte in der Logik die „Gedanken Gottes vor der Schöpfung" nachdenken; er erhob also den Anspruch, eine Theorie mehr-als-menschlicher, übermenschlicher Erkenntnis zu geben. Eine *politische* Theorie der Erkenntnis bescheidet sich mit menschlichen Begriffen, weil sie überzeugt ist, gar keine anderen als menschliche Begriffe fassen zu können. Hierzu aber ist sie auch herzlich entschlossen, und eben darum wird sich unsere Wissenschaft bei jedem ihrer Schritte dessen bewußt bleiben, daß menschliches Begreifen nicht im jenseitigen Reich absoluter Freiheit zu Hause ist, sondern im Diesseits wirkt und den begreifenden Menschen selber stetig an dieses Diesseits verpflichtet. Absolute Freiheit aber ist absolute Zerstörung.

Es mag wunderlich oder gar anstößig erscheinen, daß dieses Weltverhältnis unserer Wissenschaft, daß diese Weltlichkeit oder Menschlichkeit ihrer Begriffe als Verhängnis und nicht als Seligkeit, nämlich als ihr *politischer* Charakter und nicht als ihr *ethischer* Charakter bestimmt wurde. Wenn wir Sören Kierkegaard als eine Autorität im Bereiche der Ethik auffassen dürfen, so wird es nicht so schwer sein, den *Unterschied zwischen Ethik und Politik* einzusehen. „Die wahre ethische Begeisterung" — sagt Kierkegaard — „liegt darin, daß man aus äußerstem Vermögen will, aber zugleich, in göttlichem Scherz erhoben, *nie daran denkt*, ob man damit etwas ausrichtet oder nicht. Sobald der Wille danach zu schielen anfängt, fängt das Individuum an, unsittlich zu werden." Es ist ersichtlich gar nichts anderes, als die Verführung der Eitelkeit und Ruhmsucht, welcher Kierkegaard durch diese Begrenzung des ethischen Willens auf die Innerlichkeit zu trotzen oder zu entgehen hofft. Indessen hilft es nichts, die Augen willentlich davor zu verschließen, ob man mit seinem Handeln etwas in der Welt ausrichte oder nicht. Genauer gesagt: Es steht gar nicht zur Frage, ob man etwas oder nichts ausrichte, da man vielmehr mit jeder, auch der innerlichsten Regung, mit jedem, auch dem selbstgenügsamsten Gedanken unvermeidlich immer irgend etwas ausrichtet. Der *Ethiker* kehrt sich daran nicht, weil er weiß und (mit Kiekegaard) sich dessen getröstet, „daß das Äußere nicht in seiner Macht steht und darum nichts, weder pro noch contra, zu bedeuten hat". Der *Politiker* hingegen und insoweit auch der politisch Erkennende kümmert sich ununterbrochen um das, was er im Äußeren ausrichtet, obgleich auch er schon durch die politische Klugheit, durch Rücksicht und Diskretion dagegen gefeit sein wird, seine eigene Macht im Äußeren und das heißt in unserem Falle die Reichweite seiner Vorsicht und Vorsorge zu überschätzen. Möglicherweise vermag er die Organe der wachsamen Wahrnehmung von Folgen, Wirkungen und Gegenwirkungen um so kräftiger zu entwickeln, je weiter er von der Hybris der Macht im Äußeren wie im Inneren entfernt ist. Möglicherweise empfindet er die Pflicht wie die Lust zu solcher spürsinnigen Erkenntnis äußerer Wirkungen, Verhältnisse und Veränderungen nur darum so stark, weil er weiß, daß auch sein Inneres ebensowenig seiner menschlichen Macht und Verfügungsgewalt unterworfen ist. Dies geht uns hier nichts an, denn wir haben es nur mit der *Unterscheidung* zwischen Ethik und Politik, nicht aber oder noch nicht mit der *Überwindung* dieses Unterschiedes zu tun. Immerhin muß es stutzig und bedenklich machen, daß der Kierkegaardsche Ethiker seine Keuschheit gegen das Äußere nur und ausdrücklich „durch einen Willensbeschluß", durch absichtliche Unwissenheit erhalten kann, und daß es von ihm heißt, er werde „noch im Tode nichts davon wissen *wollen*, daß sein Leben eine andere Bedeutung gehabt habe als die, die Entwicklung seiner Seele ethisch verarbeitet zu haben". Denn auch dieser Willensentschluß zur Unwissenheit, diese willentliche Abkehr von den Folgen signalisiert selber eine gewisse Art von Politik, wenn auch nur eine Vogel-Strauß-Politik. Der politisch Erkennende vermag auch nicht jenen unendlichen Unterschied zwischen dem „Einzelnen" und der „Weltgeschichte" zu machen, welcher dem Kierkegaardschen Ethiker seine Abkehr vom Äußeren so sehr erleichtert. Die Verhältnisse und Veränderungen der menschlichen Gesellschaft, die für ihn und seine Wissenschaft im kleinsten Bezirk der Ehe oder Nachbarschaft genau so interessant sind wie im größten der Staatenwelt und der Weltorganisation, erscheinen ihm nicht in dem großartigen Kostüm und mit dem Lärm des Theatrum historicum, welches von dem einfachen, dürftig oder gar in Lumpen gekleideten, stillen oder bitteren bürgerlichen Individuum unendlich geschieden wäre. Vielmehr bildet die Frage nach dem eigentlichen Subjekt der Politik — welche abermals selber eine eminent politische, im Äußeren bedeutende Frage ist — den ersten und stetigen Hauptgegenstand dieser Wissenschaft. Sie wird entdecken, daß im großen wie im kleinen Welttheater, in den Dimensionen der Weltgeschichte wie in denjenigen der individuellen Biographie *die menschliche Person* das erste und letzte Subjekt der Politik und der wahre *Corps politique* ist.

Die klassische Theorie — und wir sind samt und sonders in diesem Punkt noch von der klassischen Theorie, zumal *Rousseaus* abhängig, so sehr Rousseau selbst im einzelnen kritisiert und korrigiert worden sein mag — die klassische Theorie hat den *Staat*, ein Kollektivum, mit einem verführerischen und fatalen

Gleichnis zum „politischen Körper" und so auch zum eigentlichen Subjekt der Politik erklärt, indem sie derart der *Kirche* den Rang und die Qualität des corpus mysticum streitig machte und schließlich abjagte. Die menschliche Person oder der Einzelne fungiert dann lediglich als ein Glied dieses Körpers und spielt die Rolle eines domestizierten *Bürgers*. Die Verwandlung des vorgestellten natürlichen Menschen in den Bürger wird gekennzeichnet durch den Tausch seiner barbarischen Unabhängigkeit gegen seine bürgerliche Freiheit, durch die Abgabe seiner ursprünglichen Macht gegen Sicherheit und Recht — eben dieser Tausch, eben diese Verwandlung bildet den Inhalt des „Gesellschaftsvertrages"[4]). Wenn sich eine politische Wissenschaft vom Menschen aber dessen versichert, daß es keinen *politischen* Körper, sondern nur einen *menschlichen* Körper gibt, oder besser: daß der menschliche und der politische Körper ein und derselbe Körper sind, so werden ihr auch die Augen darüber aufgehen, daß dieser menschliche Leib, diese persönliche Wesenheit des Individuums in Wahrheit niemals und nirgends, zu keiner Zeit und an keiner Stelle der menschlichen Gesellschaft in einer machtlosen Sicherheit und in einer gewaltlosen Freiheit existiert noch existieren kann. Die individuelle Person hat — als Mensch *und* als Bürger — durchaus immer auch Macht[5]). Oder umgekehrt: Sobald wir den Einzelnen als Subjekt in geselligen Beziehungen eigenständiger Art, zum Beispiel nur in der Ehe und der Familie, unbefangen gewahren und beobachten, entdecken wir alsbald auch an ihm die Krallen und Zähne der Macht und des Machtgebrauchs wieder, und die politische Theorie wird ihre künstliche Unterscheidung zwischen dem natürlichen Menschen und dem gezähmten Bürger, zwischen der menschlichen Natur und der bürgerlichen Rolle aufgeben müssen. Die Fiktion des Tausches der Macht gegen das Recht kann nur Geltung beanspruchen für jenen idealen und fürchterlichen Grenzfall, in welchem das ungesellige, isolierte, einsame Individuum dem Organisationsmonopol des Staates oder des Kollektivs überhaupt gegenübersteht — des Kollektivs, das dann sozusagen alles Machtartige an sich gezogen und den freien, nämlich auch machtfreien, machtkeimfreien Bürger übriggelassen hat. Um nur eins der vorhin angedeuteten Beispiele ein wenig zu konkretisieren: die *Ehe* ist nicht allein ein Sakrament, nicht allein ein bürgerliches Rechtsinstitut, nicht allein ein Reich des Herzens und der wechselseitigen Selbstlosigkeit, sondern ganz ebenso und in alledem auch ein politisches Kraftfeld in dem gewöhnlichsten Sinne des Wortes: eine Sphäre, wo Macht ausgeübt, befestigt, gehalten oder verloren, neu erkämpft und

[4]) Vgl. hierzu insbesondere das sechste und das achte Kapitel des ersten Buches von Rousseaus *Contrat Social*. Jenes lehrt die Bildung des *„corps moral et collectif"* durch die totale Entäußerung der Einzelnen; dieses den Tausch der bürgerlichen gegen die natürliche Freiheit oder des Rechtes gegen die Begierde.

[5]) „Wir machten uns . . . (der) Unaufrichtigkeit schuldig, wollten wir nicht zugeben, daß im persönlichen Leben, wenn wir nicht Heilige sind, nicht sein können oder sein wollen, überall jener Wille zur Macht mit im Spiel ist. Er begleitet wie ein Schatten die edelste Handlung . . . ", sagt Alfred Weber.

freilich auch ausgeglichen wird. Selten gewiß wird man „nackten" Machtkampf in dieser Sphäre finden. Häufig und glücklicherweise gelten Sitte, Hausregeln, Gewöhnungen (die man nicht schmähen soll) und sichern den Ausgleich der Spannungen, nicht anders als die Kompromisse in den täglichen Entscheidungen, welche die wechselseitige Zuneigung erleichtern und nahelegen mag. Selbst in der „Strindberg-Ehe", deren literarische Entdeckung um die letzte Jahrhundertwende Mode gemacht hat, selbst in diesem Bilde und in dieser Realität eines unaufhörlichen schieren Machtkampfes, worin jeder der beiden Partner kein andres Interesse zu haben scheint als seine Position gegen den andren zu behaupten, worin beide, in einer wechselseitigen Abhängigkeit des Hasses ohne Scheidung aneinanderhängen und einander verwunden bis ins Unendliche — selbst hier gilt noch ein Rest von Sitte, der mit dem triebhaften Wunsch übereinkommt, einen ständigen Gegner zu haben, selbst in dieser Hölle gilt so etwas wie Treue zum Feinde. Kurz, die unbefangene Wahrnehmung dieses allerengsten geselligen Verhältnisses, an dem nicht mehr als zwei Personen beteiligt sind, zeigt beides: sie zeigt ebensowohl, daß hier selbstverständlich und unvermeidlich nicht bloß ein sittliches und schon gar nicht bloß ein rechtliches Verhältnis vorliegt, sondern zugleich und in alledem ein *Machtverhältnis,* wenn man will, ein „Freund-Feind-Verhältnis"; und sie zeigt andererseits, daß solcher Machtkampf immer im Medium einer Sitte oder Treue gehalten und gebunden wird. Wenn man also erst einmal die Augen dafür geöffnet hat, wenn man erst einmal die Politik — mit allem Zubehör von Krieg und Frieden, Diplomatie, Vertrag und Kompromiß — mitten im bürgerlichen „Privatleben" entdeckt hat, so wird auch sofort deutlich, daß das Machtverhältnis, so unverkennbar es allen bürgerlichen Beziehungen innewohnt, dennoch nicht mehr (und freilich auch nicht weniger) ist als der Stoff der Politik, der Stoff ohne die Form. Die Ehe als ein schieres, nacktes Machtverhältnis zu definieren, wäre nicht allein zynisch und bösartig, es wäre vor allem unzutreffend und sinnwidrig, denn eine solche Definition würde unvermeidlich zu der Konsequenz führen, daß das Ziel der Ehe in der Ehescheidung bestünde. In dieser „bürgerlichen" Sphäre fällt die Sinnwidrigkeit sogleich auf, während sie in der Sphäre der Kollektivpersönlichkeiten, der Staaten, immerhin für eine beträchtliche Weile verborgen bleiben konnte: sonst hätte z. B. nicht *Carl Schmitt* — von 1927 an — lehren können, die grundlegende Kategorie „des Politischen" sei das „Freund-Feind-Verhältnis", da eben diese Theorie unvermeidlich zu der unguten und unwahren, eben sinnwidrigen Konsequenz führte, das Ziel der Politik sei der Krieg — der Krieg, der die Politik aufhebt!

Die Verwandlung des Menschen in den Bürger hat ihn also seiner Machtqualitäten keineswegs beraubt. Schaut man genau hin, und macht man sich von jener Befangenheit durch die klassische Theorie frei, so zeigen sich auf der Seite des vermeintlich unpolitischen oder auch „rein menschlichen" Daseins genau so viele

Machtregungen, Konkurrenzen, ja Kämpfe, genau so viele politisch-materielle Phänomene wie auf der Seite der Kollektivpersönlichkeiten, welche so lange als die einzigen und eigentlichen politischen Subjekte gegolten haben. Freilich ist da ein Unterschied: diese individuellen oder „bürgerlichen" Machtverhältnisse sind gehalten und gebunden, gebändigt und geleitet von den Sitten — sie scheinen in einem viel höheren Grade geformt als die Machtverhältnisse zwischen denjenigen Kollektivgebilden, die mit dem Glanz oder der Anmaßung einer absoluten *Souveränität* ausgerüstet sind, also zwischen den Staaten oder den Staatenblöcken und — wie man heute wohl hinzufügen muß — den Parteien. (In der Tat kann man in unserer Epoche zweifeln, welches die tiefere Scheidung der menschlichen Gesellschaft sei: diejenige in antagonistische machtstaatliche Komplexe oder diejenige in Parteikomplexe; ob sich die Parteiung der menschlichen Gesellschaft der Staaten bloß noch bediene als ihrer Vehikel und ihrer Kolonnen, oder ob die Staaten, hier von Parteien regiert, dort von Parteien zerrissen, dennoch im Grunde und am Ende der Parteiung mächtig bleiben können.) Erkennt die politische Theorie aber die Grenzen der menschlichen Souveränität überhaupt — sei es der persönlichen, sei es der kollektiven —, erkennt und ergreift sie, mit anderen Worten, die *menschliche Person in der menschlichen Gesellschaft* als das einzige und eigentliche Subjekt der Politik, so wird sich der folgende Satz als schlüssig erweisen: Ebenso wie in der Politik der einzelnen, gesellig miteinander verbundenen Menschen Machtverhältnisse durch Sitten gebändigt werden, ebenso kann auch bei den kollektiven „Persönlichkeiten" (die nur gleichnisweise so heißen) nicht die *Macht*, sondern nur die *Sitte* den Bestimmungsgrund der Politik ausmachen. Überall ist die Macht der Stoff, die Sitte die Form der Politik. Wagen wir eine Definition, so könnte sie also nur lauten: Politik sei gesitteter Machtgebrauch und — ebensosehr — machtvolle, mächtige Sitte. (Es gibt keine Definition, die nicht ein normatives Element enthielte: die Politik zu definieren — das läuft notwendigerweise und aufrichtigerweise darauf hinaus, die *gute* Politik zu definieren!)

Politik als Wissenschaft wäre hiernach einerseits gewiß mehr als eine Sammlung von Vorschriften, wie man sich unter gesitteten Menschen und wie man sich unter gesitteten Staaten, Parteien, Verbänden betragen solle; sie wäre aber andrerseits auch mehr als die bloße Analyse von Machtverhältnissen („Freund-Feind-Verhältnissen"), seien es nun kollektive oder persönliche, staatliche oder private, bürgerliche oder menschliche Machtverhältnisse. Sie ist mehr als diese beiden, mehr sowohl als die — untergegangene — Disziplin der Anstandslehre und mehr als die — des Untergangs würdige — Geschichtsschreibung der nackten Machtverhältnisse. Sie ist ebensoweit entfernt von der „idealistischen" Ergründung der allgemeinen Sittlichkeit wie von der „realistischen" Erforschung und Beschreibung der reinen Macht, als ob sie sich stets und überall gegen alle Sitte und Regel doch durchsetze und sich mit

Moralen bloß verlarve und kostümiere — mag man die Macht und das Untier Mensch im übrigen böse finden wie Burckhardt oder prachtvoll wie Nietzsche. Politik ist vielmehr beides in einem: Macht und Sitte, Sitte und Macht; Wille und Geist, Geist und Wille; Stoff und Form, Form und Stoff.

Die *Sitte* — das ist nicht „die Ethik“ oder „das Ethische“; die Sitte hat es durchaus und ganz entschieden mit dem Äußeren zu tun, nämlich mit dem Menschen in seinen geselligen Verhältnissen, mit dem Menschen inmitten der menschlichen Gesellschaft schlechthin. Solange man nur die Alternative und die Antithese von *Macht und Recht* vor Augen hat, bleibt es zweifelhaft, ob der Mensch ein Bürger, ob das Machtsubjekt ein Rechtssubjekt werden oder ob der Bürger noch ein Mensch bleiben könne, da es ja geschichtlich wie theoretisch allzu nahe liegt, dem Staate die Macht und dem Bürger das Recht zuzuerteilen. Und wir haben erbarmungswürdige Beispiele davon erlebt, wie die schmächtige Gestalt des nichts als rechtlichen Bürgers — nicht viel anders als seine Abart und sein Gegenstück, der „unpolitische“ Intellektuelle oder Künstler — von einer furchtbaren und listigen Staats- und Parteimacht mißbraucht und zum unwissenden Komplicen ihrer Verbrechen gemacht worden ist. Politik, als Rechtlichkeit verstanden, trennt in der Tat den Bürger vom Menschen und liefert ihn zudem am Ende aus an die vervielfachte Mächtigkeit der tausendfüßigen, tausendarmigen und tausendäugigen Leviathane, der Kollektivwesen, mögen sie historisch als Staaten oder als Parteien auftreten. Politik als gesittete Macht indessen ist nicht nur bürgerlich, sondern menschlich möglich, ja menschlich nötig, und es bedarf dieser kräftigen Vermittlung der Sitte, wenn wir zwischen den schroffen, allzu schroffen Gegensätzen von Macht und Recht als Menschen wirklich leben wollen. So erst bequemt sich der Begriff der Politik dem Menschen an, so eröffnet Politik als Wissenschaft dem Menschen die Bahn, Subjekt der Politik in der Praxis zu werden. Jener unabhängige, machtvolle gewalttätige Urmensch, das rohe Individuum vor dem Gesellschaftsvertrag, der Darwinsche Abkömmling vom Stamme der Affen, rückt dann an den Rand, wird zum bloßen Grenzfall, auch zum Entartungsprodukt — als Verbrecher am Rande der gesellschaftlichen Rechtsordnung oder als Friedensbrecher, Terrorist und Angreifer, der aus der Völkersitte ausbricht —, und diese Möglichkeit liegt freilich nicht in grauer Vorzeit beschlossen, sondern droht stets in aller Geschichte, ist aber auch zu überwinden. Denn die Gesittung liegt nicht erst in einem Akt der Satzung, sondern in Natur und Bestimmung des Menschen begründet, und die Politik der Kollektive ist genau in dem Maße Politik — und das heißt *gute* Politik —, als sie diese menschliche Bestimmung innehält. Dies zu prüfen und dieses Maß herauszufinden, bleibt in hundert Konflikten und tausend Gefahren, welche sie unerschrocken zu erkennen hat, die Aufgabe der Politik als Wissenschaft.

EINIGE ELEMENTE DER LEBENDIGEN VERFASSUNG DER BUNDESREPUBLIK DEUTSCHLAND

VORBEMERKUNG

Was die lebendige Verfassung eines Gemeinwesens ausmacht, kann nur durch unmittelbare Erfahrung und teilnehmende Beobachtung wahrgenommen werden. Diejenigen „Gewalten“, die im Texte der geschriebenen Verfassung kodifiziert worden sind, erschöpfen gewiß nicht die Vielfalt der Elemente, welche in ihrer Verbindung, in ihrem Miteinander und Gegeneinander die lebendige Verfassung ausmachen. Darum sind indessen diejenigen gesellschaftlichen Gebilde mit politischer Wirksamkeit, welche der Text der geschriebenen Verfassung ignoriert, nicht etwa von Haus aus illegitim, noch bedürfen sie zu ihrer politischen Rechtfertigung einer ausdrücklichen juristischen Anerkennung. Sofern die geschriebene Verfassung ihnen Raum läßt, und ihre politische Wirksamkeit nach Art und Ziel dieser Verfassung nicht zuwiderläuft, müssen solche Kräfte und Gebilde — wie zum Beispiel Interessenverbände — ernstgenommen werden, wenn man die lebendige Verfassung beschreiben will. Mit anderen Worten: Die instituierten Organe des Staates in ihrer Summe machen noch nicht den ganzen Staat aus. Nur ein ängstlicher Pedant wird aber der geschriebenen Verfassung als Mangel ankreiden, daß nicht alle politischen ‚Fakten‘ in diesen ‚Akten‘ stehen. Wir ziehen es vor, geschriebene Verfassungen selber nach ihrer wirklichen oder möglichen Wirkungsmacht zu betrachten, sie also selber als bildende Elemente der lebendigen Verfassung zu begreifen. Schwieriger wird dies freilich überall dort, wo die wirklichen Mächte gewisse Doktrinen der Verfassungstexte aus den Angeln zu heben oder gar Lügen zu strafen scheinen. In dieser Weise scheint zum Beispiel die wirkliche Macht der politischen Parteien in der Bundesrepublik die Lehre von der Volkssouveränität, vom Volk als der Quelle aller Statsgewalt, wie sie, demokratischer Überlieferung gemäß, auch im Bonner Grundgesetz festgelegt ist, zu desavouieren. Und in diesem Sinne scheint abermals die Wirklichkeit der Parteifraktionen die Vorstellung vom unabhängigen Abgeordneten zu desavouieren, als welcher ein „Vertreter des ganzen Volkes“ und nur seinem Gewissen unterworfen sein soll. Doch ist hier keine Schadenfreude am Platze, auch die gelehrteste nicht, denn der Widerspruch — der allerdings mit der dringlichsten Schärfe genauer empirischer Beobachtung untersucht und geprüft werden muß — vermag als solcher weder die rückständige Ohnmacht des

Textes noch die überschwängliche Frechheit der wildwachsenden Wirklichkeit zu beweisen. Auch jene Texte haben ein Leben, das unversehens aktuell und mächtig werden kann; und auch diese Mächte stoßen an die Grenze ihrer rechtmäßigen Wirksamkeit. Der Widerspruch wird selber zu einer vorantreibenden Kraft der lebendigen Verfassung. Daran reibt sich nur, wer den Staat als stillstehende Ordnung aus einem einzigen Prinzip konstruieren möchte oder wer den Gewaltakt der Revolution für die einzige Methode hält, den politischen Zustand zu verändern[1]). Soviel zur Erläuterung des Begriffs der lebendigen Verfassung, der also weit davon entfernt ist, sich in einem polemischen Verhältnis zu dem juristischen Begriff der Verfassung zu befinden. Das Recht ist selbst ein elementarer politischer Faktor.

Die lebendige Verfassung der Bundesrepublik Deutschland wird im folgenden überwiegend von der Seite der politischen Parteien und des Parteiensystems her betrachtet werden. Die Parteien sind wohl die auffälligsten Erscheinungen ihrer Verfassung. Sie sind aber auch nicht mehr als die auffälligste Erscheinung. Sie bilden nicht etwa das exklusive Prinzip, woraus sich das ganze System dieses Gemeinwesens herleiten oder woraus sich alle seine Lebensäußerungen verstehen ließen. Es erscheint zweckmäßig, diese auffälligste Erscheinung zu untersuchen und ihre Beziehungen zu anderen Elementen zu verfolgen, mögen diese sich ihr nun unterordnen oder ihr widerstreben. In keiner Weise soll durch diese Anordnung der Phänomene und Probleme etwa eine Antwort auf die Frage vorweggenommen werden, ob dieses Gemeinwesen die Verfassung eines ‚Parteienstaates' habe. Ob dieser Begriff zu seiner Kennzeichnung taugt oder nicht, das wird sich erst finden. — Manche nicht unwesentlichen Elemente werden aber bei einer Anordnung unter diesem vorwiegenden Aspekt der Parteien und des Parteiensystems notwendigerweise im Schatten bleiben, zum Beispiel die Kirchen, die Hochschulen, die Gemeinden und andere Selbstverwaltungskörper. Unsere Beschreibung wird also unvollständig bleiben.

Endlich wollte es mir nicht ratsam vorkommen, die politischen Einrichtungen und Gebilde jeweils in ihrer historischen Entwicklung (von 1945 bis heute) zu verfolgen. Die historische Beschreibung, die von der tabula rasa des Kapitulationstages (8. Mai 1945) ausgehen und dem Wachstum der administrativen, sozialen und eigentlich politischen Körper in ihren lokalen und regionalen Sonderheiten nachgehen müßte[2]), würde kaum Aussicht haben, zu einem einigermaßen zulänglichen Bilde des dichten Gewebes zu gelangen,

[1]) So etwa meinte es Ferdinand *Lassalle,* auf dessen berühmten Vortrag „Über Verfassungswesen" (Berlin 1862) diese Bemerkung anspielt.

[2]) Einige bedeutsame Elemente dieser Entwicklung hat Wilhelm *Cornides* historisch-chronologisch dargestellt in seinem Beitrag zu *Rassows* Handbuch „Deutsche Geschichte im Überblick": „Deutschland zwischen den Weltmächten des Westens und des Ostens 1945—1948", Stuttgart 1953. Eine genaue Chronologie namentlich der frühen Nachkriegsvorgänge macht übrigens immer noch Schwierigkeiten. Der dritten Studie dieses Bandes ist eine Zeittafel beigefügt, die die Entwicklung der politischen Parteien zu derjenigen der administrativen Rekonstruktion Deutschlands in Beziehung setzt.

zu welchem sich alle jene Fäden und Strähnen seither verknüpft haben. Darum sei hier das umgekehrte Verfahren erlaubt: von dem Einblick in das Gemeinwesen auszugehen, wie es sich heute insgesamt darstellt. und innerhalb dessen je am gehörigen Orte die historischen Erinnerungen zu geben.

DAS PROBLEM DER LOYALITÄT

Die Bürger der Bundesrepublik haben heute vergessen, daß ihr Staat einmal aus dem Zusammenschluß von drei Besatzungszonen oder doch aus einem gemeinsamen Akt der drei Militärgouverneure dieser Zonen entstanden ist, die ihrerseits dabei nach der Weisung ihrer drei Regierungen handelten. Dieser Akt war der Auftrag an „die Ministerpräsidenten der Länder ihrer Zonen" (1. 8. 1948), eine Verfassunggebende Versammlung einzuberufen, welche Versammlung dann später den Namen des Parlamentarischen Rates annahm[3]). Im Wege dieser Ermächtigung wurde aus delegierter Macht eigene Initiative. Diese deutsche Initiative war formell eine Initiative der elf Länder, die bereits bestanden, daher denn auch die Mitglieder des Parlamentarischen Rates nicht aus Urwahlen des Volkes der drei Zonen hervorgingen, sondern durch die Landtage bestellt wurden. Auch das Werk des Parlamentarischen Rates, das „Grundgesetz für die Bundesrepublik Deutschland", hat nur den Landtagen (bzw. Bürgerschaften) der elf Länder zur Annahme vorgelegen, nicht dem Volke dieser Länder, welches mit dem Akte der Annahme sich selbst bewußt in das Volk der Bundesrepublik verwandelt, sich zu diesem Staatswesen als dem seinigen ausdrücklich bekannt haben würde. Daher mag es rühren, daß die Konstituierung der Bundesrepublik als solche sicherlich noch keine oder doch nur eine blasse und mittelbare Loyalität geschaffen hat. Die Anhänglichkeit, die sich seither ohne Frage hergestellt hat, mag sie auch mit allerlei rationalen und irrationalen Vorbehalten gegenüber „Bonn" versetzt sein, geht daher nicht so sehr auf die Gründung als auf die Arbeit des Bundestages und vor allem auf die Stabilität und Dauerhaftigkeit der Bundesregierung zurück. Ein Indiz für die erstaunliche Konsolidierung des Bewußtseins der Zugehörigkeit mag die Zahl derjenigen Bürger abgeben, die sich an der Wahl zum zweiten Bundestag (6. 9. 1953) beteiligt haben: 86,0 Prozent der Wahlberechtigten haben sich an dieser Wahl beteiligt, und diese Zahl übersteigt nicht allein die entsprechende Zahl von 1949 (78,5%), sondern auch die Wahlbeteiligungszahlen ausnahmslos aller Länderwahlen, die seit 1946 zur Bestellung von Landtagen und Bürgerschaften oder Verfassunggebenden

[3]) Diese Ermächtigung ist in dem ersten der drei sogenannten „Frankfurter Dokumente" ausgesprochen, die den Ministerpräsidenten der Länder am 1. August 1948 überreicht worden sind. Sie sind abgedruckt u. a. in *von Mangoldt*, Das Bonner Grundgesetz, Berlin und Frankfurt 1953, Seite 4.

Versammlungen veranstaltet worden sind. (Eine Zusammenstellung zum Nachweis findet man im Anhang.) Selbstverständlich kann man die Loyalität nicht messen, ihre eigentümliche Art und ihre Farbe entzieht sich einem so rohen Verfahren; auch würde die Abneigung, sich an einer bestimmten Wahl zu beteiligen, noch nicht auf einen Mangel an Zugehörigkeitsgefühl schließen lassen. Die eine Zahl vom September 1953, für sich genommen, würde daher gewiß nicht viel aussagen. Aber im Vergleich mit allen übrigen Zahlen sagt sie dennoch etwas aus: mindestens dies nämlich, daß Bundestag und Bundesregierung, daß also insoweit auch die Bundesrepublik als solche, den Willen der Bürger zur Teilnahme und Mitwirkung in diesem Zeitpunkt in einem höheren Grade auf sich gezogen haben als irgendein einzelnes Bundesland in der Epoche der neun Jahre von 1946 bis 1955.

Gleichwohl ist diese Loyalität ihrer Art und Farbe nach nicht eindeutig zu bestimmen. Sie übertrifft im Grade zwar alle Erwartungen, die man angesichts der Umstände des Gründungsaktes hegen konnte. Aber sie ist doch von Zweifeln nicht frei, nicht unbedingt, nicht selbstverständlich, nicht ungebrochen. Der provisorische, notgeborene, sozusagen „behelfsmäßige" Charakter dieses Staatswesens und seiner Verfassung, der sich in der Bezeichnung dieses Textes als eines bloßen „Grundgesetzes", auch in der Wahl des neu geschaffenen Begriffs einer „Bundesrepublik" ausspricht und der durch den vollen Klang des gleichwohl beigefügten Namens „Deutschland" paradoxerweise eher schmerzlich verstärkt wird — insofern hier ein Anspruch auf Repräsentation des Ganzen erhoben und ein Versprechen zur Herstellung dieses Ganzen gegeben wird (weit entschiedener als im Falle der „Deutschen Demokratischen Republik" der Sowjetzone) —, dieser vorläufige Charakter des Staatswesens ist latent im Bewußtsein seiner Bürger geblieben und irritiert gleichsam die Loyalität, die ihm gezollt wird. Die Bitterkeit des Vorbehaltes zwar, die sich früher einmal in der Redewendung vom „Restdeutschland" (wortspielartig für „Westdeutschland") bekundete, scheint im Gefühl des Aufstiegs, im Behagen des Wohlstandes sich aufgelöst zu haben. Auch das Wort „Westdeutschland" selbst übrigens ist kaum noch je zu hören, es sei denn von kommunistischer Seite und dann in herabsetzendem Sinne. Dennoch bleibt die Loyalität eigentümlich labil, bereit, sich wiederum zu verlagern und umzuorientieren: ein Bürger der Bundesrepublik befindet sich im Grunde seines Herzens gleichsam noch im Wartestande.

Nach dem Rechte der Staatsangehörigkeit gibt es übrigens gar keine „Bundesbürgerschaft". Wer faktisch Bundesbürger ist, bezeichnet und versteht sich selbst doch allgemein als „Deutscher" und trägt sich bei jeder polizeilichen Anmeldung unter der Rubrik „Staatsangehörigkeit" einfach als „Deutscher" ein, wie er es auch zuvor im Deutschen Reiche getan hat. Umgekehrt sind tatsächlich und rechtlich (gemäß Artikel 116 des Grundgesetzes) „Deutsche" nicht nur die Bürger der Bundesrepublik, sondern der Möglichkeit nach alle diejenigen, welche nach dem alten Rechte diese Staatsangehörigkeit besitzen. Es ist mit der Gründung der Bundesrepublik einfach und ausdrücklich keine neue Staatsangehörigkeit geschaffen worden, deswegen nicht, weil „der Verfassunggeber den Begriff des ‚Bundesangehörigen' mit Rücksicht auf die Ostzone überhaupt vermieden sehen" wollte[4]). Millionen von tatsächlichen oder potentiellen deutschen Staatsangehörigen — im Sinne der Verfassung der Bundesrepublik — leben also außerhalb dieses Staates. Das ist ein sehr merkwürdiger Umstand, der die Unabgeschlossenheit dieses Staates ebensosehr bezeugt wie er die Labilität des Zugehörigkeitsgefühles seiner eigentlichen Einwohner verdeutlicht. Die Bundesrepublik gibt sich mit dieser Regelung als die virtuelle Heimat aller Deutschen zu erkennen oder auch als die Statthalterin desjenigen virtuellen deutschen Staates, dem sie alle angehören. Indem sie sich aber den einzelnen „Deutschen" gegenüber derart auf die Rolle einer bloßen Stellvertretung großherzig beschränkt, verzichtet sie doch auch auf ein wesentliches Element spezifischen Zugehörigkeitsbewußtseins.

Der problematische Charakter der Loyalität, die dem Gemeinwesen von seinen Bürgern entgegengebracht wird, findet auch in dem Schicksal der nationalen und staatlichen *Symbole* einen Ausdruck. Flagge und Hymne können bedeutende Faktoren der politischen Integration — wirksame Kristallisationskerne gleichsam — sein oder werden, wenn sich in den Empfindungen der Bürger starke Hoffnung oder glückliche Erinnerung mit ihnen verknüpft. Rausch und Zwang des Dritten Reiches mit seinem theatralisch-imperialen Symbolrummel haben einen Überdruß an Symbolen zurückgelassen, die totale Niederlage hat vollends eine heilsame Furcht oder doch eine große Zaghaftigkeit nach sich gezogen, in diesem Felde entschiedene Schritte zu tun. Wie unsicher aus diesen und anderen Motiven die Mitglieder des Parlamentarischen Rates in der Frage eines Farben- oder Flaggen-Artikels waren, wie ungewöhnlich lebhaft andererseits diese Flaggenfrage in der Öffentlichkeit diskutiert wurde, kann man in *v. Mangoldts* Kommentar zum Bonner Grundgesetz nachlesen. Immerhin kam damals trotz allen Bedenken der bündige Artikel 22 zustande, welcher lautet: „Die Bundesflagge ist schwarzrotgold." In der Tat brauchen die schmerzlichen Erinnerungen, die sich an diese Farben knüpfen, denkt man nämlich an das Scheitern der Bestrebungen der Paulskirchenversammlung von 1848 und an das unglückliche Wesen und Geschick der Republik

[4]) Diese Wendung gebraucht *von Mangoldt* in seinem Kommentar zu Artikel 116 des Grundgesetzes, a. a. O. S. 611. Auf dem Gebiete des Staatsangehörigkeitsrechtes ist seit der Verabschiedung des Grundgesetzes erst neuerdings ein gesetzgeberischer Akt eingeleitet worden: die Bundesregierung hat unter dem 6. 11. 1953 den „Entwurf eines Gesetzes zur Regelung von Fragen der Staatsangehörigkeit" eingebracht, der sich allerdings wesentlich auf die verschiedenen Kategorien von „Volkszugehörigen" — im Sinne der nationalsozialistischen Unterscheidungen, die dann auch bei den Vertreibungen aus den osteuropäischen Ländern zugrunde lagen — bezieht. Außer denjenigen deutschen „Staatsangehörigen", die nicht in der Bundesrepublik leben, gibt es ja viele „Deutsche" (im Sinne des Grundgesetzes), welche die deutsche Staatsangehörigkeit nicht besitzen.

von Weimar, weder die Hoffnung noch den Willen zu dämpfen, hier und heute aufzunehmen und zu vollenden, was damals glücklos und am Ende unmächtig geblieben ist: die Ausbildung eines freien Staates. Seither hat sich die schwarzrotgoldene Flagge in der allgemeinen Achtung im wesentlichen behauptet, ein zerreißender Flaggenstreit ist nicht wiedergekehrt, wenngleich die Anhänglichkeit an das schwarzweißrote Tuch der Kaiserzeit und zumal des ersten Weltkrieges, namentlich in den norddeutschen Bundesländern, nicht untergegangen ist, und wenngleich einzelne rechtsgerichtete politische Parteien oder Parteiteile auch im Bundestagswahlkampf von 1953 noch in Plakaten und Versammlungen diese Farben aufleben zu lassen versucht haben. Das Ergebnis der Wahl selber indessen hat gezeigt, daß diese Antithese bei der weit überwiegenden Menge der Wähler keine vordringliche Rolle gespielt hat. Dieselbe Zurückhaltung, mag sie nun aus der Vorsicht des gebrannten Kindes, aus dem Bewußtsein des staatlichen Provisoriums oder aus der „prosaischen" Gesinnung herrühren, welche dem „Kater" nach dem Rausche gleicht, oder auch aus einem ungewissen Gemisch dieser Motive — dieselbe Zurückhaltung jedenfalls beobachtet augenscheinlich die große Menge der Bürger auch gegenüber der ‚offiziellen' Bundesflagge, denn es sind fast ausschließlich Amtsgebäude, die sie an Feier- und Gedenktagen aufziehen. Nicht einmal die Fahnenhandlungen und -fabriken scheinen bisher in größerem Stil für den privaten Kauf geworben zu haben. Ein fester, allgemein in den Gemütern lebender Staatsfeiertag hat sich übrigens bisher nicht herausgebildet, obwohl Versuche in dieser Richtung — mit nicht eben glücklicher und fester Hand — unternommen worden sind[5]).

Durchaus problematisch liegen die Dinge in Sachen der nationalen Hymne. Der Überschwang der ersten Strophe des „Deutschlandliedes", so oft und peinlich von Ausländern getadelt, stand und steht nun zu der faktischen Lage

[5]) Im Jahre 1951 gedachte man am 12. September der Wahl des ersten Bundespräsidenten; doch wurde keine allgemeine Arbeitsruhe angeordnet, vielmehr hatten nur die Kinder schulfrei. Im darauffolgenden Jahr, 1952, beging man den 7. September als den Gedenktag des ersten Zusammentritts des Bundestages auf dieselbe Weise, aber doch auch mit Feiern im Bundeshaus und in Landeshauptstädten. Bei dieser Gelegenheit veröffentlichte Professor Theodor *Heuss*, der Bundespräsident, einen Aufsatz im „Bulletin", worin er das Problematische des Staatsfeiertages folgendermaßen kennzeichnete:

„Wir wissen heute nicht, ob der 7. September mit dem Bewußtsein des deutschen Volkes sich vermählt, daß es zu einer Selbstverständlichkeit wird, ihn mit Dankbarkeit zu begehen. Es fehlt ihm der dramatische Geschichtsakzent . . ."

Im Jahre 1953 wiederum wurde der Gedenktag vom 7. September wegen der Bundestagswahl, die am 6. 9. stattgefunden hatte, auf den 12. September verlegt; doch gab es keine repräsentativen Veranstaltungen. Lediglich in den Schulen wurde der Bedeutung des Tages gedacht, und einige Schulstunden fielen aus.

Inzwischen hatten die Aufstandsbewegungen in Ost-Berlin und in der Sowjetzone, die mit dem Datum des 17. Juni 1953 verbunden sind, den Bundestag veranlaßt, ebendiesen „dramatischen Geschichtsakzent" im Gedächtnis zu befestigen: er erklärte den 17. Juni zum „Tag der deutschen Einheit" und beschloß ein Gesetz, in dessen Präambel es ausdrücklich heißt: „Der 17. Juni ist . . . zum Symbol der deutschen Einheit in Freiheit geworden."

des wirklichen Deutschlands, wie sie sich aus dem Zusammenbruch des Dritten Reiches ergeben hat, in so schreiendem Widerspruch, daß niemand sich's eigentlich getrauen kann, sie mit lauter Stimme zu singen. Der Versuch des ersten Bundespräsidenten, auf sanft anregende Weise eine gänzlich neue Hymne einzuführen, ist nicht geglückt, hat die Menge kaum zu erreichen vermocht. So griff man schließlich, gedrängt auch durch die 'praktische' Notwendigkeit, auf dem internationalen Spielfelde in irgendeiner Weise repräsentiert sein zu müssen, zu einem Notbehelf: gespielt wird die werte und schöne Haydnsche Weise, gesungen wird nur die dritte Strophe des Textes von Hoffmann von Fallersleben. Es ist diejenige Strophe, welche mit dem Anruf der eigentlich 'demokratischen' Ideen anhebt — „Einigkeit und Recht und Freiheit" — und insoweit nicht nur einen allgemein, sondern sehr zugespitzt aktuellen Sinn gewonnen hat, wenn man an das geteilte und in seiner einen Hälfte unfreie und rechtlose Deutschland denkt, aber nichtsdestoweniger wird es schwerhalten, mit dieser isolierten und ungewohnten Strophe und der gewohnten Weise den gewohnten Text der ersten Strophe zu verdrängen[6]). Die Sache trägt den Stempel der Verlegenheit, wenngleich einer echten und begründeten Verlegenheit. Gleichwohl war eine Art von erleichtertem Aufatmen in der Bundesrepublik zu verspüren, als man in den Wochen-

[6]) Der Versuch der Einführung einer neuen Hymne datiert von Silvester 1950. Der Bundespräsident verlas damals am Ende seiner Ansprache zum Jahreswechsel, die durch Rundfunk in der gesamten Republik verbreitet wurde, die drei Strophen des Textes, den Rudolf Alexander *Schröder*, durch ein Gespräch mit Theodor Heuss veranlaßt, gedichtet hatte, und sprach seine Hoffnung aus, daß Wort und Ton dieses Liedes — der Komponist war Hermann *Reutter* — zum „Besitz und Bekenntnis der Nation werden" würden.

Der gute Grund zu einem solchen Versuch war in der Ansprache mit dem Satze angegeben: „... das ungeheure Schicksal, das die staatlichen Zusammenhänge zerschlug, die volklichen verwirrte, schuf einen Geschichtseinschnitt, der mit dem alten Sinn- und Wortvorrat nicht mehr umfaßt werden kann." (Zitiert nach der Neuen Zeitung vom 2. Januar 1951).

Das Lied, das eine Weile lang des Abends über den Rundfunk gespielt und gesungen wurde, setzte sich nicht durch; vielleicht konnte es sich nicht durchsetzen — wegen der kunstvoll-einfachen Natur des Textes wie vorab der Melodie und auch nach der Art seiner Einführung. Heuss gab es dann alsbald selber auf und proklamierte, mehrfach und neuerlich durch einen Brief des Bundeskanzlers vom 29. April 1952 gedrängt, das alte Deutschlandlied nach dem Texte Hoffmanns von Fallersleben und nach der Weise Josef Haydns wieder zur Nationalhymne. Die Bekanntgabe datiert vom 6. Mai 1952. Gemäß dem Vorschlag des Kanzlers soll „bei staatlichen Veranstaltungen nur die dritte Strophe des Liedes gesungen werden". Darin scheint zu liegen, daß man niemanden hindern wolle oder hindern zu können glaube, außerhalb von staatlichen Veranstaltungen alle drei Strophen zu singen. In seinem Schreiben vom 29. April hatte Dr. Adenauer selbst bemerkt, es sei „wesentlich der außenpolitische Realismus", der es nahelegen müsse, „die Entscheidung nicht weiter hinauszuzögern". Der vorwurfsvolle Unterton dieser Wendung wurde von Professor Heuss durch einen bitteren Hinweis auf die mangelhafte Anerkennung der schwarz-rot-goldenen Farben von der Seite einiger „Gruppen" quittiert, auf deren Verhalten die Bundesregierung Einfluß habe. Widerstreben und Resignation sprechen überhaupt deutlich aus dem Antwortschreiben des Bundespräsidenten: er habe sich getäuscht, schrieb er, und er habe „den Traditionalismus und sein Beharrungsbedürfnis unterschätzt". (Zitiert nach der Frankfurter Rundschau vom 6. Mai 1952. Der Briefwechsel ist neuerdings auch nachzulesen in der von *Lechner* und *Hülshoff* besorgten Textsammlung „Parlament und Regierung", München 1953.)

schauen der Lichtspieltheater sah und hörte, wie beim Besuch des Bundeskanzlers Dr. *Adenauer* in Arlington in USA die amerikanische Militärkapelle das „Deutschlandlied" spielte[7]). Auf diesem Umweg, der zugleich auch ein psychologischer Umweg ist — der Umweg nämlich über die Genugtuung, wieder etwas zu gelten in der Welt —, mag auch die sozusagen halbleibs restaurierte Nationalhymne eine mäßige Einigungskraft für die Bundesrepublik bewiesen haben.

In gewisser Weise muß endlich auch das Amt des Bundespräsidenten und vor allem die Figur seines Trägers den Symbolen des Staates zugezählt werden. Die Machtbefugnisse des Präsidenten sind im Vergleich zu denjenigen des Reichspräsidenten der Republik von Weimar in der geschriebenen Verfassung von Bonn sehr knapp gehalten worden; auch wird er nicht vom Volke gewählt, sondern von einer eigens zu diesem Zweck konstituierten parlamentarischen Körperschaft, der Bundesversammlung, und das heißt im Kerne von den politischen Parteien. Trotz diesem Umstande, und obwohl die Wahl des ersten Bundespräsidenten, Professor Dr. Theodor *Heuss,* mit der Parteienkoalition in einem Zusammenhang stand, die zur Bildung der ersten Bundesregierung geführt hat, ist es Theodor Heuss unstreitig gelungen, in unverwechselbarer Weise Atmosphäre zu bilden. Seine durchaus bürgerliche Erscheinung, seine zivile, lockere, unförmliche und ganz unpreußische Gebärde und Redeweise, die sich nicht nur auf Reisen, bei Reden und Empfängen, sondern auch in seiner ausgedehnten und sehr persönlich gepflegten Korrespondenz stetig bekundet, hat dieser ersten, waffenlosen Lebensepoche der Bundesrepublik eine bestimmte Farbe mitgegeben und auf den Bahnen der Sympathie Loyalität erzeugt bei den Bürgern, die sich weithin in dieser einen Person frei repräsentiert fühlen konnten[8]). Hier ist eine eindeutige Aussage wohl möglich, wie schwer dergleichen bedeutende Imponderabilien auch zu greifen sein mögen.

[7]) Dr. Adenauer legte anläßlich seines Staatsbesuchs in der Hauptstadt der USA am 8. April 1953 am Grabmal des Unbekannten Soldaten auf dem Ehrenfriedhof von Arlington einen Kranz nieder.

[8]) Im Zusammenhang einer kurzen Würdigung von Theodor Heuss in der Festschrift zu dessen siebzigstem Geburtstag („Begegnungen mit Theodor Heuss", Tübingen 1954) unterstreicht auch Alexander *Rüstow* die „realpolitische Bedeutung" der Repräsentationsaufgabe des Präsidenten. Rüstow hat mich mündlich auf den bedeutenden Unterschied aufmerksam gemacht, der zwischen diesem Präsidenten und denjenigen der Republik von Weimar besteht. In der Tat waren Ebert und Hindenburg eher partei-förmige Repräsentanten, der eine der Linken, der andere der Rechten, und wurden jedenfalls, wenn auch wider ihren Willen, innerpolitische Kampfsymbole. Die hohe Temperatur der Zustimmung und Ablehnung, die sie fanden, kontrastiert auch zu der milden Wärme, welche die fraglos allgemeinere Loyalität kennzeichnet, die man Heuss entgegenbringt.

DAS PARLAMENT UND DAS SYSTEM DER PARTEIEN

Die Gesetzgebung obliegt in der Bundesrepublik ausschließlich den parlamentarischen Körperschaften, Bundestag und Bundesrat. Das Volk hat keinen unmittelbaren Anteil daran. Plebiszitäre Elemente, wie sie der Weimarer Verfassung — in Gestalt des Volksbegehrens und des Volksentscheids — noch eigen waren, sind 1949 sehr gründlich getilgt worden, nachdem der Umschlag vom Plebiszitären ins Totalitäre durch die grausig-farcenhaften „Volksabstimmungen" des Dritten Reiches sich dem Gedächtnis eingeprägt hatte. (Nicht jede der einzelnen Landesverfassungen hat übrigens dieselbe Scheu getragen[9]). Daß die Willensbildung und der Willensausdruck daher in bestimmtester Weise und gleichsam enger kanalisiert ist, als das volkstümliche Verständnis von 'Demokratie' es zunächst begreifen mochte — ich sage 'kanalisiert' und nicht sogleich auch 'mediatisiert'[10]) —, das sind viele sicherlich erst in dem Augenblicke und mit Enttäuschung gewahr geworden, als eine große, tief eingreifende Frage gestellt war, die ‚das Volk' selber zu beantworten drängte: die Frage der Wiederbewaffnung und des deutschen ‚Wehrbeitrags'. Einige Länderwahlen mußten damals, im Herbst 1950, in regionalen Grenzen und bei naturgemäß nur unscharfer, verwischter und vermischter Artikulation des Themas, das Plebiszit ersetzen. Dem Gedanken einer Neuwahl des Bundestages selber, den die oppositionelle Sozialdemokratische Partei monatelang und hartnäckig vorbrachte, versagte sich die Parlamentsmehrheit und die Regierung, gestützt auf das positive Verfassungsrecht. Drei Jahre später, nachdem durch Resignation, Gewöhnung, außenpolitische Einsicht und anwachsendes allgemeines Zutrauen zu der Führung des Bundeskanzlers Adenauer und seiner Mitarbeiter zuerst Beruhigung eingekehrt, dann geradezu ein Umschwung sich vollzogen hatte, konnte dieselbe regierende Gruppe von Männern und Parteien den Ausgang der dann erst fälligen Bundestagswahl ihrerseits als ein Plebiszit deuten und buchen, und zwar zu ihren Gunsten. Mit demjenigen Korne Salz, das immer einzumischen ist, wenn eine Wahl, die Wahl also von Abgeordneten, und sei sie selbst eine Wahl „nur" von Parteien, als ein Plebiszit in sachlichen Fragen ausgelegt wird, kann man sagen, daß die starke Zustimmung, die die CDU als die Partei Dr. Adenauers am 6. September 1953 gefunden hat, auch eine sachliche Zustimmung zur Wiederbewaffnung im europäischen Rahmen enthielt, oder daß — vorsichtiger — die Zustimmenden jedenfalls die Wieder-

[9]) Volksbegehren und Volksentscheid kennen die Verfassungen von Bayern (bes. Artikel 74), Hessen (Artikel 124), Rheinland-Pfalz (Artikel 109), Bremen (Artikel 69 bis 74).

[10]) Von einer „Mediatisierung des Volkes durch die politischen Parteien" sprach zuerst Werner Weber in der Abhandlung „Weimarer Verfassung und Bonner Grundgesetz", 1949, wieder abgedruckt in der Schrift „Spannungen und Kräfte im westdeutschen Verfassungssystem", Stuttgart 1951. Dort insbesondere S. 20: „Das Volk ist vollständig und ausnahmslos durch die politischen Parteien mediatisiert."

bewaffnungspolitik nicht oder nicht mehr als ein Hemmnis ihrer Zustimmung empfunden haben[11]).

Das Parlament — und ich meine von den beiden parlamentarischen Körperschaften jetzt und im folgenden ausschließlich den Bundestag als die ,Volksvertretung' —, worin sich also in so exklusiver Weise der politische Wille zu konzentrieren und in der Befugnis zur Gesetzgebung wie zur Regierungsbildung zu manifestieren scheint, ist in seiner eigenen und eigentümlichen Beschaffenheit freilich kaum recht zu verstehen, wenn man es der Konvention gemäß als eine Versammlung einzelner Abgeordneter auffaßt, die sich nach ihren Gesinnungen und nach sachgegebenen Alternativen zu mehr oder weniger dauerhaften Gruppen zusammenschlössen. Dieses Parlament stellt vielmehr zur Hauptsache einen *Verband von Fraktionen* dar, deren jede zugleich Organ einer außerparlamentarischen Partei-Organisation ist. Diese real gegebene Tendenz hat die endgültige Geschäftsordnung des Bundestages (die am 1. 1. 1952 in Kraft getreten ist) bewußt aufgenommen und zugleich gefördert, indem sie von den Mitgliedern einer Fraktion per definitionem verlangt, daß sie „der gleichen Partei angehören"[12]). In den ersten Bundestag (1949) rückten acht derartige Fraktionen ein (wenn die Fraktion der CDU zusammen mit derjenigen ihrer bayrischen Schwesterorganisation, der CSU — beide leben in einer Art Symbiose miteinander — als eine einzige gerechnet, und wenn im übrigen das Erfordernis der damaligen vorläufigen Geschäftsordnung zugrunde gelegt wird, eine Fraktion müsse wenigstens zehn Mitglieder haben). Daneben gab es

[11]) 45,2% der Wähler vom 6. 9. 1953 entschieden sich für die Partei des Bundeskanzlers, indem sie den Listen der CDU, die sichtbar oder unsichtbar von Dr. Adenauer angeführt wurden, ihre „Zweitstimmen" gaben. Nur 43,7% der Wähler indessen entschieden sich auch für die Wahlkreiskandidaten, welche dieselbe CDU präsentiert hatte, indem sie diesen ihre „Erststimmen" gaben. Diese Differenz zwischen Erst- und Zweitstimmen mag allerdings, mindestens zu einem Teil, aus Absprachen resultieren, die die bisherigen Koalitionsparteien untereinander getroffen haben. Die gut 400 000 Stimmen, um welche die CDU-Parteilisten vor der Summe der CDU-Kandidaten voraus sind, finden sich beinahe vollzählig bei denjenigen Erststimmen wieder, die für die Kandidaten der FDP und der DP abgegeben worden sind; hier bleiben die Zweitstimmen um ebensoviel hinter den Erststimmen zurück. In welchem Grade Amt und Figur des Bundeskanzlers aber den Erfolg *seiner* Partei mitbegründet haben, das ergibt sich deutlich vor allem aus dem Vergleich der Proportionen, die 1949 und 1953 zwischen den Stimmen-Mengen bestanden, die für die drei Regierungsparteien abgegeben wurden: 1949 verhielten sich die Wählerstimmen der CDU zu denen der FDP und zu denen der DP wie 31,0 zu 11,9 zu 4,0, 1953 aber wie 45,2 zu 9,5 zu 3,2.

[12]) „Die Fraktionen sind Vereinigungen von Mitgliedern des Bundestages, die der gleichen Partei angehören" — mit dieser Definition beginnt § 10 der geltenden Geschäftsordnung (vom 6. Dezember 1951). Die vorläufige Geschäftsordnung des Bundestages, die vom 20. September 1949 an bis dahin gegolten hatte und die wesentlich nach dem Muster der GO des früheren Reichstages ausgearbeitet worden war, hatte in ihrem § 7 die Fraktion in der überlieferten Weise definiert, ohne auf die Partei zu rekurrieren, ja sie überhaupt nur zu erwähnen: „Fraktionen sind Vereinigungen von mindestens zehn Mitgliedern."

Vgl. die kommentierte Ausgabe der Geschäftsordnung des Deutschen Bundestages von Heinrich G. *Ritzel* und Helmut *Koch*, Frankfurt, 1952.

eine geringe, im Lauf der Jahre etwas schwankende Zahl von zumeist unechten „Unabhängigen", die sich nicht oder nicht in dauerhafter Weise einer der festen Gruppen oder Blöcke anschlossen und ihren Platz zumeist auf der äußersten Rechten innehatten. Ein einziger Abgeordneter des ersten Bundestages war als Unabhängiger im eigentlichen Sinne gewählt worden („independent member"), und auch dieser hat sich sogleich einer größeren Fraktion als „Hospitant" angeschlossen. Das Fraktionskollektiv dominiert durchaus in den Verfahrensweisen, das Gruppenbewußtsein ist ausgeprägt, Einzelgänger gelten zumeist als Sonderlinge. Nahezu alle Rechte innerhalb des Parlaments — vorab die Besetzung der Ausschüsse — werden nach dem Schlüssel der quantitativen Fraktionsstärken, gleichsam automatisch, geregelt. Im *zweiten* Bundestag (1953) sind, jedenfalls im Augenblick seines Zusammentritts, alle jene „Randerscheinungen" der echten wie unechten „Unabhängigen" oder „Fraktionslosen" vollends verschwunden: er bestand in diesem Augenblick ausschließlich aus fünf geschlossenen Fraktionen. [Absonderungen, die durch innerparteiliche Konflikte hervorgerufen werden mögen, können das Bild nicht wesentlich ändern.][13])

Die Geschlossenheit dieser Gebilde, die durch das Gewicht der extraparlamentarischen Parteiorganisationen, mit welchen sie jeweils verbunden sind, wesentlich bewirkt und jedenfalls erhalten wird, drückt sich indessen nicht überall gleichmäßig in der „Dichte", nämlich in gleichsinnigem Verhalten der Mitglieder aus. Die diesem Verstande „dichteste" Fraktion war vordem die kommunistische und dürfte jetzt die sozialdemokratische sein. Um einiges lockerer verhielt sich bisher die Fraktion der Freien Demokraten und verhielt sich auch diejenige der CDU/CSU. Halten sich auch die abweichenden Voten innerhalb dieser Fraktionen bei Abstimmungen im Plenum des Parlaments der Zahl nach gewiß in engen Grenzen, so scheint ein genauer Vergleich doch den Schluß zu erlauben, daß im ersten Bonner Bundestag im Durchschnitt aller Parteifraktionen um ein weniges lockerer oder „freier" abgestimmt worden ist als in den meisten Reichstagen der Weimarer Epoche[14]). Dieser Umstand muß

[13]) Über die Mitglieder und die Zusammensetzung der Fraktionen des ersten Bundestages informiert das von Fritz *Sänger* herausgegebene Handbuch „Die Volksvertretung", Stuttgart 1949, zweite Auflage, Stuttgart 1952. Für den zweiten Bundestag hat wiederum Fritz Sänger ein „Handbuch des Deutschen Bundestages" herausgegeben, Stuttgart 1954; außerdem hat der Direktor des Bundestages ein „offizielles" Handbuch publiziert.

Diejenigen Veränderungen des „Fraktionsverbandes" allerdings, die während der Legislaturperiode sich vollzogen haben, sind in den Handbüchern naturgemäß kaum zu finden. Hierzu wird demnächst in dieser Schriftenreihe („Parteien, Fraktionen, Regierungen") eine Studie von Emil *Obermann* erscheinen.

[14]) Dr. Heinz *Markmann*, wie der zuvor genannte Dr. Obermann ein Mitarbeiter meiner Forschungsgruppe am Alfred-Weber-Institut der Universität Heidelberg, hat das „Abstimmungsverhalten der Fraktionen" als Index ihrer „Dichte" oder „Lockerheit" untersucht. Seine Arbeit, die gleichfalls in dieser Reihe erschienen ist, befaßt sich unter diesem Aspekt mit vier Reichstagen der Weimarer Epoche, mit zwei Nachkriegslandtagen und dem ersten deutschen Bundestag.

zum wesentlichsten Teil auf die eigentümliche Beschaffenheit der neuartigsten (wenn auch nicht neuesten) unter den Fraktionen der Bundesrepublik zurückgeführt werden, die eben zugleich auch die größte des ersten wie des zweiten Bundestages ist: diejenige der CDU/CSU. Man muß sich klarmachen, daß die Fraktionsstärken keineswegs durchgängig in gleichem oder auch nur ähnlichem Verhältnis zu den Parteistärken stehen (wenn man nämlich unter der Stärke einer Partei die Zahl ihrer eingeschriebenen Mitglieder versteht); insbesondere übertraf zum Beispiel die Fraktion der CDU/CSU diejenige der SPD im ersten Bundestag um einiges (140 gegenüber 131 Mitgliedern), im zweiten Bundestag erheblich, nämlich um etwa 60 Prozent (244 gegenüber 151 Mitgliedern), während doch der *Mitgliederbestand* der Union kaum mehr als die Hälfte desjenigen der Sozialdemokratischen Partei betrug (rund 350 000 — mit Einschluß der bayerischen CSU — gegenüber etwa 650 000 Mitgliedern der SPD im Jahre *1952)*. In beiden Fällen kann man zwar mit Fug von „Massenparteien" reden, gleichwohl aber spiegelt sich in den Fraktionen des Parlaments nicht einmal der schieren Quantität nach das Verhältnis wider, das die Parteikolonnen untereinander kennzeichnet, sondern es kann, wie das bedeutsame Exempel zeigt, der Fall eintreten, daß die ‚kleinere' Partei gleichwohl die ‚größere' Fraktion bildet, weil sie nämlich einfach mehr Anhang unter den nichtorganisierten Wählern gefunden hat. Zwischen der (relativ dauerhaften) Mitgliedschaft und der (relativ fluktuierenden) Wählerschaft einer Partei besteht eben — ‚altmodischerweise' sozusagen und dennoch glücklicherweise! — ein ebenso simpler wie kardinaler Unterschied — ein Unterschied, welchen auch die Theoretiker des Parteienstaates sorglich beachten sollten. Eigentümlich beschaffen ist die Fraktion und Partei der Christlich-Demokratischen Union deswegen, weil sich in ihrem Schoße sehr heterogene soziale Elemente vereinigt haben — sie ist keine Klassenpartei und eine Interessenpartei nur insofern, als sie eine Vielfalt von unterschiedlichen und zum Teil gegensätzlichen Interessen in sich birgt —, weil sie sich ferner zu gleicher Zeit auf die *beiden* großen christlichen Konfessionen stützt (und nicht nur auf eine von ihnen) und weil sie schließlich eine kohärente, zentral geleitete und mit dem Gerippe der Funktionäre ausgerüstete Bundesorganisation erst in einem Zeitpunkt auszubilden begonnen hat, da sie längst in zentralen Parlamenten tätig geworden war. (Die Gesamtpartei der CDU ist erst im Oktober 1950 gegründet worden, ein Jahr nach dem Zusammentritt des ersten Bundestages, zwei Jahre nach der Konstituierung des Parlamentarischen Rates und mehr als drei Jahre nach der Bildung des Wirtschaftsrates der Doppelzone in Frankfurt.) Zwar gilt allgemein, daß die Parteikaders auf dem Boden des zerstörten Reiches gebildet oder rekonstruiert worden sind, längst bevor irgendein deutscher Staat vorhanden war, geschweige eine Wahl stattgefunden hatte, und diese ebenso fundamentale und folgenreiche wie paradoxe Tatsache kann gar nicht deutlich genug ins Licht gerückt werden. Der Geburtstag des Nachkriegs-Parteiensystems — in seiner ersten Entwicklungsphase jedenfalls — ist der 10. Juni 1945, an welchem Marschall *Schukow* in Berlin die Zulassung „antifaschistischer" Parteien verfügte, gut sieben Wochen *vor* der Unterzeichnung des Potsdamer Abkommens[15]). Aber diese Kaders und Kerne waren im Falle der CDU weit verstreut, und so läßt sich in einem gewissen Sinne sagen, daß hier die Fraktion älter sei als die Partei, nämlich als die einheitliche Parteiorganisation. Daher ist denn auch hier die Führung früher und deutlicher als bei anderen Parteien an Fraktionen und insoweit an *Parlamentarier* übergegangen, nicht an extraparlamentarische Parteivorstände. Und daher nähert sich die CDU, wiewohl gewiß eine ‚Massenpartei', doch eher dem Typus eines Honoratiorenverbandes als demjenigen eines Funktionärverbandes. Von der SPD gilt eindeutig das Gegenteil. Ihre innere Beschaffenheit ist allgemeiner bekannt, und eine nähere Beschreibung kann darum hier wohl entbehrt werden. Ihre ‚Niederlage' in der zweiten Bundestagswahl beruht, genau besehen, nicht in einem Verlust an Wähleranhang, sondern gerade in der block-artigen Starrheit und Unbeweglichkeit ihres Anhangs oder — mit einem zugespitzten Ausdruck — in der ‚Treue' ihrer Wähler. Es ist wohl ein Rudiment ihrer Urgeschichte, jenes Marxschen „Vereinigt euch!" und das hieß doch „Organisiert euch!", daß die Fleisch und Blut gewordene Parteivorstellung ihre Führung bis in die jüngste Zeit häufig verächtlich von dem „Flugsand" der ungebundenen, fluktuierenden Wählerschaft hat denken lassen. Erst die Erfahrung des 6. September 1953 — und noch nicht oder kaum diejenige des 14. September 1930 oder vollends des 31. Juli 1932! — hat innerhalb dieser ältesten und so solide organisierten Partei zeitweilig bedeutsamere Regungen aufkommen lassen, diese Parteivorstellung und mit ihr die faktische Funktionärsstruktur selber zu redivieren[16]).

Wenn also auch bei diesen beiden großen Körpern das Verhältnis zwischen Partei und Fraktion verschieden akzentuiert ist derart, daß im einen Falle die Partei eher von ihren parlamentarischen Exponenten (den Bundeskanzler eingeschlossen) geführt wird, während man im anderen Falle angemessener sagen muß, die Parteiführer säßen zumeist im Parlament, und zwar im Fraktionsvorstand, so hat sich doch nicht nur hier, sondern tatsächlich bei

[15]) Man vergleiche die folgende Studie dieses Bandes.

[16]) Einige wesentliche Stimmen, die sich für eine innere Reform der SPD aussprechen, findet man zusammengestellt unter dem Titel „Selbstbesinnung; Sozialdemokraten ziehen Lehren aus dem 6. September" in der Zeitschrift „Die Gegenwart" Nr. 194 vom 7. November 1953. Bedeutsam ist auch der Beitrag von Professor *Ortlieb*, Hamburg, im Novemberheft 1953 der „Gewerkschaftlichen Monatshefte". Wiederum in der „Gegenwart" (Nr. 196 vom 5. Dezember 1953) erschien die bedächtigere Darlegung von Erwin *Schöttle*, Vorstandsmitglied der SPD, unter der Überschrift „Permanente Opposition oder echte Alternative?". Im Dezember 1953 begann auch ein Kreis von Freunden des verstorbenen Regierenden Bürgermeisters von Berlin seine durchaus auf innere Erneuerung zielenden Erwägungen als „Ernst-Reuter-Briefe" im Druck vorzulegen. Nr. 1 enthielt einen programmatischen Aufsatz von Gustav *Klingelhöfer*, „Um die Erneuerung der SPD".

allen Parteien, die im Bundestag tätig sind, eine weitgehende und bedeutsame Identität der Führung zwischen dem inner- und dem außerparlamentarischen Verbande hergestellt[17]). Diese Einfügung oder Anpassung ist im zweiten Bundestag vollständiger als im ersten, und sie war schon im ersten Bundestage vollständiger als in der Konstituante. Im gleichen Zuge hat sich der Fraktionenverband — unter der Einwirkung des Wahlverfahrens und der Geschäftsordnung — blank und nett und ohne Rest herausgeformt, und haben sich andererseits die Parteispitzen gleichsam parlamentarisiert. Die Fraktionen aller Landtage waren und sind in irgendeinem Grade und in irgendeiner Weise abhängig von Parteiorganen, die außerhalb dieser jeweiligen Parlamente stehen — sehr begreiflicherweise, wenn man bedenkt, daß dem föderativen Staatsaufbau der durchaus unitarische Parteiaufbau entweder schon vorausgegangen war oder zum wenigsten zur Seite ging, daß — mit schärferen Worten — die Gewaltenverteilung des Bundes-Staates durch die Gewaltenkonzentration der Bundesparteien vielleicht gefährdet, jedenfalls weithin aufgewogen wird. Dasselbe Parteiblut fließt ja in allen diesen Staatskörpern. (Von dem in gewissem Maße abweichenden Bilde Bayerns sei hier abgesehen.) Einzig erst die Fraktionen des Bundestages konnten *diese* Abhängigkeit abstreifen, sie sind gleichsam von sich selbst abhängig. Das heißt zwar nicht, daß nun die Fraktion das ganze Volk verträte in dem Sinne, wie es die Verfassungen vom Abgeordneten annehmen oder fordern. Wohl aber gewinnt die Fraktion auf diese Art — unerachtet aller Rücksicht auf die massive Schwere oder auf die Vielgliedrigkeit des Parteikörpers, der diesem Kopfe anhängt — eine deutliche Chance autonomen Handelns. Sie wird fähig, zu regieren.

Die Chance autonomen Handelns und die Fähigkeit zu regieren schaffen allerdings noch nicht die objektive Aussicht, regieren zu können. Diese Aussicht wird wesenhaft durch den Charakter des *Parteiensystems* entweder eröffnet oder versperrt, erhöht oder herabgesetzt. Die Nachkriegssituation ist durch die Wiederherstellung eines Vielparteiensystems gekennzeichnet. Alle Kräfte wirkten zu diesem Ziele zusammen, die sowjetrussischen wie die alliierten Pläne wie auch die deutschen Gewohnheiten oder Erinnerungen. Es ist beinahe dasselbe, wenn ich hinzufüge, daß ebendiese Kräfte auch zur Wiederherstellung des Verhältniswahlverfahrens zusammengewirkt haben — mit der Ausnahme der Briten in einem Teil ihrer Besatzungszone. Dieses Parteiensystem setzte sich auch fort in die entstehende Bundesrepublik hinein. In diesem neuen Medium aber hat es in mehreren Phasen seine Gestalt in durchaus unerwarteter Weise gewandelt.

[17]) Dr. Rudolf *Wildenmann* hat in seiner Schrift „Partei und Fraktion", Band 2 der gegenwärtigen Schriftenreihe, errechnet, daß vom „Führungsstab" der CDU 67%, von demjenigen der FDP 70%, von demjenigen der SPD allerdings nur 44% der Personen auch der jeweiligen Bundestagsfraktion angehören. Der Begriff des „Führungsstabes" ist von ihm freilich generös gefaßt. Eine entsprechend genaue Untersuchung des zweiten Bundestages ist noch nicht in Angriff genommen worden.

Aus dem Vierer-Gespann der zugelassenen („lizenzierten") Parteien, das in der allerersten Zeit in den von der Militärregierung abhängigen Verwaltungen, aber auch in Zeitungsredaktionen und anderwärts als ein Ganzes auftrat, in gewisser Weise vergleichbar dem „antifaschistischen" Parteienblock der Sowjetzone, hatte sich in der Epoche der Ländergründungen und ersten Länderwahlen ein buntes Geschiebe vielfältig verschlungener Parteienkoalitionen entwickelt, welchen zumeist — von den markanten Ausnahmen Hamburgs und Schleswig-Holsteins abgesehen — die mehr oder minder entschiedene Vorstellung eines allgemeinen Bündnisses wider die Not zugrunde lag. Auch die Ausschließung der kommunistischen Koalitionspartner änderte daran noch nicht viel. Nach dem Vorspiel des Frankfurter Wirtschaftsdirektoriums traten aber mit der Bildung der ersten Bundesregierung im Herbst 1949 die Kräfte in weithin sichtbarer und wirksamer Weise auseinander. Die Partei-Gewalten teilten sich. Es entstand so etwas wie eine Regierungsseite und eine Oppositionsseite. Die erste Regierung Adenauer war zwar eine Koalitionsregierung und stützte sich auf drei benachbarte Fraktionen des Hauses, welche zusammen eine eben ausreichende Mehrheit hatten, und auch auf der anderen Seite war die SPD keineswegs etwa „die" Opposition schlechthin. Aber im Innern des Spektrums der acht oder zehn Richtungen — von den Kommunisten bis zur Nationalen Rechten —, das also auch die für alle kontinental-europäischen Vielparteiensysteme charakteristischen ‚Ultra'- und ‚Infra'-Elemente in Gestalt der radikalen Flügelgruppen enthielt, formten sich doch zwei klare Pole aus, deren Gegensatz und Spannung die Politik des Landes vorwiegend prägte. Zwei Namen, zwei scharf umrissene Figuren symbolisierten und verdeutlichten diese durchaus neuartige Bipolarität: Dr. Konrad *Adenauer*, der Kanzler, und Dr. Kurt *Schumacher*, der Erste Vorsitzende der SPD-Partei und -Fraktion, der es zuließ, auch ‚Führer der Opposition' genannt zu werden.

Die dritte, womöglich noch energischere Wandlung, die freilich nicht denkbar wäre ohne den Vorgang von 1949 und ohne die Befestigung des bipolaren Systems in einer stetigen vierjährigen Regierungs- und Oppositionszeit, vollzog sich mit der denkwürdigen Wahlentscheidung vom 6. September 1953. Wider die Erwartung derer, die — in Kenntnis der geschichtlichen Erfahrungen mit den zersetzenden Effekten des Proportionalsystems — eine Vervielfältigung der Parteien, gar ein Wachstum der anti-parlamentarischen Flügelgruppen befürchtet hatten, *verringerte* sich die Anzahl der Parteien, verschwanden die irritierenden Flügel (dies freilich wesentlich als Folge des ‚Tricks' einer neu gefaßten prohibitiven Klausel des Wahlgesetzes) und bildete sich zum ersten Mal in der Geschichte der nationalen deutschen Parlamente eine Mehrheit, die von einer *einzigen* Fraktion gestellt wurde, eine *‚geborene' Mehrheit*. Obschon durchgängig in allen Ländern sieben Bundesparteien (daneben noch regional verbreitete) ihre Kandidaten und ihre Listen präsentiert hatten, rückten nur fünf Fraktionen in den Bundestag ein [18]). Die Stimmen verteilten sich derart, daß die Wahl zum ersten Mal den Charakter einer *Entscheidung* darüber annahm, wer künftig regieren und wer opponieren solle. Alle jene langwierigen, furchtsamen und listigen Erwägungen und Berechnungen, welche die Parteien selber während der Verhandlungen über das Wahlgesetz angestellt hatten, waren über den Haufen geworfen. Die Wähler hatten sich um jene zwei Pole gruppiert und das ganze System mit einem Schub unerhört vereinfacht. Wie ungleichartig CDU und SPD nach ihrer inneren Beschaffenheit sind, habe ich oben geschildert. Es hängt damit zusammen, daß die große Veränderung, die große Sammelbewegung sich am Regierungs-Pol vollzog, während der Oppositions-Pol wesentlich ‚nur' fest blieb, umlagert gleichsam von der gichten Schar seines gewohnten Anhangs [19]).

Es waren gewiß nicht die Parteien, sondern es waren die Wähler, die diesen Wandel hervorbrachten. [Und solange die in der Wahl aktiven Bürger das Parteiensystem im ganzen derart entscheidend zu verändern vermögen — das parlamentarische zunächst, mittelbar indessen auch das außerparlamentarische Parteiensystem —, solange haben wir auch noch keinen perfekten ‚Parteienstaat' [20]).] Da aber eine solche Entscheidung nicht vom Himmel fällt, zumal wenn sie starken system-immanenten Tendenzen zuwiderläuft, ja sie war in einem Lauf überflügelt, so bleibt doch die Frage zu beantworten, welche Faktoren sie positiv möglich gemacht haben können. Die Stetigkeit der Regierung und die Stetigkeit der Opposition während vier Jahren bildet ohne Zweifel an sich

[18]) Das Wahlgesetz zum zweiten Bundestag und zur Bundesversammlung (vom 8. Juli 1953) bestimmte in § 9, Absatz 4, folgendes: „Bei Verteilung der Sitze auf die Landeslisten werden nur Parteien berücksichtigt, die mindestens 5 v. H. der *im Bundesgebiet* abgegebenen gültigen Zweitstimmen erhalten oder in mindestens einem Wahlkreis einen Sitz errungen haben."

Das Wahlgesetz zum ersten Bundestag (vom 15. Juni 1949) hatte eine ähnliche, aber etwas mildere Klausel enthalten. Sie lautete: „Parteien, deren Gesamtstimmenzahl weniger als fünf vom Hundert der gültigen Stimmen *im Lande* beträgt, werden bei der Errechnung und Zuteilung der Mandate . . . nicht berücksichtigt." (§ 10, Abs. 4). Derartige prohibitive Klauseln, wie sie seit dem Kriege in vielen deutschen Wahlgesetzen wiederkehren, und die die Tendenz zur Vermehrung der Parteien, welche dem Verhältniswahlsystem innewohnt, künstlich konterkarrieren sollen, stehen von Haus aus im Widerspruch zu dem Anspruch eben dieses Systems, die im Volk vorhandenen Richtungen und Gruppierungen „gerecht" im Parlament abzubilden.

[19]) Vgl. die vorläufige Analyse der Bundestagswahl von 1953, die ich unter der Überschrift „Das deutsche Wahlwunder" in der „Gegenwart" (Nr. 190 vom 12. September 1953) veröffentlicht habe. Der Aufsatz ist wieder abgedruckt in Heft 7 der „Schriften der Deutschen Wählergesellschaft", Frankfurt 1953: „Das deutsche Wahlwunder", hrsg. von C. C. *Baer* und Dr. E. *Faul*.

[20]) Die Theorie des Parteienstaates hat in jüngster Zeit namentlich Gerhard *Leibholz* entwickelt, zugleich auch als Richter am Bundesverfassungsgericht in Karlsruhe in bestimmten Entscheidungen dieses Gerichtes zu unmittelbarer Wirkung gebracht. Vgl. Leibholz, Parteienstaat und Repräsentative Demokratie — im Deutschen Verwaltungsblatt 1951, S. 1 ff. und von demselben Autor den Vortrag „Der Strukturwandel der modernen Demokratie", Schriftenreihe der Juristischen Studiengesellschaft Karlsruhe, Heft 2, Karlsruhe 1952.

schon einen solchen integrierenden Faktor. Der wirtschaftliche Aufschwung, die Verbesserung der Lebensverhältnisse der ganzen Bevölkerung sprach als Klima zugunsten der vormaligen Regierungsparteien. Indessen wären alle aktuellen Motive und wäre wohl auch die Stetigkeit als solche nicht imstande gewesen — sofern ein so hypothetischer Gedankengang erlaubt ist —, die auseinandertreibenden Kräfte des Parteiensystems und des Proporzes zu paralysieren, wäre nicht auf der Regierungsseite ein anziehungskräftiges Moment hervorgetreten, eine Institution, in gewissem Maße enthoben dem gesamten Gefüge und Getriebe der Parteien, wenngleich von diesen geschaffen: das *Bundeskanzleramt*. Es war — in mehrerem Sinne des Wortes — die Partei des Bundeskanzlers, die diesen großen Wahlerfolg errungen hat, und der die Mehrheit im Bundestag zugewachsen ist. Nicht nur die Partei Dr. Adenauers (und Dr. Erhards, des Wirtschaftsministers), sondern präzise die Partei des Bundeskanzlers. Das Grundgesetz, die Parteienkonstellation und die Regierungsbildung von 1949 haben dem Bundeskanzleramte die starke Stellung gegeben, welche Herr Dr. Adenauer denn freilich auch zu brauchen, auszubauen und fühlbar zu machen gewußt hat — ein Mann übrigens, der von Haus aus durchaus nicht zu besonderer Popularität angelegt scheint.

Der berühmte Artikel 67 des Grundgesetzes, die Erfindung des „konstruktiven Mißtrauensvotums" wird, als eine reine Rechtsvorschrift, vielleicht nicht für alle Zukunft Regierungskrisen hindern und stabile Regierungen sichern können. Indem er aber jedenfalls dieses eine Mal und gerade in der Entwicklungszeit der Republik entscheidend beigetragen hat, dem Kanzler eine so bedeutende Stellung zu verleihen, hat er mittelbar eine produktive Wirkung geübt, die die Wähler von 1953 gleichsam aufgenommen und vollends in ‚lebendige Verfassung' umgesetzt haben. Der Gestaltwandel des Parteiensystems, den dieser Wahlakt hervorgerufen hat, kann seinerseits, wenn er vorhält und sich weiter in der gleichen Richtung der Konzentration fortsetzt, künftig den praktischen Effekt jener Rechtsvorschrift bewahren, indem er sie selber gewissermaßen überflüssig macht. Der Artikel 67 hat einen Anstoß gegeben — das ist sein Hauptverdienst. Konnte man das Grundgesetz — diesen Artikel miteingeschlossen — zu Anfang mit gutem Grund und bitterem Kummer als das Erzeugnis einer Art von traumatischer Neurose auffassen — das ‚Trauma' war das Schicksal der Republik von Weimar[21]) —, so sind doch, wie sich zeigte, Motive der Heilung in ihm hervorgetreten, die sich nun mächtig fühlbar machten.

[21]) „In hundert politischen, staats- und verfassungsrechtlichen Erwägungen begegnet man heute immer wieder jener empfindlichen, furchtsamen, krampfartigen Fixierung: Was muß man tun, um die ‚Fehler der Vergangenheit' diesmal zu vermeiden? Diese Frage ist weit häufiger als die natürlichere und gesündere Frage: Was muß man tun, um es gut zu machen?" (Dolf *Sternberger*, Demokratie der Furcht oder Demokratie der Courage? im ersten Heft des vierten Jahrgangs der „Wandlung", Januar 1949 — also während der Beratungen des Parlamentarischen Rates verfaßt —, Seite 8).

Die Wahlentscheidung von 1953 selber hat der Republik eine Regierung gegeben. Und auch eine Opposition, eine eindeutigere als 1949, eine ‚geborene' Opposition. Aber die neu bestellte oder bestätigte Regierung ist nicht eigentlich Parteiregierung (party government), sondern eine Regierung des Bundeskanzlers, der freilich seinerseits zugleich auch der Führer der größten Partei ist. Er hätte mit seiner eigenen Partei allein und auf diese Weise mit einem homogenen Kabinett regieren können. Um den Preis — vielleicht — einer heterogenen Opposition. Aber diese Möglichkeit scheint er nicht erwogen zu haben, und auch das Verlangen seiner Fraktion scheint nicht stark, mindestens nicht stark genug danach gedrängt zu haben. Er zog es vor — zumal im Hinblick auf die Chance einer zuverlässigen verfassungsändernden Mehrheit im Bundestag —, eine heterogene Koalition und ein heterogenes Kabinett zu bilden, weit komplizierter in der inneren Verstrebung, als es die Koalition und das Kabinett von 1949 waren, mit einer quantitativ übermäßigen ‚Vertretung' der schwächeren Partner im Kabinett. Nicht das Gewicht der Partei, sondern das Gewicht des Bundeskanzleramtes hat diese Regierungsbildung entschieden.

Die Institution des Bundeskanzleramtes (und der Gebrauch, den sein erster Träger von den ihm einwohnenden Möglichkeiten gemacht hat) ist es im Zusammenspiel mit jener Teilung der Partei-Gewalten, die ich oben skizziert habe, und mit der eindrücklich antwortenden Stimme und mitformenden Hand der Wählerschaft, welche die lebendige Verfassung gehindert haben, in den bereitstehenden Formen des Parteienstaates zu erstarren. Die Existenz und Tätigkeit *partei-unabhängiger Organe der öffentlichen Meinungsbildung* — zu welchen in gewissem Maß auch die eigenartig konstruierten Rundfunkanstalten gezählt werden dürfen — erscheint freilich nicht viel weniger wichtig. Undeutlicher und schwer zu veranschlagen ist die Rolle des Beamtentums. Das Element des Militärs ist noch nicht eigentlich ins Leben getreten: diese Probe auf die Kraft der lebendigen Verfassung steht der Republik noch bevor, und es wird vieles, wenn nicht alles darauf ankommen, daß die zivile Autorität sich der Truppe gegenüber behauptet, und daß diese selbst von einem bürgerlichen Sinn belebt wird, ohne doch in das notwendig anthithetische Spiel der Parteien gerissen zu werden. Die Autonomie der Gerichtsbarkeit hat eine ähnliche Probe in der Tat bestanden, als nämlich der höchste Gerichtshof der Republik, das Bundesverfassungsgericht, in der schweren Verfassungskrise, die sich aus dem Kampf der Parteien um die Westverträge und die Wiederbewaffnung entwickelt hatte, allen Verdacht der Parteilichkeit und alles taktische Kalkulieren mit dieser Parteilichkeit durch seinen denkwürdigen Beschluß vom 9. Dezember 1952 wie mit einem heftigen Ruck abschnitt[22]). In Hinsicht auf alle diese Vorgänge und Kräfte begnüge ich mich hier mit einem bloßen Hinweis. Das Phänomen der gesellschaftlichen Verbände, insbesondere der organisierten Interessen, ihrer direkten und indirekten Einwirkung auf Gesetzgebung und Regierung, namentlich auch ihrer eigenartigen Verschränkung mit den politischen Parteien und Parlamentsfraktionen, habe ich nicht nicht einmal berührt, weder nach seiner legitimen noch nach seiner illegitimen Seite, obgleich der ‚Verbände-Staat' (einen ‚Ständestaat' kann es unter modernen sozialen Bedingungen gar nicht geben!), weit entfernt, sich als Alternative zum ‚Parteien-Staat' anzubieten, vielmehr gerade im Bauche des Parteienstaates unmerklich heranwachsen kann[23]). Der gleichsam zerhackte „Volkswille" der Verbände kann nur durch ein solches Parteiensystem auf seine staatsnützlichen, vorab informativen Funktionen beschränkt werden, dessen Kräfte und Menschen durch die objektive Aussicht, das ganze Volk regieren zu können und regieren zu sollen, zur Reife gekommen sind. Erst ein solches Parteiensystem würde tauglich, dem Volke zur Selbstregierung zu verhelfen.

[22]) Der Beschluß des Bundesverfassungsgerichtes vom 8. Dezember 1952 besagt: „Gutachten des Plenums über bestimmte verfassungsrechtliche Fragen binden die Senate in Urteilsverfahren." Er ist veröffentlicht in den Entscheidungen des BVfG Bd. 2, S. 79 ff., ferner auch in der „Gegenwart" Nr. 173 vom 17. Januar 1953 unter der Überschrift „Ein klassisches Dokument".

Vgl. auch meine beiden zusammengehörigen Aufsätze „Der Wille des Bundeskanzlers" und „Der Wille des Volkes" in den Nrn. 187 und 188 der „Gegenwart" (1. August und 15. August 1953 — also vor der Wahl zum zweiten Bundestag verfaßt), dort besonders S. 525.

[23]) Eine Typologie der gegenwärtigen gesellschaftlichen Verbände gibt erstmalig Rupert *Breitling* in der Schrift „Die Verbände in der Bundesrepublik, ihre Arten und ihre politische Wirkungsweise", Bd. 8 der gegenwärtigen Schriftenreihe. Vgl. auch mein einleitendes Referat zur Round-Table-Diskussion des Soziologentages 1952 in Weinheim, deren Thema lautete „Der Staat und die wirtschaftlichen und außerwirtschaftlichen Interessentengruppen", abgedruckt nach dem Protokoll in den „Kölner Vierteljahresheften für Soziologie", hrsg. von L. von Wiese, ferner meine Referate „Parlamentarismus, Parteien und Verbände" und „Die deutschen Gewerkschaften und der Bundestag", die beim dritten und vierten „Europäischen Gespräch" des Deutschen Gewerkschaftsbundes 1952 und 1955 gehalten wurden und mitsamt den zugehörigen Diskussionen in den entsprechenden Protokollbänden des Bund-Verlages veröffentlicht sind oder werden („Die Gewerkschaften im Staat", Düsseldorf 1955, und „Gewerkschaften und Bundestag", demnächst ebendort).

WAHLBETEILIGUNG IN DEN LÄNDERN 1946–1955

An der Wahl zum ersten Bundestag am 14. 8. 1949 beteiligten sich 78,5% der Wahlberechtigten. Die entsprechenden Zahlen für die Wahlen in den Ländern lauten wie folgt:

Hessen	Wahl zur Verfassunggebenden Landesversammlung am 30. 6. 1946	70,8%
	Wahl zum Landtag am 1. 12. 1946	75,2%
	Volksabstimmung über Verfassungsänderung am 9. 7. 1950	33,8%
	Wahl zum Landtag am 19. 11. 1950	64,9%
	Wahl zum Landtag am 28. 11. 1954	82,1%
Hamburg	Wahl zur Bürgerschaft 13. 10. 1946	79,0%
	Wahl zur Bürgerschaft 16. 10. 1949	70,5%
	Wahl zur Bürgerschaft 1. 11. 1953	81,0%
Bremen	Wahl zur Bürgerschaft 12. 10. 1947	71,1%
	Wahl zur Bürgerschaft 7. 10. 1951	83,3%
Baden	Wahl zum Landtag 18. 5. 1947	67,8%
Württemberg-Hohenzollern	Wahl zum Landtag 18. 5. 1947	66,4%
Württemberg-Baden	Wahl zum Landtag 24. 11. 1946	71,7%
	Wahl zur Verfassunggebenden Landesversammlung 30. 6. 1946	67,5%
	Wahl zum Landtag 19. 11. 1950	61,7%
Baden-Württemberg	Wahl zur Verfassunggebenden Landesversammlung 9. 3. 1952	63,7%
Bayern	Wahl zur Verfassunggebenden Landesversammlung 30. 6. 1946	72,1%
	Wahl zum Landtag 1. 12. 1946	75,7%
	Wahl zum Landtag 26. 11. 1950	79,9%
	Wahl zum Landtag 28. 2. 1954	82,6%
Niedersachsen	Wahl zum Landtag 20. 4. 1947	65,1%
	Wahl zum Landtag 6. 5. 1951	75,8%
	Wahl zum Landtag 24. 4. 1955	77,5%
Nordrhein-Westfalen	Wahl zum Landtag 20. 4. 1947	67,4%
	Wahl zum Landtag 18. 6. 1950	72,3%
	Wahl zum Landtag 27. 6. 1954	72,7%
Rheinland-Pfalz	Wahl zum Landtag 18. 5. 1947	77,9%
	Wahl zum Landtag 29. 4. 1951	74,8%
	Wahl zum Landtag 15. 5. 1955	76,2%
Schleswig-Holstein	Wahl zum Landtag 20. 4. 1947	69,8%
	Wahl zum Landtag 9. 7. 1950	78,2%
	Wahl zum Landtag 12. 9. 1954	78,6%

Die hessische Volksabstimmung vom Juli 1950 gehört wegen der Unvergleichbarkeit ihres Gegenstandes eigentlich nicht in diese Aufstellung, ich habe sie nur als eine Merkwürdigkeit mitaufgeführt. Von ihr also abgesehen, liegen die Wahlbeteiligungszahlen der Länder zwischen 61,7% (Landtagswahl 1950 Württemberg-Baden) und 83,3% (Bürgerschaftswahl 1951 Bremen). Die Zahl vom 6. September 1953 wird in der Tat nirgends erreicht.

Weit außer und über allen diesen Vergleichen steht freilich die Beteiligung an den Berliner Wahlen von 1946 und 1950: beide Male wurden die 90 Prozent überschritten. Die Gefahr und das helle Bewußtsein der Berliner von ihrer Kampf- und Demonstrationslage haben diesen außergewöhnlichen Grad der Aktivität hervorgebracht.

BLOCK UND KOALITION

Eine Studie zur Entstehung der deutschen Parteiensysteme nach 1945

PARTEIEN ALS STAATSGRÜNDER

Die Geschichte kannte bisher nur politische Parteien, die sich innerhalb bestehender Staatsverbände bildeten und betätigten. Nach dem zweiten Weltkrieg lag der Fall in Deutschland völlig anders: In dem Gebiete des ehemaligen, aber ganz und gar vernichteten deutschen Staatsverbandes sind politische Parteien gegründet, aufgebaut und zugelassen worden nicht nur, ohne daß ein die Nation umgreifender Staatsverband in der politischen Wirklichkeit vorhanden war, sondern sogar eigens zu dem Zwecke, einen solchen Staatsverband erst bilden zu helfen. In diesem Nachkriegs-Deutschland haben sich nicht Parteien innerhalb eines Staatsverbandes gebildet, sondern diese Parteien sollten ihrerseits einen neuen Staatsverband bilden oder doch bilden helfen.

Diese außergewöhnliche, ja gänzlich neuartige Lage scheint für die Erkenntnis der politischen Parteien und der Entstehung der Parteiensysteme in Deutschland schlechthin entscheidend zu sein. Die Beschreibung dieser Funktion der Parteien ist vielleicht wichtiger als die vergleichende Beschreibung der Parteiprogramme, ja des unterschiedlichen Verhaltens der Parteien bei Wahlen und bei der Bildung von Regierungen. Von der Funktion der Parteien ist hier deswegen an erster Stelle zu sprechen. Die Funktion bestimmt auch die Lebensweise und das Gesicht der Parteien. Auch ihr praktisches Verhalten wird in vielen Zügen besser zu verstehen sein, wenn man erst die grundlegende Eigenart ihrer politischen Funktion erkannt hat.

Den Satz, daß die bisherige Geschichte nur solche politischen Parteien gekannt habe, die sich innerhalb bestehender Verbände bildeten, miteinander verbündeten oder gegenseitig befehdeten — diesen Satz würde ich nicht so leichthin ausgesprochen haben, wenn ich mich dabei auf die durchschnittliche Kenntnis der Geschichte verlassen müßte. Es ist aber das Zeugnis eines so umfassend informierten Forschers wie *Max Weber,* das diesen Satz stützt. In dem berühmten, an Wahrnehmungskraft wie an Scharfsinn der Analyse so imponierenden Abschnitt über Parteien, den sein Meisterwerk „Wirtschaft und Gesellschaft“ [1]) enthält, heißt es nämlich: „Parteien sind begrifflich nur innerhalb eines Verbandes möglich, dessen Leitung sie beeinflussen oder erobern wollen . . .“ und abermals: „Parteien gibt es ex definitione nur innerhalb von Verbänden (politischen oder anderen) und im Kampf um deren Beherrschung.“

[1]) Max Weber, Wirtschaft und Gesellschaft, S. 167/168.

Es ist ganz offensichtlich, daß Max Weber die „totalitären Parteien" noch nicht gekannt hat, wenn auch die Möglichkeit ihres Aufkommens implizite in der Vorstellung angedeutet zu sein scheint, daß eine von mehreren Parteien die Leitung des Staatsverbandes nicht bloß zu erobern strebe, sondern auch wirklich erobere. Wenn wir gleichwohl an dieser von geschichtlicher Erfahrung und Vergleichung gesättigten Definition Webers festhalten wollen, so sind wir zu dem Schluß gezwungen, daß eine „totalitäre" Partei, die die Herrschaft über den Staatsverband definitiv errungen und ihre Konkurrenten beseitigt hat, eben dadurch aufhört, eine Partei im echten Sinne des Begriffs und übrigens auch des bloßen Worts zu sein — „Partei" kommt ja von „pars". Eine solche siegreiche totalitäre „Partei" ist Partei nur noch dem Namen nach, und in diesem ihrem Namen liegt eine gefährliche Täuschung. In der Tat befindet sie sich auch nicht mehr im strengen Sinne „innerhalb" des Staatsverbandes. Hitlers Wort „Die Partei regiert den Staat" trifft tatsächlich auf alle siegreichen totalitären Parteien zu, mögen sie auf scheinbar legale oder auf revolutionäre Weise, durch einen verkleideten oder durch einen offenen Staatsstreich zur Macht gekommen sein. Was eine solche „Partei" wird, wenn sie ihr Ziel erreicht hat und also aufhört, Partei zu sein, ist hier nicht zu untersuchen. Ein Gleichnis möge genügen: Sie wird zu einer Art von Vampir, der mit seinen Armen und Beinen in allen Gliedern des „alten" Staats- und Volksleibes nistet oder wurzelt und ihn darum nur um so besser auszusaugen vermag.

Ein anderer Meister der politischen Wissenschaft, *James Bryce*, hat das Ende des demokratischen Parteiensystems durch die tyrannische Alleinherrschaft der einen Partei in einer weisen Andeutung als Möglichkeit gekennzeichnet, indem er[2]) schrieb: „In the republics of antiquity a party might help its leader to make himself a tyrant because it hated the other faction more than it loved freedom. Similar phenomena were seen in mediaeval Italy, and their pale reflex has been sometimes visible in modern states."

Diese Sätze wurden im Jahre 1921 zuerst veröffentlicht. Inzwischen haben wir weit mehr als schwache Reflexe jener antiken Entartung der Demokratie zur Partei-Tyrannis kennengelernt. Eben die vampirische Alleinherrschaft der einen Partei, die in Wahrheit keine Partei mehr ist, war ja die Ursache dafür, daß der zweite Weltkrieg, soweit es sich um Deutschland handelt, zu einer Intervention der Alliierten führte, und daß diese mit dem Vampir offenbar unvermeidlicherweise auch den Staatsleib selber vernichteten, worin jener sich entwickelt und den er zugleich nahezu ausgezehrt hatte. Es blieb nach der Besiegung des nationalsozialistischen Regimes kein intakter deutscher Staatsverband übrig. Die Militärregierungen der Alliierten übernahmen die faktische Regierungsgewalt. Sie übernahmen damit auch die Aufgabe, irgendeine Art von deutschem Staatsverband ganz von neuem zu gründen, eigenes politisches Leben in dem besetzten Gebiet zu erwecken. Das geschichtliche Novum besteht

[2]) James Bryce, Modern Democracies, 1. Auflage 1921, 3. Auflage 1923, Band I, S. 133.

nun darin, daß alle beteiligten Mächte diese Aufgabe im wesentlichen mit dem gleichen Mittel zu lösen begannen: nämlich damit, daß sie politische Parteien zuließen und ihre Ausdehnung und Organisation förderten. Soviel ich weiß, hat seit 1945 kaum jemand von irgendeiner Seite etwas Sonderbares oder Auffallendes dabei gefunden, daß man einen Staat aus Parteien aufbaut oder zusammensetzt oder daß man Parteikomplexe an derjenigen Stelle schafft und einsetzt, an der sich ehedem ein Staat befunden hatte. Dennoch ist eben dieser Umstand grundlegend nicht allein für die politische Realität Deutschlands, sondern auch für das Wesen, die Struktur und Lebensweise und den Anspruch dieser Parteien selbst. Ich glaube nicht, daß dieser Vorgang irgendein Beispiel in der Geschichte hat. Aus der unbestrittenen Selbstverständlichkeit, mit der gerade dieser Weg beschritten wurde, muß man freilich den Schluß ziehen, ein moderner demokratischer Staat sei derart eng mit der Existenz politischer Parteien verknüpft, daß man ihn geradezu aus solchen Parteien herstellen zu können und zu sollen meint.

Da die Vernichtung der einen monokratischen Partei zugleich auch den deutschen Staat selber traf (soweit es zu diesem Zeitpunkt einen irgend unterscheidbaren „Staat“ überhaupt noch gegeben hat), so mußten offenbar nun wiederum neue und andersartige Parteien gegründet und entwickelt werden, wollte man auch einen andersartigen deutschen Staat oder staatsähnlichen Verband erstehen lassen.

Diese neuen Parteien befanden sich nicht in den Schranken eines bestehenden Verbandes, und sie hatten zunächst auch kein Objekt, um dessen Beherrschung sie miteinander hätten streiten können. Ihre Schranken wurden ihnen von den Militärregierungen gezogen, und einen Streit gab es zwischen ihnen für eine gewisse Frist so gut wie nicht.

Unter diesen Umständen scheint die Frage berechtigt zu sein, ob solche Parteien überhaupt Parteien seien, denen sowohl die natürlichen Schranken als auch das Streitobjekt des gemeinsamen Staatsverbandes fehlen. Nach Max Webers Definition müßte die Frage hier ebenso mit Nein beantwortet werden, wie sie bei der Betrachtung der tyrannischen Einparteienherrschaft in der Tat zu verneinen war. Diese war keine Partei *mehr,* als sie die Herrschaft „total“ errungen hatte. Jene neuen Parteien aber waren offenbar *noch* keine Parteien, als sie antraten, um einen Verband erst zu bilden.

Exkurs: Zur Kritik einiger älterer Definitionen der politischen Partei

Das Phänomen der internationalen Parteikartelle — also auch der Ersten, Zweiten und Dritten Sozialistischen Internationale — kann hier beiseite bleiben, denn solche Zusammenschlüsse und solche Organisationen, die quer durch die Staatsverbände hindurchlaufen wie ein Riff durch die Meere, ändern doch nichts daran, daß solch ein Kartell oder solch eine Organisation aus mehr oder weniger selbständigen einzelnen Gruppen besteht, mögen diese auch im extremen Falle zentraler Lenkung von einer Metropole bloß Filialen oder Agenturen sein, die ihrerseits innerhalb des jeweiligen nationalen Staatsverbandes gegen andere Parteien oder mit anderen Parteien operieren. Selbst dann, wenn eine Partei den Umsturz des bestehenden Staatsapparates erstrebt und sich den Staatsverband eines Tages vollständig zu unterwerfen gesonnen ist, bleibt sie mindestens so lange eine Partei im Sinne jener Sätze Max Webers, als dieses äußerste Ziel noch nicht erreicht ist. Eine internationale, zentral gelenkte Parteiorganisation, die sogar in sämtlichen Staatsverbänden, innerhalb derer sie vertreten ist, methodisch die Macht für sich allein zu erobern und auf diese Weise einen zusammenhängenden Komplex von einer und derselben Partei beherrschter Staaten zu schaffen strebt, bleibt immerhin so lange und insoweit eine Partei, als sie diese totale Herrschaft noch nicht begründet hat, als sie noch mit anderen Parteien innerhalb bestehender Staatsverbände streitet. Diejenige siegreiche Partei aber, welche nicht allein die Machtposition innerhalb eines gegebenen Staatsverbandes besetzt hält, sondern diesen gesamten Staatsverband und seine Bürger sich unterwirft, ja ihn nach Gefallen umformt, ihm etwa de facto oder auch de jure eine neue Verfassung auferlegt, welche ihre Alleinherrschaft sichert —, diese Partei hat innerhalb ihres totalen Herrschaftsbereichs in der Tat aufgehört, Partei zu sein. Ja man kann sagen: In dem Maße, wie eine Partei, einmal im Besitz der Macht, diese Macht dazu benutzt, andere Parteien zu vernichten und das Wachstum neuer Parteigruppierungen im Keim zu verhindern, — in demselben Maße hört sie auch selber auf, Partei zu sein, in demselben Maße vernichtet sie zugleich ihren eigenen Partei-Charakter. Die „Nationalsozialistische Deutsche Arbeiterpartei" hat zwar bis zum Augenblick ihres physischen Untergangs den Namen einer Partei beibehalten. Daß sie aber noch immer „Partei" hieß und es doch längst nicht mehr war, diese Äquivokation war vielleicht die gefährlichste unter allen Täuschungen, mit denen sie Deutschland und die Welt hinters Licht zu führen gesucht hat. Sie war keine Partei mehr, denn „Parteien gibt es ex definitione nur innerhalb von Verbänden und im Kampf um deren Beherrschung", und das heißt, daß eine echte Partei nur dort angetroffen werden kann, wo mehrere Parteien „innerhalb eines Verbandes" vorhanden sind und miteinander kämpfen oder, wie ich lieber sagen möchte, miteinander in Wettstreit treten können. Wo nur eine einzige Partei ist, da ist überhaupt keine Partei mehr. Was wird aber aus der Partei, die ihre Konkurrenten und zugleich damit ihren eigenen Charakter als Partei vernichtet hat? Diese Frage muß wenigstens andeutungsweise beantwortet werden, wenn wir die politischen Vorgänge der jüngsten Vergangenheit wie auch der dringendsten Gegenwart begreifen wollen. Sicherlich wird sie nicht in dem Sinne und bis zu dem Grade „total", daß sie etwa mit dem Volke, mit der Nation schlechthin, identisch würde. Der organisatorische Apparat der NSDAP ist ja während der Herrschaft des „Dritten Reiches“ ungeheuer verstärkt, ihr Mitgliederbestand zwar bedeutend vermehrt, aber doch auch wiederum begrenzt gehalten und gerade nicht im Volke aufgelöst worden. Daß sie ebensowenig mit dem Staatsapparat, mit den Körperschaften der Legislative und Exekutive einfach identisch wird, geht schon aus der fundamentalen und übrigens durchaus zutreffenden Parole Hitlers hervor: „Die Partei regiert den Staat.“ Wäre sie nämlich der Staat, so brauchte sie ihn nicht zu regieren. In Wirklichkeit war es vielmehr so, daß die Partei „den Staat“ — und das bedeutet hier die Gesamtheit der Ämter und Verwaltungen und ihres Personals — als ein ihr fremdes Objekt durchaus brauchte, nicht allein, um regieren zu können, sondern auch, um diesen Staatsapparat erst allmählich durch argwöhnische Kontrolle, durch Gleichschaltung und Zersetzung in einen unkenntlichen, knochenlosen Brei zu verwandeln, um also auch in dieser Sphäre den Furor der Eroberung oder (um in ihrer eigenen Sprache zu reden) „die Dynamik der Bewegung“ möglichst lange wachzuhalten. Wenn also weder Staat noch Volk aus dieser alleinherrschenden Partei wird, und wenn dennoch das Aufkommen anderer parteilicher Gruppierungen in diesem Volke derart gehindert wird, daß sie nur in der Gestalt der flüsternden unorganisierten Opposition oder der illegalen Widerstandsgruppen oder geradezu als akute Verschwörungen aufzutreten vermögen — worin besteht dann die Verwandlung? Welches ist der wahre Charakter dieses Gebildes, das den täuschenden Namen einer Partei führt? Keiner der normalen soziologischen Begriffe scheint auszureichen, um dieses anormale, pathologische Phänomen zu bezeichnen. Die alleinherrschende totalitäre Partei wird zu einer Massenkolonne in der Maske einer Elite, sie wird zu einem Heer unbezahlter Polizisten, sie wird zu einem mehr oder minder disziplinierten „Orden“, sie wird zu einer psychologischen und propagandistischen Verwaltungsmaschine — so lange sie in ihrer Mitgliederzahl einigermaßen begrenzt bleibt und in der Intensität des Gehorsams erhalten wird. Dehnt sie sich weiter aus mit dem zeitweiligen Ziel, womöglich das ganze Volk in sich aufzusaugen (welche Grenze aber niemals erreicht werden darf), und schafft sie in sich selber neue Führungskaders, neue „Masseneliten“ — etwa die schwarze Elite inmitten der braunen —, so geht sie auch dazu über, den Unterworfenen einen Anteil an dem stolzen Gefühl des Unterwerfers zu vermitteln — sie organisiert Mitläufer verschiedenen Grades. Aber alle diese Aspekte, die sich in solchen Begriffen fassen lassen, sind doch nicht das Ganze. Das Wesen der totalitären Partei und der Einparteienherrschaft selbst kann vielleicht nur im Gleichnis erfaßt werden. Die Begriffe der politischen Wissenschaft scheinen den Vernichtern des politischen Lebens nicht gewachsen zu sein. Es wäre ihr eigenes Unglück, wenn die Wissenschaft diese Grenzen ihrer Begriffsmacht verkennte.

Wir haben Anlaß, bei dieser unzulänglichen Natur der wissenschaftlichen Erkenntnis politischer Erscheinungen zu verweilen. In irgendeiner Weise trägt die Wissenschaft durch ihre Analysen und Definitionen immer auch unmerklich zur wirklichen Entwicklung der politischen Vorgänge bei. Überschätzt sie ihre Macht derart, daß sie stets nur das gewohnte, längst in den Käfigen der Definition eingefangene Getier wiederzuerkennen meint, so muß sie gewärtig sein, daß ihr eine ganz ungewohnte Bestie eines Tages alle ihre Käfige mit einem Prankenhieb zerschlägt. Es kann ihr aber auch noch peinlicher ergehen. Ihre eigenen Begriffe können, durchaus unbeabsichtigterweise, zu Verrätern werden, welche den Feind hereinlassen, ohne daß er erkannt wird. Begriffe sind wie Kobolde. Man muß sie dauernd im Auge behalten, damit sie nicht entschlüpfen. So scheint es einem Teil der deutschen Soziologie mit dem Begriff der Partei ergangen zu sein.

Ich zitiere einige Definitionen des Wesens der politischen Partei, die der Zeit der Republik von Weimar entstammen oder, wenn sie älter sind, doch in der Wissenschaft dieser Zeit verwendet und weitergebildet wurden.

Die grundlegende Definition *Max Webers*[3]): „Parteien sollen heißen auf (formal) freier Werbung beruhende Vergesellschaftungen mit dem Zweck, ihren Leitern innerhalb eines Verbandes Macht und ihren aktiven Teilnehmern dadurch ... Chancen ... zuzuwenden."

Der Staatsrechtler *Otto Koellreutter* definierte 1926 folgendermaßen[4]): „Die Parteien müssen als politische bezeichnet werden, deren Streben darauf gerichtet ist, die Leitung des betreffenden Verbandes (Staat, Gemeinde, usw.) in ihre Hand zu bekommen oder doch zum mindesten maßgebend zu beeinflussen, damit die ganze Willensrichtung des Verbandes und die Ausübung seiner Funktionen sich in ihrem Sinne und nach ihren Wünschen auswirkt."

W. Hasbach, der 1912 ein Buch über die moderne Demokratie veröffentlichte, bestimmte die Partei folgendermaßen: „Die Partei ist eine Vereinigung von Personen mit gleichen politischen Überzeugungen und Zielen, welche die Staatsgewalt zum Zwecke der Verwirklichung ihrer Forderungen zu erobern sucht."

Und der Soziologe *Walter Sulzbach*, der den Artikel über „politische Parteien" in Vierkandts Handwörterbuch der Soziologie[5]) verfaßt hat, drückte sich mit Anklängen an die Vorigen folgendermaßen aus: „Eine politische Partei ist eine Vereinigung von Personen, die die gleichen Ansichten über die wünschenswerte Gestaltung der Gesellschaft hegen und sich zusammentun, um durch Eroberung der Staatsgewalt oder wenigstens durch Einflußnahme auf dieselbe ihre Forderungen zu verwirklichen."

Diese vier Bestimmungen haben ein unterschiedliches Niveau und einen unterschiedlichen Grad der Schärfe, aber sie haben etwas miteinander gemeinsam: Sie geben sämtlich nur an, was die Partei tun *will*, aber sie geben nicht

[3]) Max Weber, Wirtschaft und Gesellschaft, S. 167. Die 1. Auflage erschien 1921 aus dem Nachlaß; nach der Mitteilung der Herausgeberin ist das Buch in wesentlichen Teilen bereits 1911—13 konzipiert worden.

[4]) Otto Koellreutter, Die politischen Parteien im modernen Staate, Jedermanns Bücherei, Breslau 1926, S. 9.

[5]) Handwörterbuch der Soziologie, Stuttgart 1931, S. 425.

an, was die Partei tun *soll.* Und zu gleicher Zeit geben sie an, was „die“ Partei will, gleich als ob die isolierte einzelne Partei mit ihrem Willen und ihrem erstrebten Zweck notwendigerweise das Modell einer solchen Definition abgeben müßte; sie geben aber nicht an, wie sich „die“ Partei zu anderen Parteien verhält, gar verhalten soll, und welche Systeme von Parteien sich aus solchem wechselseitigen (oder auch einseitigen) Verhältnis der Parteien untereinander ergeben können und auch tatsächlich ergeben. Wie gebannt richten diese Definitionen ihr Augenmerk auf die Partei in der Einzahl (auch dann, wenn sie im Plural von „Parteien“ reden, meinen sie bloß die Vielzahl der Exemplare eines einzigen Gattungswesens), und es entgeht ihnen die qualifizierte Mehrzahl — die Mehrzahl auch in ihrer Bedeutung für die Beschaffenheit, Organisationsweise, Willensrichtung und Zielsetzung der einzelnen Partei. Und wie gebannt richten sie ihr Augenmerk auf den Willen dieser Partei in der Einzahl, und es entgeht ihnen über dem Willen die Funktion. Beide Merkmale aller dieser Definitionen hängen miteinander aufs engste zusammen. Die Funktion nämlich läßt sich nur im Blick auf die Mehrzahl der miteinander oder gegeneinander tätigen Parteien erkennen, welche insgesamt in diesem ihrem Mit- und Gegeneinander ein lebendiges System bilden; den Willen freilich kann man in der Tat auch dann wahrnehmen, wenn man jede einzelne Partei für sich betrachtet und alsdann ihre gemeinsamen Merkmale durch Abstraktion festhält. Diese Soziologen haben zwar die Partei selber als ein Ergebnis der „Vergesellschaftung“ erkannt, aber sie haben der tatsächlichen Gesellschaft der Parteien kaum Beachtung geschenkt — mindestens nicht, soweit es darauf ankam, eine grundlegende Definition des Wesens der Partei aufzustellen. (Es ging ihnen dabei wohl ähnlich wie Jean Jacques *Rousseau,* als er im „Gesellschaftsvertrag“ das Wesen des Staates beschrieb: auch er hatte stets nur „den“ Staat im Singular vor Augen, als gäbe es nur einen einzigen, so wie es für die Theologie nur eine einzige christliche Kirche gab; die tatsächliche Gesellschaft der Staaten entging ihm, und so vermochte oder beabsichtigte er auch keine Regeln für das Verhalten der Staaten untereinander, für das internationale Leben aufzustellen oder anzugeben.) Kaum minder wunderlich als in der Soziologie mutet diese isolierende und voluntaristische Blickrichtung im Staatsrecht an, da man doch eher erwarten würde, daß Lehrern dieser Disziplin die Bewahrung ihres eigentlichen Erkenntnisgegenstandes, eben des Staates, in erster Linie am Herzen läge, und daß sie schon darum äußersten Bedacht darauf nähmen, die Bäume der Partei nicht in den Himmel des Staates wachsen zu lassen.

Um es noch einmal kurz zusammenzufassen: Die Partei erscheint in diesen Definitionen als eine Monade, die mit nichts als einem Willen begabt ist, und zwar mit einem Willen zur Macht.

Der Leser wird längst bemerkt haben, in welcher Weise diese Theoreme mit der nachfolgenden politischen Praxis verknüpft sind. Eben dieser Begriff der

Partei — als einer mit Machtwillen begabten Monade — hat sich als tückisch erwiesen. Er wurde zum Verräter, der den Feind einließ, und man erkannte ihn nicht. Als die NSDAP am 30. Januar 1933 „die Macht ergriff" und in der Verkleidung einer legal berufenen Koalitionsregierung die ersten Schritte zur Einparteienherrschaft tat, da mußte sie denjenigen Beobachtern, die aus den angeführten Definitionen und etwa nur aus ihnen gelernt hatten, was eine Partei sei, als ein völlig normales Wesen erscheinen. Sie war ja in der Tat nichts anderes als eine Vereinigung von Personen, die sich mit gleichen Ansichten über Staat und Gesellschaft zusammengetan hatten, um ihre Forderungen durch die Eroberung der Staatsgewalt zu verwirklichen. Sie mußte gewiß eine politische Partei nach dem gewöhnlichen Zuschnitt sein, denn ihr Streben war darauf gerichtet, die Leitung des Staates in die Hand zu bekommen, damit die ganze Willensrichtung des Verbandes und die Ausübung seiner Funktionen sich in ihrem Sinne und nach ihren Wünschen auswirkten. Sie war auch in der Tat eine auf formal freier Werbung beruhende Vergesellschaftung — „formal" blieb die Werbung sogar immer frei, man konnte nur sein Brot und schließlich seinen Kopf verlieren, wenn man sich dieser formal freien Werbung entzog. Und sie hatte ganz augenscheinlich und durchaus eingestandenermaßen auch den Zweck, ihren Leitern innerhalb des Staatsverbandes Macht und ihren aktiven Teilnehmern (den nachmals so benannten „Aktivisten") materielle und ideelle Chancen zuzuwenden (diejenigen, die diese Chancen genutzt haben, sind „Nutznießer" geworden). Von der Seite der zitierten Parteitheorien wäre im Grunde nicht viel gegen die NSDAP einzuwenden gewesen. Allenfalls das eine: daß sie die Eroberung der Macht nicht bloß erstrebte, daß sie ihre Forderung nicht nur zu verwirklichen trachtete, sondern daß sie die Macht wirklich erobert und ihre Forderungen tatsächlich verwirklicht hat — wenigstens einige davon und diese dafür um so gründlicher. Gerade dieser Umstand war in den Definitionen nicht vorgesehen: daß der Wille zur Macht zur faktischen Eroberung der Macht, und daß die Eroberung der Macht zum alleinigen Gebrauch oder Mißbrauch der Macht führte. Und daß die Partei-Monade, indem sie ihren Willen durchsetzte, die Gesellschaft der gleichfalls wollenden übrigen Partei-Monaden in kürzester Frist vernichtete. Und daß „die" Partei den Staat, dessen Leitung sie erobert hatte, von demselben Tage an und mit beinahe gesetzlicher Notwendigkeit zu zerstören begann, an dem sie ihn in ihre Hand bekam. Die voluntaristischen Definitionen hatten die Schranken, die dem Parteiwillen im Staate gesetzt sind — solange er eben Wille einer Partei und nicht eines Vampirs ist —, nicht ausgesprochen; sie hatten sie nur mittelbar dadurch angedeutet, daß sie es eben beim bloßen „Streben" nach der Macht bewenden ließen, offenbar in der stillschweigenden und optimistischen Annahme, derartige Bestrebungen würden sich gegenseitig die Waage halten, und eine definitiv einseitige Machteroberung werde durch diese Willensbalance gehindert. Aber der Begriff ließ den Feind ein, und man vermochte ihn wissenschaftlich nicht zu erkennen, denn er sah genau so aus, wie sie den Freund beschrieben hatten.

Wollte aber hier jemand einwenden, die Wissenschaft kenne weder Freund noch Feind, und es beweise gerade die wissenschaftliche Triftigkeit jener Definitionen, daß sogar die (der Erfahrung nach noch unbekannte) Erscheinung der totalitären Partei von ihnen mitumfaßt werde ganz ebenso wie die konkurrierenden Adelscliquen der Whigs und Tories in England, die konkurrierenden Patronage-Konzerne der Demokraten und Republikaner in den Vereinigten Staaten oder auch die Parlamentarier-Zusammenschlüsse der Dritten französischen Republik — so wäre die Antwort diese: Es ist unmöglich, daß der Wettstreit und die Gleichschaltung, daß die Duldung und die Gewaltherrschaft, daß die Freiheit und der Terror in einer und derselben Definition sollten Platz finden können; es ist selbst dann unmöglich, wenn man etwa diese Gegensätze — in selbstmörderischer Verblendung — als wissenschaftlich gleichwertige (oder gleich wertlose), aber immerhin unterschiedliche Sachverhalte auffassen möchte.

DER WIDERSPRUCH VON POTSDAM

Das Kommuniqué von Potsdam hat allerdings nicht nur einen, sondern zwei Wege angegeben, auf denen man das Ziel einer demokratischen Ordnung in Deutschland erreichen wollte. Unter den politischen Grundsätzen, nach welchen gemäß der Übereinkunft der drei unterzeichnenden Großmächte Deutschland und das deutsche Volk behandelt werden sollte, wurde ja neben der Entwaffnung und Entmilitarisierung und neben der Zerstörung der Nationalsozialistischen Partei mit allen ihren Organisationen ausdrücklich auch die Vorbereitung des „zukünftigen Wiederaufbaus des deutschen politischen Lebens auf demokratischer Basis" — und von „Deutschlands zukünftiger friedlicher Mitarbeit im internationalen Leben" — angegeben[6]). Daß die Herstellung eines deutschen Staatsverbandes hier nicht geradezu als Ziel anvisiert ist, mag eine Nachwirkung der Politik des „*dismembering*" sein, aber man kann andrerseits kaum daran zweifeln, daß ein „deutsches politisches Leben auf demokratischer Basis" eben diesen Zweck erfüllen soll, wenn anders das Wort „Demokratie" irgendeinen Sinn behalten soll. Jene zwei Wege, die zu beschreiten fernerhin in dem Kommuniqué empfohlen wurde, waren einmal die Einrichtung lokaler Selbstverwaltungen „nach demokratischen Grundsätzen und im besonderen durch Wahlen", zweitens dann aber die Erlaubnis und Förderung aller demokratischen politischen Parteien „überall in Deutschland" Prinzipien der Repräsentation und der Wahl für höhere als lokale Organe,

[6]) Diese Stelle findet sich unter dem Abschnitt III, „Deutschland", unter A 3, (IV). Die nachfolgend zitierten Wendungen entstammen der Ziffer 9 desselben Abschnittes. Zitiert ist nach der ersten deutschen Übersetzung, die von diesem Dokument veröffentlicht wurde: Die Wandlung, Jahrgang I, Heft 1, S. 79 ff.

nämlich für Bezirke, Provinzen und Länder, sollten ebenfalls eingeführt werden, aber erst dann, wenn sie sich im Bereich der lokalen Verwaltung bewährt hätten. Genau genommen war in diesem Dokument, das am 2. August 1945 unterzeichnet wurde, noch ein dritter Weg zur Entwicklung eines demokratischen Systems gewiesen worden, nämlich der Weg der Erziehung *(re-education)*, doch ist dieser Gedanke der direkten Ausmerzung nationalsozialistischer und militärischer Lehren und der direkten Entwicklung „demokratischer Ideen" in dem gegenwärtigen Zusammenhang von untergeordneter Bedeutung: Demokratie bedeutet für uns vorab ein System von Einrichtungen und eine Art des Lebens und Betragens innerhalb dieser politischen Einrichtungen, nicht so sehr einen Inbegriff von Ideen oder eine Ideologie. Zudem haben die Jahre des alliierten Erziehungsexperiments in Deutschland die These bestätigt, daß politische Institutionen die Menschen, die darin leben und sich in ihrem Gebrauche üben, bei weitem nachhaltiger zu erziehen vermögen, als dies irgendeine Art direkter Lehre oder die Ausbreitung einer Ideologie leisten kann.

Hinsichtlich demokratischer Institutionen war also die Absicht kundgegeben worden, sie langsam und von unten auf zu entwickeln. Die Zulassung und Förderung von Parteien andererseits hängt mit dieser Entwicklung der Verwaltungsorgane lediglich insofern zusammen, als man Parteiorganisationen üblicherweise braucht, erstens um Wahlen vorzubereiten und zu veranstalten, und zweitens, um auf dem Wege über die Kandidatur bei solchen Wahlen Regierungs- und Verwaltungspersonal zur Verfügung zu stellen. Dies ist zunächst eine rein theoretische und keineswegs eine historische Bemerkung, und sie stützt sich zu einem Teil auf die funktionelle Wesensbestimmung der politischen Parteien, die *James Bryce* gegeben hat — die Hauptaufgabe der Parteien bei repräsentativer Regierungsweise ist nach Bryce *„the carrying of elections"*[7]) —, zum anderen Teil auf die sehr einfache und fundamentale Angabe von *Denis W. Brogan*, Parteien seien dazu vorhanden, Regierungspersonal bereitzustellen[8]). Will man die Funktion politischer Parteien in der Demokratie vollständig beschreiben, so muß man zweifellos diese beiden Momente immer gleichzeitig und im Zusammenhang miteinander ins Auge fassen.

Ein Blick auf die Zeittafel, die der gegenwärtigen Darstellung anhangsweise beigegeben ist, wird dem Leser zeigen, daß die hauptsächlichen politischen Parteien, die, gemäß jener Empfehlung des Potsdamer Kommuniqués, nach 1945 in Deutschland zugelassen und gefördert worden sind, im Verhältnis zu

7) Bryce, a.a.O., S. 128.

8) Die Wendung entstammt einer mittlerweile wohl vergessenen kleinen Schrift des englischen Gelehrten Denis W. *Brogan*, Politische Kultur, Overseas Editions, New York 1945, S. 79: „Eine Partei ist nicht einfach dazu da, ein politisches Allheilmittel zu verhökern. Sie ist ein Regierungsinstrument . . . vor allem ist sie eine Organisation zur Beschaffung von Regierungspersonal."

den Terminen ihrer Gründung und ihrer organisatorischen Ausbreitung erst sehr spät Gelegenheit fanden, ihre erste und eigentliche Funktion, nämlich die Veranstaltung von Wahlen, auszuüben. Die Organisation dieser Parteien war längst bis zum Landesmaßstab, in einzelnen Fällen de facto und in der Ostzone auch de jure bis zum Zonenmaßstab vorgeschritten, ehe überhaupt die ersten Wahlen zur Bestellung rein lokaler Verwaltungsorgane in Landgemeinden von weniger als 20 000 Einwohnern stattfanden. In dieser Hinsicht besteht, wie man gleichfalls aus der anliegenden Zeittafel entnehmen mag, zwischen der Verfahrensweise der Sowjetrussen im Osten Deutschlands und derjenigen der Westmächte im Westen Deutschlands kein prinzipieller, sondern lediglich ein (freilich nicht zu vernachlässigender) gradueller und zeitlicher Unterschied.

Die Chronologie zeigt allerdings auch mit drastischer Eindringlichkeit, zu welch frühem Zeitpunkt und mit welch planvoller Energie die sowjetrussische Armee und Militärverwaltung auf diesem Wege vorangeschritten ist: Alle grundlegenden Maßnahmen waren hier bereits eingeleitet, bevor die Konferenz von Potsdam überhaupt nur begonnen hatte. Der für die wirkliche Verfassung nicht allein der Sowjetzone, sondern mittelbar auch der Westzonen fundamentale Zweite Befehl von Marschall *Schukow* — der eben die Zulassung „antifaschistischer" Parteien aussprach — folgte nur um einen einzigen Tag auf seinen Ersten Befehl, durch den die sowjetrussische Militärregierung selber errichtet worden ist. Beiden Akten war die tatsächliche Neubildung eines kommunistischen Partei-Kaders bereits vorausgegangen. Endlich war auch die Bildung eines Parteien-„Blocks", betrieben durch die kommunistischen Kader, wenige Tage danach schon — mindestens im Modell — vollzogen, war also der Mehrzahl (dem Plural oder Pluralismus) der eben erst ins Leben gerufenen politischen Körper die Kraft und der Ansporn des Wettbewerbes auch schon wieder entzogen. Von den vier Schritten, welche im Bereich des Parteienwesens für die Vorbereitung der bolschewistischen „Machtergreifung" charakteristisch sind — Gründung der Kommunistischen Partei als Stoßtrupp, Zulassung anderer „antifaschistischer" Parteien („Satellitenparteien"), Zwangskoalition im Parteienblock und Fusion der beiden sozialistischen Parteien im Zeichen der „Einheit der Arbeiterklasse" —, stand nur dieser vierte Schritt noch aus in dem Augenblick, als der Parteisekretär und Generalissimus *Stalin* sich mit den Regierungschefs der beiden angelsächsischen liberalen Verfassungsstaaten, die seine Alliierten waren, in Potsdam an einen Tisch setzte. Im Machtbereich der sowjetrussischen Armee, die ihrerseits über ihre verfassungspolitischen Aufgaben im besetzten Lande vollkommene Klarheit besaß, waren also die politischen Parteien (im Schema des Blocksystems) eigentlich schon faits accomplis, während Wahlen zur Bildung lokaler Selbstverwaltung noch im weiten Felde lagen, wohl auch von Anfang an als eine spätere Sorge und mehr als eine Zutat bei gesicherter Herrschaft denn als ein originaler Weg des Staatsaufbaus aufgefaßt wurden. Es ist eine durchaus gerechtfertigte Zuspitzung, wenn man den Sinn und Effekt dieser politischen Strategie im besetzten Lande dahin auslegt, daß hier der Staatsstreich eingeleitet wurde, bevor ein Staat auch nur in den blassesten Umrissen entstanden war. Oder mit anderen Worten: Hier war die Partei deswegen vor dem Staatsverbande da, weil sie bestimmt war, diesen zu regieren. In diesem Lichte und in diesem allein wird der Vorgang plausibel — fürchterlich plausibel —, der Max Webers definitorisches Verhältnis zwischen den Parteien und dem Staatsverband auf den Kopf stellt.

Die Zeittafel zeigt endlich auch, mit welchem Abstand und mit welchem Zögern die west-alliierten Besatzungsmächte — nach Potsdam — dem Beispiel ihres östlichen Partners gefolgt sind, und wie sie jene beiden widerstreitenden Grundsätze des allmählichen Aufbaus einer Selbstverwaltung „von unten" und der Zulassung politischer Parteien „von oben" eine Weile lang miteinander zu vereinigen und zu versöhnen versucht haben. Es scheint, daß ihre Absicht, die gemeinsamen Richtlinien von Potsdam zu verwirklichen, mit ihrem natürlichen Bestreben, der östlichen Konkurrenz sich gewachsen zu zeigen, und mit dem eigenen Entwicklungsdrang der werdenden deutschen Parteien zusammengewirkt hat zu dem Ergebnis, daß auch im Westen Parteien vor irgendeinem Staatsverband sich organisierten, daß einige insbesondere schon in regionalem Maßstab (unterschiedlicher Größenordnung) bestanden, ehe auch nur ein ländlicher Gemeinderat gewählt wurde und werden durfte.

Da die politischen Parteien also auch im Westen offenkundig nicht im gleichen Schritt mit den demokratischen Institutionen aufgebaut worden sind, da sie — mit anderen Worten — schon im großen bereitstanden, bevor sie ihre wesentlichste Funktion auch nur im kleinen ausübten, so finden wir bestätigt, was zuvor schon angedeutet worden ist: es waren in der ersten Phase des politischen Neuaufbaus „noch keine Parteien", nämlich noch keine aktuell fungierenden, ihre Aufgabe als „Regierungsinstrument" erfüllenden, noch keine lebendigen Parteigebilde, sondern es waren eigentlich nur potentielle Parteien, Parteien im Larven-Stadium, und man konnte nicht überall sicher voraussagen, was aus ihnen selbst werden würde, noch wie der staatsähnliche Verband beschaffen sein würde, zu dessen Herstellung sie so wesentlich beitrugen.

Man kann dieselbe Sache — mit einem Gleichnis — auch folgendermaßen ausdrücken: Die Mannschaften (der Parteien) wurden herbeigerufen und formierten sich auch; da ihnen aber sowohl das gemeinsame Spielfeld als auch der Ball fehlte, den es sonst in solchem Spielfeld hin- und herzutreiben gilt, so nahmen sie in geschlossener Kolonne und mit nahezu gleicher Blickrichtung Aufstellung und verharrten im Wartestand. Erst wenn die Spielregel bekannt, das Signal gegeben und der Ball eingeworfen ist, und wenn Parteien widereinander um den Sieg spielen, erst dann kann man davon sprechen, daß sie als Parteien ins Leben getreten seien. (Das Bild des sportlichen Wettstreites scheint fast unentbehrlich, wenn man die Funktion von Parteien in der parlamentarischen Demokratie oder im liberalen Verfassungsstaate ganz allgemein verdeutlichen will. Auch Bryce hat es an einer bemerkenswerten Stelle seines Kapitels über Parteien verwendet, ohne deren Tätigkeit irgend idealisieren oder verharmlosen zu wollen. Zweifellos liegt das Gleichnis dem englischen oder angelsächsischen Sinn weit näher als dem kontinental-europäischen, insbesondere dem deutschen, und darin drückt sich wahrscheinlich ein tiefgehender Unterschied in der Auffassung demokratischer Institutionen aus, von dem noch beiläufig zu reden sein wird.)

Wenn aber diese neu errichteten und sich rasch formierenden „Parteien" die ihnen zukommende Funktion noch nicht auszuüben vermochten — welche Bürgschaft konnten sie dann dafür bieten, daß sie „demokratische" Parteien waren, wie es in den zitierten Grundsätzen des Potsdamer Dokuments gefordert war? Tatsächlich konnten sie, solange sie dem Urteil und dem Willen der Wähler nicht unterworfen waren, durchaus unterschiedlichen, ja entgegengesetzten Mustern politischer Organisation folgen und zustreben. Sie konnten zu einem zwar mehrgliedrigen, aber doch durch gemeinsames Interesse an der Machtausübung und durch überlegenen Führungswillen eines begünstigten „Teilhabers" fusionierten Herrschaftskörper nach dem Modell des „antifaschistischen Blocks" der Sowjetzone werden. Sie konnten aber auch, wenn das gemeinsame Machtstreben durch programmatische Gegensätze und ein gewisses Maß von Führungskonkurrenz paralysiert wurde, sich anstatt dessen auf ein kartellartiges wechselseitiges Vertragsverhältnis einigen, also eine mehr oder minder unbewegliche „Koalition" begründen und die heranwachsenden Positionen von Verwaltung und Regierung untereinander aufteilen. Und sie konnten endlich in einen Wettkampf eintreten, der mit dem einstweiligen Sieg eines einzigen Partners, einer einzigen Partei, über die anderen endigen würde. Keine dieser möglichen Entwicklungen war in derjenigen Phase irgend vorausbestimmt und vorauszusehen, in der diese noch funktionslosen oder doch funktionsarmen Parteiorganisationen aufschossen, ohne durch einen umfassenden Staatsverband gebunden und durch Volkswahlen bewegt zu werden: das System konnte ebensowohl zu einer Konzentration der politischen Gewalt in übermächtiger Hand wie zu einer Zerlegung der politischen Gewalt und ihrer Verteilung an die selbständigen Teilhaber eines Koalitions-Konsortiums wie endlich auch zu einer Polarisierung der Gewalt zwischen wechselnden Siegern im Wettkampf führen. Blieb das Prinzip periodischer allgemeiner Wahlen erhalten, welches ausnahmslos allen in irgendeinem Sinne demokratischen Verfassungen eigentümlich ist — und es ist der Form nach erstaunlicherweise von keiner Seite in diesen Jahren je in Frage gestellt worden, vielmehr bezeugen ihm ja auch die totalitären Diktaturen in ihrer Weise ihre hypokritische Reverenz, da eine andere Art, die eigene Legitimität nachzuweisen, offensichtlich nicht existiert —, so mußten Wahlen in jedem dieser drei Fälle möglicher Entwicklung des Parteiensystems, wenn sie erst einmal stattfänden, einen verschiedenen Charakter annehmen: sie würden entweder zur organisierten Akklamation oder zu einem Votum über die quantitativen Machtanteile der einzelnen Partner des Koalitions-Abkommens oder endlich zu einer periodisch wiederkehrenden Entscheidung über Sieg und Niederlage werden. Und zwar würde es in der Hand einerseits der Besatzungsmächte — die sich drüben entschieden interventionistisch, hüben mehr patronatsartig verhielten —, andererseits aber auch wesentlich der einheimischen politischen Parteien selbst liegen, welcher der drei Entwicklungswege wirklich eingeschlagen, ob die politische Gewalt konzentriert, zerlegt oder polarisiert, und welche Rolle dem Volke als Wählerschaft zugewiesen oder zuerkannt werden würde. Denn eben sie, die Parteien, sollten es ja sein, die eines Tages sowohl die Verfassung als auch das Wahlgesetz auszuarbeiten und auszuhandeln haben würden. Sie konnten diese Aufgabe — ihre erste eigentliche Funktion: die Gründung des Staatsverbandes, worin sie hernach selber zu wirken, und in den sie sich zu fügen hätten — entweder im Sinne einer Befestigung ihrer eigenen Stellung oder aber im Sinne einer Selbstbeschränkung, ja eines Gewaltverzichtes lösen. Sie konnten die Vorkehrungen der Verfassung in der Weise anordnen, daß ihre Vorherrschaft gesichert, oder aber so, daß Vertrag und Verteilung ermöglicht werde, oder endlich so, daß sie im Wettkampf und im Wechsel befolgt und verwirklicht würden. Sie konnten Wahlen so lange hinausschieben, bis kaum eine Wahl mehr bliebe; sie konnten Wahlen bald veranstalten nach einer Vorschrift, die neue Wettbewerber hintanhielt, und nach einem Verfahren, das Verschiebungen der Machtanteile zuließ, ohne doch den Vertrag durch alternative Entscheidung außer Kraft zu setzen; und sie konnten schließlich ein Verfahren der Wahl einführen, das die Wählerschaft gleichsam zum Schiedsrichter im Wettkampf konkurrierender Führungsgruppen machte und mit der Ausübung der Regierungsfunktionen auch diejenige einer loyalen Opposition gewährleistete.

Der Umstand, daß die erste Entwicklungsmöglichkeit, diejenige der Blockherrschaft mit periodischer Massenakklamation, auf den Bereich der Sowjetzone beschränkt geblieben ist, findet seine Erklärung gewiß zu einem guten Teile darin, daß die westalliierten Besatzungsmächte und Verfassungspatrone stets mehr oder minder deutlich von ihren heimischen und also von liberalen Grundvorstellungen geleitet waren: Die Verfassungs- und Regierungssysteme von England, Frankreich und den Vereinigten Staaten kommen — bei allen institutionellen und funktionellen Unterschieden — doch darin miteinander überein, daß sie keine Dauerherrschaft erlauben, vielmehr mit Hilfe von Wahlen die Ausübung der Macht im Staate beweglich und kontrollierbar halten. Nächst diesem Faktor, der in der Konstellation des Besatzungsregimes beschlossen lag, war es aber zweifellos die Weigerung der westlichen Sozialdemokratischen Partei unter Führung von Dr. *Kurt Schumacher*, auf die Fusion mit der Kommunistischen Partei einzugehen, welche die Entwicklung zum Parteienblock und also die totalitäre Möglichkeit zu versperren beitrug. (Dies entschied sich endgültig mit den Delegierten-Konferenzen der SPD vom

Januar 1946 und mit der West-Berliner Urabstimmung der Parteimitglieder vom 31. März 1946.) Wenn die Fusion der beiden Organisationen im Zeichen der „Einheit der Arbeiterklasse“[9]) in diesem Larven-Stadium der politischen Parteien — da Wahlen größeren Maßstabes noch immer in weitem Felde waren — geglückt wäre, so wäre damit die Bildung eines Allparteien-Blocks zwar nicht sogleich besiegelt gewesen, sie wäre aber doch in der damaligen Atmosphäre fortwirkender Résistance-Solidarität und aktueller Zusammenarbeit zur Bekämpfung dringender nationaler Not bedeutend nahegerückt[10]). So hebt sich aus dem eigentümlichen Halbdunkel dieser Epoche politischer Formationen oder Präformationen hier eine entschiedene Handlung klar heraus, die für die künftige Ausprägung des westdeutschen Parteiensystems bestimmend geblieben ist.

Zwischen den beiden anderen möglichen Entwicklungswegen, demjenigen des Koalitions-Systems (mit Wahlen zur Bestimmung der proportionalen Machtanteile) und demjenigen des Wettkampfes und Wechsels (mit Wahlen zur Entscheidung über Sieg und Niederlage, das heißt über Regierung und Opposition), hat das westdeutsche Parteiensystem nach der Errichtung der Bundesrepublik geschwankt und schwankt es noch immer: Es ist ja gerade diese merkwürdige Mittellage, die sich in dem geläufigen Begriffspaar „Koalition und Opposition“ so deutlich verrät. Doch ist es nicht die Aufgabe der gegenwärtigen Studie, dieser Zweideutigkeit nachzugehen. Das geschieht in anderen Einzelstudien dieses Bandes.

[9]) Tatsächlich ist der Plan zur Bildung einer einzigen umfassenden sozialistischen Arbeiterpartei, der auch in den Erörterungen und Entwürfen der emigrierten SPD-Funktionäre immer eine Rolle gespielt hat, unmittelbar nach dem Kriege zuerst von sozialdemokratischen Politikern praktisch vorgeschlagen worden, und tatsächlich haben sich die kommunistischen Führer demgegenüber solange ablehnend verhalten, als die kommunistische Parteiorganisation nicht voll etabliert war. Angaben hierzu macht u. a. *Carola Stern* in ihrer höchst instruktiven Darstellung „Die SED, Aufbau und Funktionsweise“, die vom Berliner Institut für Politische Wissenschaft herausgegeben wurde. Mir lag die erste, hektographisch vervielfältigte Veröffentlichung dieser Studie vom Januar 1954 vor, wo es auf S. 112/113 heißt: „Man hat keinen Grund, daran zu zweifeln, daß auch die Kommunistische Partei im Einverständnis mit Moskau eine organisatorische Verschmelzung mit der SPD für einen späteren Zeitpunkt ins Auge faßte (man vergleiche die Entwicklung in den volksdemokratischen Ländern), jedoch vorhatte, einen Zeitpunkt abzuwarten, zu dem sie sicher sein konnte, der vereinigten Partei bolschewistische Organisationsformen und ideologische Grundsätze aufzwingen zu können.“ Es war, kurz gesagt, ein bedeutender Unterschied, ob man von Anfang an, aus dem Nichts, eine einzige und umfassende sozialistische Partei gründete oder ob man in einem zweiten Stadium im Wege der Fusion der Doppelpartei das Gesetz der (bereits bestehenden) höher disziplinierten Parteiorganisation aufprägte.

[10]) Carola Stern — a.a.O., S. 116 — bemerkt im Zusammenhang ihrer Wiedergabe der Protestaktion der SPD-Deligierten vom Januar 1946 und der Argumentation von Dr. Schumacher gleichfalls, daß die Gefahr der Eroberung der SPD durch die Kommunistische Partei „zweifellos zu jenem Zeitpunkt in der Tat auch für Westdeutschland im Fall einer gesamtdeutschen Parteienvereinigung objektiv bestanden hätte, zumal ein Teil der Besatzungsmächte damals noch dazu neigte, die Kommunisten als besonders bewährte ‚Antifaschisten‘ mit großer Zuvorkommenheit zu behandeln“.

Alle drei Figuren oder Muster aber, nach denen sich das Gefüge der Parteien ordnen konnte — die Figur der Vorherrschaft wie die des Vertrages wie die des Wettkampfs, das Muster des Blockes wie das der Koalition wie das des Wechsels —, sie alle hätten „demokratisch" genannt werden können, wenn man zu der Zeit der Potsdamer Konferenz überhaupt darangegangen wäre, Einrichtungen und Verfassungen zu entwerfen oder zu erörtern. Daß man dort aber nur wenig von bestimmten demokratischen Einrichtungen, umso mehr anstatt dessen von demokratischen Parteien sprach, als ob es sich außerhalb jedes Staatsverbandes und bei Abwesenheit konstitutioneller Einrichtungen, Funktionen und Verfahrensweisen gleichwohl mit Selbstverständlichkeit erkennen ließe, was eine „demokratische Partei" sei, — dies eben ist selbst ein Zeugnis für den verhängnisvollen Doppelsinn des Wortes „Demokratie". Innerhalb des Verbandes einer konstitutionellen Demokratie nämlich sind alle loyalen Parteien auch „demokratisch" ebendarum, weil sie darin gewisse Funktionen versehen: in Abwesenheit solchen Verbandes konnten „demokratisch" daher allenfalls diejenigen Organisationen heißen, welche willens und geeignet schienen, solche Funktionen eines Tages wirklich auszuüben, wenn die „Demokratie" unter ihrer eigenen Mitwirkung einmal ausgebildet wäre. Nach bolschewistisch-totalitärem Sprachgebrauch indessen heißt diejenige Organisation „demokratisch", welche auf der Grundlage einer disziplinierten Massenmitgliedschaft Dauerherrschaft auszuüben oder zu stützen vermag.

KRITERIEN DES DEMOKRATISCHEN CHARAKTERS VON PARTEIEN

Nach den vorigen Erörterungen wird es deutlich sein, daß eine einzelne Partei, für sich genommen, kaum je dieses Prädikat einer „demokratischen" Partei — im liberalen und konstitutionellen Sinne dieses doppeldeutigen Wortes — dem Wesen nach in Anspruch nehmen kann, mag sie dieses Wort übrigens auch in ihrem Titel und Wappenschilde führen. Demokratisch heißen mit Grund die Einrichtungen, in denen sich das Leben eines demokratischen Gemeinwesens abspielt, und Parteien werden also zu demokratischen Parteien dadurch, daß sie in dem Spielfeld solcher Einrichtungen und nach der Spielregel der Demokratie, das heißt nach deren aufgezeichneter oder ungeschriebener Verfassung, ihre Funktion ausüben. Über eine deutsche Verfassung aber sagte das Potsdamer Kommuniqué nichts.

Die erste Bürgschaft für den demokratischen Charakter der in Deutschland zuzulassenden politischen Parteien schien in deren Anzahl — besser gesagt: in ihrer Mehrzahl zu liegen. Die demokratische Republik von Weimar war im Jahre 1933 durch die Errichtung einer tyrannischen Einparteienherrschaft umgebracht worden; die Existenz und Herrschaft einer einzigen „Partei" war augenscheinlich der Tod der Demokratie. So lag der umkehrende Schluß nahe, daß die Existenz und Herrschaft einer Mehrzahl von Parteien das Leben der Demokratie wenn nicht sichern, so doch ermöglichen würde. Tatsächlich wurden von den Militärregierungen aller Zonen in der ersten Phase ihrer innenpolitischen Wirksamkeit in Deutschland im wesentlichen vier Parteien zugelassen, welche zum Teil zwar anfangs in verschiedenen deutschen Landschaften noch verschiedene Bezeichnungen trugen, sich aber in verhältnismäßig kurzer Zeit durchgängig über das ganze Gebiet des ehemaligen deutschen Reiches hin jede für sich zusammenschlossen und konsolidierten: Die Kommunistische Partei Deutschlands, die Sozialdemokratische Partei Deutschlands, die Christlich-Demokratische oder (in Bayern) Christlich-Soziale Union und die Demokratische Volkspartei Deutschlands, welch letztere freilich unter diesem ihrem ersten Gesamtnamen einigermaßen unbekannt geblieben ist, sich aber in verschiedenen Ländern unter abgewandelten Titeln als Partei von traditionell liberaler oder „nationalliberaler" Gesinnung eingeführt hat.

Mit dieser Aufzählung ist die zweite Bürgschaft schon angedeutet, die man im Hinblick auf den demokratischen Charakter der Parteien erwarten mochte: ich meine ihre demokratische Gesinnung oder Ideologie. Mit einer Ausnahme führen ja alle genannten Parteien das Wort „demokratisch" bereits in ihrem Namen, und auch die Kommunistische Partei, die übrigens nicht allein in der östlichen Besatzungszone, sondern auch in einigen Gebieten des Westens als erste die Lizenz erhielt, weil sie offenbar als erste darum eingekommen war, reklamierte demokratische Gesinnung sogar mit besonderem Nachdruck für sich. Ohne Zweifel gibt es eine Reihe von historischen Gründen dafür, daß diese Namen und Parolen in der Tat eine Gewähr auch für die künftige Entwicklung der Demokratie selbst bieten konnten. Dies gilt in erster Linie für die Sozialdemokratische Partei, weil sie es ist, die am deutlichsten und am bewußtesten eine unterbrochene Tradition wiederaufnahm, die sich also am klarsten restauriert hat, und weil ihre Tradition von *Bebels* und *Liebknechts*, vor allem aber *Eberts* und *Scheidemanns* Zeiten her überwiegend eine Tradition des Kampfes für die politischen Rechte des Volks, für Verfassung und für Parlamentarismus gewesen ist. Neben ihr hat von den genannten vieren nur die Kommunistische Partei im Jahre 1945 ihren alten (wenn auch in Deutschland wesentlich jüngeren, nämlich erst nach 1918 erwählten) Namen wiederaufgenommen. Die regional verschiedenen Formen der „liberal-demokratischen" oder „demokratischen Volkspartei" wiesen nach Name und Art, auch nach der Vergangenheit ihrer führenden Personen auf Spielarten der liberalen Parteiorganisationen aus der Zeit des Kaiserreichs und der Republik zurück, die infolge der verhängnisvollen Spaltung des deutschen bürgerlichen Liberalismus in den Tagen des werdenden preußisch-deutschen Reiches zu verschiedenen Zeiten auch recht verschiedene Orte innerhalb der Rechts-Links-Skala der deutschen Reichstage eingenommen haben. Am schwierigsten sind die historischen Bestandteile und Traditionskräfte der Christlich-Demokratischen beziehungsweise Christlich-Sozialen Union anzugeben. Das alte Zentrum, dessen Geburt im Deutschen Reiche in das Jahr 1870 fällt und das in späteren kaiserlichen Zeiten lange die mächtigste und eine sehr geschlossene Fraktion im Reichstag stellte, bildete sicherlich ihren Kern; doch hat sich der interkonfessionelle Gedanke, der schon vor dem ersten Weltkrieg in einer Strömung dieser Partei hervorgetreten war und wohl mitgewirkt hatte, die ursprünglich rein katholische Zentrumspartei allmählich in der Richtung einer im eigentlichen Sinne „politischen", allen modernen gesellschaftlichen und nationalen Problemen zugewandten Partei umzuformen[11]), in der Zeit der schlechthin antichristlichen Diktatur des Nationalsozialismus und nach dessen Untergang beträchtlich belebt. Schon im alten Kaiserlichen Reichstag hatten die „Bayerischen Patrioten", eine Gruppe von streng anti-preußischer, partikularistischer Gesinnung, nahe Verbindung mit der Zentrumsfraktion; dieser Konnex erneuerte sich auch mit der „Bayrischen Volkspartei" der Weimarer Epoche, und so finden wir auch heute wieder eine starke bayrische Parteiorganisation mit eigenem Namen und ausgeprägtem Eigenwillen an der Seite der gesamtdeutschen „Christlich-Demokratischen Union". Die unmittelbare Restauration der Zentrumspartei unter ihrem alten Namen war demgegenüber auf die Länder Nordrhein-Westfalen und Niedersachsen in der britisch besetzten Zone beschränkt geblieben.

Alle diese nicht immer so klar und rasch übersehbaren Traditionszusammenhänge, deren Aufleben obendrein im Zeitpunkt der ersten, lokal noch begrenzten Zulassungen 1945 und 1946 kaum sicher vorauszusehen war, werden indessen weit in den Schatten gestellt durch die Leidensgeschichte dieser Parteien, ihrer Neugründer und anderer führender Gestalten unter der nationalsozialistischen Diktatur. In Wahrheit war es, mit einem kurzen Wort, weit überwiegend und ganz einfach die „antifaschistische" Vorgeschichte von Personen und Organisationen, welche für die alliierten Zulassungsbehörden das Hauptkriterium ihres „demokratischen" Charakters ausmachte.

Es scheint, daß einzig die britische Militärregierung den Unterschied zwischen der negativen Bestimmung einer „antinationalsozialistischen" und der positiven Bestimmung einer „demokratischen" Gesinnung wahrgenommen hat. Jedenfalls macht ein Brief des Dortmunder Stadtkommandanten *Wilson*, der vom 18. September 1945 datiert und an die lokalen Parteivorsitzenden gerichtet ist, darauf aufmerksam, „daß ein Mann, obwohl er ein ernsthafter Anti-Nazi ist, doch noch eine Politik verfolgen kann, die im Gegensatz zu den

[11]) Hierher gehören die Bestrebungen der Zeitschrift „Hochland"; einen Anstoß bildete — nach L. *Bergsträsser* (Geschichte der Politischen Parteien, 7. Auflage, 1952, S. 172) — ein Artikel von Dr. Julius *Bachem*, der 1906 in den Historisch-Politischen Blättern erschien; von da an war die „Kölnische Volkszeitung" das Sprachrohr dieser Richtung. Nach dem ersten Weltkrieg hatte Adam *Stegerwald* (unter Mitarbeit von *Brüning*) von neuem die Bildung einer interkonfessionellen christlichen Volkspartei zu betreiben versucht so besonders bei Gelegenheit des Kongresses der christlichen Gewerkschaften im Jahre 1920 in Essen. (Vgl. H. G. *Wieck*, Die Entstehung der CDU und die Wiedergründung des Zentrums im Jahre 1945, Düsseldorf 1953, S. 14.)

Richtlinien der demokratischen Entwicklung steht, die doch allein die Hoffnung auf ein friedliches Deutschland bietet"[12]). Ob diese bemerkenswerte Einsicht wesentliche Wirkung bei der Auslese des politischen Personals getan, überhaupt einen Einfluß in einiger Breite ausgeübt hat, ist schwer auszumachen. Im großen und ganzen stand die Ausschaltung aller Arten von „Belasteten" in dieser ersten Epoche natürlicherweise so sehr im Vordergrund, war das Entsetzen über die Untaten der nationalsozialistischen Diktatur so vorherrschend, daß für eine beträchtliche Zeit der Nachweis aktiven Widerstandes, erduldeter Leiden durch Verfolgung oder wenigstens deutlicher Distanzierung von diesem Regime als Gewähr positiver Gesinnung und Eignung angenommen wurde. Für die demokratische *Verfassung* also — die ja erst langsam entstehen sollte — trat die demokratische *Gesinnung* oder Tradition ein, und diese wiederum wurde überwiegend (und unvermeidlich) an der anti-nationalsozialistischen Vorgeschichte abgelesen.

Nun beruht aber die Demokratie — jedenfalls die konstitutionelle oder liberale Demokratie — nicht auf Parteien, sondern die Parteien beruhen umgekehrt auf der Demokratie. Mit anderen Worten: Parteien legitimieren sich wesentlich dadurch als demokratische Parteien, daß sie gemäß demokratischer Verfassung und also in einem demokratischen Gemeinwesen ihre Funktionen erfüllen. Freilich bedarf es demokratischer Gesinnungen, wenn eine demokratische Verfassung zustande kommen soll. Indessen bieten solche Gesinnungen so lange noch keine Gewähr für den Aufbau demokratischer Institutionen, als sie sich nicht — ob im kleinen oder im großen Raume — in einem Urakt des Volkes selbst, also vor allem in allgemeinen Wahlen verwirklicht haben. Nach dem Begriff wie auch nach dem Grundsatz wohl aller echten demokratischen Verfassungen, daß die Staatsgewalt vom Volke ausgehe, daß also alle Vollmachten mittelbar oder unmittelbar aus dieser ersten Quelle fließen, ist dies der Sinn von „Demokratie" überhaupt.

Weder die Mehrzahl der entstehenden Parteirichtungen und Parteiorganisationen noch auch das Kriterium der in ihren Programmen niedergelegten politischen Gesinnungen und der antifaschistischen Bewährung der Parteiführer konnten als solche eine Sicherheit dafür bieten, daß das werdende Parteiensystem in der lebendigen politischen Wirklichkeit (und also nicht bloß auf dem Papier der geschriebenen Verfassung) jenen Urakt des Volkes herbeizuführen willens und seinen Auftrag auszuführen imstande sein werde. Das schwerste Problem bei der Einführung oder Einfädelung demokratischer politischer Lebensformen im Nachkriegsdeutschland lag zweifellos in jenem Kriterium der „antifaschistischen" Gesinnung und Bewährung bei der Zulassung von Parteien. Freilich ist es ziemlich leicht, in nachträglicher Erkenntnis die tragische Mehrdeutigkeit dieses Kriteriums wahrzunehmen, leichter gewiß, als

[12]) Zitiert bei Wieck, a.a.O., S. 40.

sie beim ersten Schritt, zumal in der bestimmten und unvergleichbaren geschichtlichen Situation nach der Zerstörung der Diktatur, zulänglich vorauszusehen. Hier aber handelt es sich ja eben um wissenschaftliche Erkenntnis und nicht um die Bewertung politischer Maßnahmen von irgendeiner Seite. Das Martyrium der Konzentrationslager und die Gewißheit des innerdeutschen politischen Widerstandes gegen die Diktatur waren historische und biographische Tatbestände von tiefer Bedeutung — von tiefer Bedeutung auch für die politische Zukunft der deutschen Nation. In dem Augenblick jedoch, wo es sich nicht allein mehr um die Auswahl von Personen, ja um die Ausbildung einer wirkenden Führungsschicht, sondern — viel fundamentaler noch — um die Neugründung eines Gemeinwesens, eines Staatswesens aus den ersten Elementen handelte, in diesem Augenblick war die rein negative, aus Widerstand und Abwehr herrührende, polemische Bestimmung des „Anti-Faschismus" doch unzureichend. Ebensowenig, wie sich ein „antimonarchistisches" Staatswesen denken und gründen läßt, sondern nur eine Republik, worin denn freilich antimonarchistisch gesinnte Personen die Führung haben werden, ebensowenig gibt es ein antifaschistisches oder antiautoritäres Staatswesen, sondern nur eine „Demokratie". Auch eine physische Revolution, ein Akt der Selbstbefreiung, würde in Deutschland wie überall in der Welt nur dann zur Gründung eines demokratischen Gemeinwesens und zur Ausbildung einer lebendigen Verfassung in Recht und Sitte geführt haben, wenn sie nicht mit der „Machtergreifung" der revolutionären Führungsgruppen ihr Ende fand[13]). Der „Wechsel der Garnitur" ist zwar eine vitale Notwendigkeit und eine treibende Kraft jeglicher Staatsveränderung, aber im Falle der Staatsgründung — und dies war eben der deutsche Fall — konnte sie nur der Anfang sein und dazu ein Anfang, der nicht einmal die sichere Aussicht gesunden Fortgangs enthielt.

[13]) Carl J. Friedrich hat in seinem „Verfassungsstaat der Neuzeit" (Heidelberg 1953) den nicht ganz einfachen Begriff der „negativen Revolution" eingeführt, um gerade die Umwälzungen in Frankreich, Italien und Westdeutschland am Ende des zweiten Weltkrieges zu kennzeichnen. „Das Grundgesetz von 1949 ist . . . eine Negation der Diktatur" (S. 174). Er betont auch mit Recht, wie stark „von Anfang an die ‚Negation' auf seiten der Besatzungsmächte" vorgeherrscht habe. Und er charakterisiert „die neuen Parteien" in Westdeutschland als „eine verfassungschaffende Gruppe" (S. 173). Doch lassen sich in der beschreibenden Analyse eines historischen Vorganges die Typen wohl selten so rein wiederfinden, wie sie in der Systematik vorkommen. Tatsächlich überwog zwar am Ende das „verfassungschaffende" Moment bei der Wirksamkeit der zugelassenen Parteien in Westdeutschland, aber andererseits finden sich auch bei diesen „negativen" und „konstitutionalistischen" Revolutionären sehr natürliche Züge eines Strebens, sich in der Macht festzusetzen, die ihnen gewährt war. Weder war es von Anfang an ausgemacht, daß die Parteien in der Selbstbeschränkung ihre Aufgabe sehen würden, noch stellt die wirkliche Verfassung des Koalitionssystems, wie sie sich nachmals ausgebildet hat — obwohl es mit Volkswahlen kombiniert ist —, einen vollständigen Rücktritt der „verfassungschaffenden" Gruppe zugunsten konstitutioneller Gewalten und Organe dar. Gerade das Grundgesetz hat neben der „Negation der Diktatur" unter anderem auch eine Selbstbefestigung der „neuen Parteien" bedeutet oder bewirkt (am unmittelbarsten, wenn vielleicht auch nicht mit der deutlichsten Absicht, durch den Artikel 21). Auch die negative Revolution bietet bis in ihre verfassungschaffende Wirksamkeit und bis in deren faktisches Ergebnis hinein zugleich den Aspekt einer gleichsam pluralistischen Machtergreifung und -verteilung.

In der Tat hat sich die antifaschistische Solidarität mindestens in demselben Grade, in dem sie positiv demokratische Entwicklungen eingeleitet hat, auch als ein mächtiges Hemmnis solcher demokratischer Belebung erwiesen. Wenn wir, mit *Guiglelmo Ferrero*, die demokratische Legitimität erstens in der „Übertragung der Macht durch ein Wahlverfahren“ [14]), zweitens und vor allem aber in dem Spielverhältnis zwischen Mehrheit und Minderheit und in dem „Recht zu befehlen und dem Recht auf Opposition“ [15]) erblicken, wenn sich legitime Demokratie also erst durch freie Wahlen und ferner durch die Spannung zwischen Regierungsgewalt und Opposition überhaupt herstellt, so wird man sogleich zugeben müssen, daß die solidarische Machtausübung der „antifaschistischen“ oder auch „demokratischen“ Parteiführungen diese notwendige Spannung und Wechselbewegung ebenso leicht hindern wie befördern konnte.

DAS BLOCKSYSTEM DER SOWJETZONE

Der Block der antifaschistischen Parteien stellte eine extreme Konsequenz jener antifaschistischen Solidarität dar. Wirklich gingen der Formierung dieses Parteienblocks, der in seinem Inneren wiederum durch die aus gewaltsamer Verschmelzung von KPD und SPD hervorgegangene „Sozialistische Einheitspartei“ majorisiert ist, überall in der russisch besetzten Zone und in Berlin ausdrücklich so benannte „antifaschistische Ausschüsse“ voraus, die historisch seine Vorform darstellen, in der Ostzone selbst aber auf lange Zeit eine selber fraktionsähnliche informelle Klammer der Fraktionen bildeten. In Berlin wurde der dortige „Einheitsausschuß der vier antifaschistischen Parteien“ Ende November 1946 aufgelöst, weil die Vertreter der SPD, der CDU und der LDP erklärten, daß sie diesen Ausschuß nach der Konstituierung der Stadtverordnetenversammlung — also des gewählten Parlaments — als überflüssig betrachteten.

Diese Ausschüsse, worin die ursprünglich zugelassenen vier antifaschistisch-demokratischen Parteiorganisationen in der Zentrale wie auch in den regionalen und lokalen Bezirken der werdenden Verwaltung gleichsam aneinandergekettet wurden, waren anfangs einfach paritätisch zusammengesetzt. Eine andersartige Proportion, ein anderer Schlüssel für die Machtanteile konnte augenscheinlich so lange nicht gefunden werden, als man nicht das Volk der Wähler zuzog, um es seinerseits — auf der Grundlage eines Proportional-Wahlsystems — einen feineren Schlüssel liefern und die Gewichte verändern zu lassen. So hatte jedes der vier Parteigerüste (vor der Fusion von KPD und SPD) ein Viertel der jeweiligen Sitze in den Ausschüssen inne. Nach der Fusion (im Frühjahr 1946) behielt die „Sozialistische Einheitspartei Deutschlands“

[14]) Guglielmo Ferrero, Macht (deutsche Übersetzung von „Pouvoir“), Bern 1944, S. 264.
[15]) a.a.O., S. 273.

gleichsam in Erinnerung an ihre Doppelnatur doch die Hälfte der Sitze in den Block-Ausschüssen. Diese informellen Leitungsgremien oder „Absprache-Organe“ [16]) bestanden also bereits länger als ein Jahr in dem Augenblick, als die ersten Landtagswahlen in den fünf Ländern der Zone stattfanden. Außer den drei Parteien (SED, LDP und CDU) wurden bei diesen Wahlen auch einzelne Verbände zur Beteiligung zugelassen, überall die „Bauernhilfe“, gelegentlich auch der „Kulturbund zur demokratischen Erneuerung Deutschlands“, dieser als eine Art „gesellschaftlicher Organisation“ der Intellektuellen. Diese Verbände waren durchweg von der Kommunistischen Partei abhängig, durch deren Initiative sie überhaupt nur ins Leben getreten waren. Das Ergebnis der Wahlen war, daß die SED überall die knappe Hälfte der Sitze einnahm. In Mecklenburg, Thüringen und Sachsen konnte sie mit Hilfe der wenigen Sitze, welche jene „angeschlossenen Verbände“ erzielt hatten, im Vergleich zu den beiden „bürgerlichen“ Parteien eine knappe Parlamentsmehrheit kommandieren, in den beiden übrigen Ländern, Brandenburg und Sachsen-Anhalt, blieb sie gleichwohl noch unter der 50-Prozent-Grenze [17]).

	Brandenburg	Mecklenburg	Thüringen	Sachsen	Sachsen-Anhalt
SED	44	45	50	59	51
LDP	20	11	28	30	33
CDU	31	31	19	28	24
Bauernhilfe	5	3	3	2	2
Kulturbund	–	–	–	1	–
Gesamtzahl der Sitze	100	90	100	120	110

Obgleich derart die Landtage rein hypothetisch die Bildung einer parlamentarischen Opposition von der einen oder der anderen Seite oder auch einer einzelnen „bürgerlichen“ Partei zu ermöglichen schienen, sind doch die Landesregierungen tatsächlich in allen fünf Fällen auf der Basis des Blocksystems unter Beteiligung von allen drei politischen Parteien gebildet worden. Dabei wurde zwar bei der Verteilung der Kabinetts-Sessel die Fraktionsstärke der beteiligten Parteien in gewisser Weise berücksichtigt, aber gleichwohl kam überall in den Kabinetten eine knappe Mehrheit für die SED-Mitglieder zustande — im äußersten Grenzfalle dadurch, daß der Ministerpräsident,

[16]) Diesen Ausdruck gebraucht Carola Stern in ihrer Studie über die SED: a.a.O., S. 144.

[17]) Die entsprechenden Angaben bei J. P. Nettl, The Eastern Zone and Soviet Policy in Germany, Oxford University Press, 1951, sind fehlerhaft.

dessen Stimme bei Stimmengleichheit den Ausschlag geben soll, der SED angehörte. Außerdem war zu beobachten, daß die SED überall — mit einziger Ausnahme Sachsen-Anhalts — den Posten des Ministerpräsidenten, und daß sie zudem überall — mit einziger Ausnahme Brandenburgs — das Innenministerium beanspruchte und auch besetzte. Das letztere Ressort verlieh ihr die Verfügungsgewalt über die Polizeikräfte, die einzige bewaffnete Macht in dieser Epoche (außer den Besatzungstruppen). Dies entspricht übrigens der Praxis, die die Kommunistische Partei auch durchweg in den osteuropäischen Satellitenländern beobachtet hat. Auf diese Weise hatte diese Partei unter dem Schleier einer allgemeinen „antifaschistischen" Notstands-Solidarität praktisch alsbald fast überall die Hand am Hebel der Exekutive.

Derart wurde die Herrschaft des Blocksystems aus dem informellen Stadium der Ausschüsse über die Wahlen hinweg verlängert und als oppositionslose Blockregierung auf parlamentarischer, koalitionsartiger Grundlage mit dem Anschein der Legitimität ausgestattet. Wenn wir die Ausschüsse als erste, diese Drei-Parteien-Kabinette als zweite Phase und Gestalt des Blocksystems auffassen, so kann man eine dritte Phase in jener ausdrücklichen Bestimmung der Verfassung der „Deutschen Demokratischen Republik" erblicken, wonach alle Fraktionen der Volkskammer „durch Minister oder Staatssekretäre" in der Regierung der Republik „vertreten" sein müssen. Dieser Artikel 92 der „Volksrats-Verfassung" [vom März 1949 [18])] ist nicht nur dadurch bemerkenswert, daß er auf diese Weise die Möglichkeit der parlamentarischen Opposition von Konstitutions wegen ausschließt. Es ist dies zugleich auch die erste und einzige deutsche Verfassung, worin die Fraktion — und zwar als Parteifraktion — expressis verbis vorkommt: Einmal legt sie fest, daß automatisch „die stärkste Fraktion" den Ministerpräsidenten zu benennen habe — ein solches Vorrecht haben interessierte Parteien bei Regierungsbildungen auch in westdeutschen Bundesländern nachmals bisweilen in Anspruch genommen, häufig gefordert, aber konkurrierende Parteien oder Parteien-Koalitionen haben es freilich via facti auch mehrfach abgewiesen —, und des weiteren bestimmt sie, daß „alle Fraktionen, soweit sie mindestens 40 Mitglieder haben, im Verhältnis ihrer Stärke ... vertreten" sein sollen [19]). Eben durch diese Formel bringt die Volks-

[18]) Vgl. Quellen zum Staatsrecht der Neuzeit, zusammengestellt von E. R. Huber, Tübingen, 1951, Bd. 2, S. 305.

[19]) Diese Bestimmung der Volksratsverfassung hat eine etwas sanftere Vorgängerin im Artikel 3 der Vorläufigen Verfassung von Groß-Berlin vom 13. August 1946. (Diese Verfassung wurde noch unter der Viermächte-Verwaltung der Stadt ausgearbeitet und erlassen; sie galt nach dem Zerfall der „Alliierten Kommandantur" und nach der Spaltung der Stadt im Sowjet-Sektor fort, während die in den Westen verlegte Stadtverordnetenversammlung vier Jahre nach jener Vorläufigen eine Endgültige Verfassung ausarbeitete, die am 1. September 1950 in Kraft getreten ist.) Art. 3, Satz (2) der Verfassung von 1946 bestimmt unter anderem folgendes: „In dem Magistrat müssen Vertreter aller anerkannten politischen Parteien sein, sofern es die betreffenden Parteien verlangen." Auch hier schon findet sich also der Gedanke des Zwangskartells von Parteidelegierten als des Prinzips der Regierungsbildung, doch bleibt —

Fortsetzung umseitig

rats-Verfassung ganz ungeniert eine Auffassung zum Ausdruck, die wiederum nachmals auch im Westen, in der Bundesrepublik, bei Gelegenheit von Koalitionskrisen als eine Art halbbewußten Strukturgesetzes bisweilen hervorgetreten ist: die Auffassung nämlich, daß die Mitglieder einer Regierung dieser als „Vertreter" ihrer jeweiligen Parteien angehörten, daß also ein Kabinett nicht eigentlich einen homogenen und (gemäß den Richtlinien des Regierungschefs) solidarisch operierenden Körper, sondern vielmehr eher eine Art von Delegiertenkonferenz darstelle[20]). Endlich gehört es zu den deutlich ausgesprochenen Konsequenzen dieser konstitutionellen Verfestigung des „Blocks" als eines Parteien-Zwangskartells, daß Nichtbeteiligung nur als Selbstausschließung überhaupt ins Auge gefaßt und somit von vornherein grundsätzlich mit dem Stigma der Sabotagehandlung versehen wird: „Schließt sich eine Fraktion aus, so findet die Regierungsbildung ohne sie statt" — so heißt es wörtlich im zweiten Absatz des Artikels 92. Daß die Tätigkeit des parlamentarischen Plenums unter solchen Voraussetzungen auf diejenige einer bloßen Akklamation sich reduziert, erschien den Autoren dieser Verfassung so wenig degradierend oder beschämend, daß sie auch diese Folgerung ungescheut aussprachen: „Die Volkskammer bestätigt die Regierung und billigt das von ihr vorgelegte Programm" — so lautet der letzte Absatz desselben Artikels 92. Die auf den Fraktionseinheiten aufgebaute Blockregierung schließt die parlamentarische Debatte aus und setzt die kritische Funktion des Parlamentes außer Kraft.

Exkurs über eine Theorie zur Rechtfertigung des Blocksystems

In dieser Phase fand das Verfahren der permanenten Allparteien-Regierung einen gelehrten, vielleicht etwas vorschnellen, doch auch wiederum vorsichtigen theoretischen Interpreten in dem Staatsrechtler *Alfons Steiniger*. Seine Schrift über „Das Blocksystem" fällt in das Jahr 1949, und zwar offenbar in die Zeit, als man die Verfassung der „Deutschen Demokratischen Republik" vorbereitete. So klar der Blick und so sicher der Griff ist, mit welchem dieser

Fortsetzung der Fußnote 19
mit der Fakultativklausel — ein Ausweg für nicht block-willige Parteien offen, ohne daß gegen sie eine ausdrückliche Sanktion angedroht wäre. (Vgl. Quellen zum Staatsrecht etc., Bd. 2, S. 530.) Auch die Volksratsverfassung gibt keine Sanktionen an, doch kehrt sie die Richtung der Willenserklärung der beteiligten Parteien um: während im Berliner Fall noch ein „Verlangen" nach Teilnahme zur Bedingung gemacht war, wird nun die Beteiligung zur Vorschrift und Regel erhoben, und nur noch die Nichtbeteiligung bleibt dem eignen Partei-Willen überlassen. Sie erscheint dabei, als „Selbst-Ausschließung", von Anfang an mit einem moralischen Makel behaftet. Der drohende Ton der Wendung ist unverkennbar. Es ist nicht weit bis zur ausdrücklichen Brandmarkung „obstruktiven" oder „staatsfeindlichen" Verhaltens.

[20]) Vgl. hierzu die Darstellung des Koalitions-Konfliktes, der anläßlich der Abstimmung des Bundestages über das Saarstatut entstand: in diesem Band weiter unten, S. 157.

Autor die Grundformen der gegenwärtigen europäischen Regierungsweisen voneinander abhebt — das englische System des *alternative government*, das Koalitionssystem und eben das „Blocksystem“ —, so deutlich ihm auch vor Augen steht, daß jenen Regierungsformen unterschiedliche Oppositions-Erscheinungen entsprechen oder doch entsprechen müßten, so mühselig, spitzfindig und wirklichkeitsfern mutet sein Versuch an, die Überlegenheit des Blocksystems im Sinne der unmittelbaren Demokratie nachzuweisen. Seine Phänomenologie der Regierungsformen zeigt freilich eine charakteristische Lücke: die totale Dauerherrschaft einer einzigen Partei wird als solche in Steinigers Schrift mit keinem einzigen Wort erwähnt. Wohl taucht da und dort, vor allem am Anfang und am Schluß, der „entwickelte sozialistische Staat“ als Ziel der Verfassungsgeschichte auf, wohl heißt es von ihm, daß seine homogene Gesellschaft von selbst und auf „natürliche“ Weise auch die Einstimmigkeit der Vertretungs- und Regierungskörper hervorbringe, aber das sind — wie man sieht — blasse Gebetsformeln, welchen eben in der Wirklichkeit das mächtige Faktum gegenübersteht, daß es in den existierenden „entwickelten sozialistischen Staaten“, vorab in der Sowjetunion, noch immer nicht das Volk ist, welches den Staat „innehat“, sondern vielmehr eine scharf disziplinierter Partei-Organisation, die sich von der Gesamtheit des Volkes oder der Gesellschaft auch mit unbewaffnetem Auge sehr genau unterscheiden läßt. Dieselbe Scheu, die tatsächlichen Machtfaktoren beim Namen zu nennen — man möchte *Lassalle* heraufrufen, damit er den Begriffs-Heraldiker daran erinnere, was eine wirkliche Verfassung ausmacht! —, dieselbe Scheu waltet aber auch bei der Erörterung des Blocksystems selber. Es war offenbar die gebotene Vorsicht, die den Autor bestimmte, die Blockregierung als ein Übergangsphänomen auszulegen, angehörig einer „Stufe zwischen Kapitalismus und Sozialismus“[21]) (wenn sie freilich auch „zugleich eine eigene theoretische Basis“ habe); daher jene einschränkenden Wendungen, es handle sich um eine Verfassungstechnik, welche die demokratische Homogenität und Einstimmigkeit nur „künstlich“ oder nur „synthetisch“[22]) erzeuge — im Unterschied zur „natürlichen“ Einstimmigkeit, die in „entwickelten sozialistischen Staaten“ aus der Homogenität der klassenlosen Gesellschaft von selbst hervorspringe. [Natürliche Homogenität, heißt es, sei „die normale Lebensbedingung der Demokratie“, künstliche Homogenität immerhin ihr „Existenzminimum“[23]).] Wer aber denn eigentlich der Künstler sei, der dies so künstlich herbeiführe, wer der Ingenieur, der diese „Verfassungstechnik“ handhabe, wer der Chemiker oder Laborant, der das synthetische Erzeugnis herstelle, und mit welchen Mitteln er dies bewerkstellige — diese politisch kardinale Frage wirft unser gelehrter Interpret nicht auf, geschweige daß er

[21]) a.a.O., S. 68.
[22]) S. 8, S. 13 und anderwärts.
[23]) S. 10.

sie beantwortete. Ich habe in der ganzen Schrift, deren Autor sich selbst unter die soziologisch orientierten Juristen rechnet, bei höchster Aufmerksamkeit doch nur eine einzige Andeutung darüber gefunden, was denn „soziologisch" den regierenden Block der demokratischen Parteien eigentlich zusammenhalte, und auch an dieser einzigen Stelle ist der Wille nur in abstracto genannt, der hier doch am Werke sein muß: sie findet sich im Zusammenhang der Erörterung der fundamentalen „Solidarität" der auf Dauer koalierten Parteien und besagt, daß „den Inhalt der Solidaritätsregel ... im Prinzipiellen die führende demokratische Gruppe" bestimme[24]). Einzig in dieser Bemerkung tritt aus dem Gespinst einer Theorie, welche — marxistisch gesprochen — offenkundig dazu dient, die bestehenden Zustände zu rechtfertigen, schüchtern genug die Realität einer *führenden Gruppe* hervor, und ihr Geschäft ist dahin umschrieben, daß sie den „Inhalt der Solidaritätsregel" bestimme, daß sie, mit anderen und dürren Worten, vorschreibe oder diktiere, in welcher Hinsicht und in welcher Richtung die derart Vereinigten „solidarisch" zu sein haben. Auch hier noch braucht es ersichtlich einiger Kunst der Dechiffrierung, herauszufinden, welche realen Phänomene da in einer Schein-Deduktion unversehens eingeschmuggelt und sanktioniert sind, ohne doch je bei ihrem wirklichen Namen genannt zu werden. Eine künstliche Einstimmigkeit kann eben in Wahrheit stets nur eine erzwungene Einstimmigkeit sein. Diese zu erzielen, ist eine zwingende Kraft nötig. Die Auskunft, es sei die Vorschrift des Verfassungstextes, welche diesen erstaunlichen Effekt herbeiführe, kann aber den soziologischen und politischen Betrachter nicht befriedigen — einmal darum nicht, weil auch die Verfassungsvorschrift einen Urheber haben muß, dessen Willen sie ausdrückt, und zum zweiten darum nicht, weil diese Vorschrift aufrechtzuerhalten (wenn sie denn im übrigen überhaupt aufrechterhalten werden soll und wird) wiederum und allemal eine wirkliche und wirksame „Gewalt" erfordert wird. In einem System vollends, welches durch die ausdrückliche und emphatische Verwerfung jeder Art von Gewaltenteilung[25]) gekennzeichnet ist, kann dies aber nur immer wieder jene eine und selbe „führende Gruppe" unter den Blockparteien sein, von welcher dort so beiläufig die Rede ging.

Ich weiß nicht, ob man in Steinigers Forderung nach Gleichheit der Chancen für alle („demokratischen") Parteien und Verbände[26]) wie auch in seiner entschiedenen Ablehnung von „Monopolsicherungen"[27]) (durch Sperrklauseln im Wahlgesetz) eher den Ausdruck eines illusionären guten Willens zur Billigkeit oder aber eine doktrinär verkleidete Vorkehrung erkennen soll, die

[24]) a.a.O., S. 53.

[25]) „Die konsequente Demokratie ... verträgt sich nicht mit dem System der Gewaltenteilung", a.a.O., S. 48.

[26]) a.a.O., S. 26.

[27]) „Monopolsicherungen vertragen sich nicht mit dem Blocksystem ...", a.a.O., S. 29.

Zulassung geeigneter, nämlich willfähriger Organisationen durch die „führende Gruppe“ zu ermöglichen, auch wenn sie bei Wahlen nur geringen Zuzug erhalten sollten. (Die Rolle, die die „Bauernhilfe“ oder auch der „Kulturbund“ bei den ersten Landtagswahlen in der Sowjetzone gespielt hat, legt diese letztere Deutung jener auffällig liberalen und generösen Prinzipien Steinigers mindestens nahe.)

Am deutlichsten indessen läßt sich das Moment des Zwangs, wiewohl durchweg verhohlen, zwischen den Zeilen und in den Lücken des Gedankens blicken in denjenigen Partien der Schrift, wo von den Formen der Opposition und von den Möglichkeiten der Kontrolle im Blocksystem gehandelt wird. Der Autor legt zwar den größten Wert darauf, daß innerhalb jenes „künstlich homogenen“ Parlaments und der von ihm bestellten permanenten Allparteien-Regierung „interne Abweichungen“ erkennbar bleiben sollen, weil andernfalls „die in der Gesellschaft vorhandenen Spannungen“ keinen Ausdruck fänden, und darum die Demokratie „zu einer Farce“ entstellt würde; auch sollen diese Differenzen zwischen den gemeinsam regierenden Parteien öffentlicher Diskussion ausgesetzt und in Wahlkämpfen ausgetragen werden. In dem Augenblick indessen, in dem er darangeht, dasjenige „geregelte System von Einsprüchen“ zu entwickeln, das hier an die Stelle der „heterogenen“ und „chaotischen“ Oppositions-Erscheinungen des Koalitions-Systems einerseits, der „praktisch machtlosen“ Minderheits-Opposition des (englischen) Zweiparteiensystems andererseits treten und das sich doch diesen beiden Oppositionsformen als überlegen erweisen soll, wird alsbald die fürchterliche Enge und Klemme offenbar, worin sich divergierende Minderheiten hier unvermeidlich befinden. Steiniger wußte bei der Aufstellung seiner Theorie augenscheinlich noch nichts davon, daß die „führende Gruppe“ in einer späteren Phase des zerlegten Staatsstreichverfahrens dazu übergehen würde, Einheitslisten aufzustellen und auf diese Weise die Wählerschaft der letzten und leisesten Möglichkeit einer Wahl oder nur einer begrenzten Verschiebung der quantitativen Macht-Anteile zu berauben: gleichwohl enthüllt sich bereits in seinem noch vergleichsweise „liberalen“ Konzept sowohl die Dürftigkeit des Spielraums wie die Gefährlichkeit divergierender Bewegung für alle nicht-führenden Gruppen, die dem Block zugehören. Die „parlamentarische Kontrolle“ nämlich wird von ihm in ein kasuistisches System ausgewählter Einspruchs- und Widerspruchs-Möglichkeiten gezwängt, deren jede — soweit es sich um eigentlich politische Einsprüche gegen die Amtsführung der Regierung oder einzelner Minister handelt — sehr rasch an den Rand der tödlichen Zone führt, wo Widerspruch zur „Obstruktion“ und zur „Sabotage“ wird. Ich greife aus Steinigers Kasuistik nur den wichtigsten Fall heraus, denjenigen, an welchem sich zeigen muß, ob parlamentarische Kontrolle und Opposition in dem Blocksystem (nach seinem eigenen Sinne) möglich sei: den Fall, daß von einem Teil des Parlaments „die Billigung des Regierungsprogramms nicht aufrechterhalten wird"[28]). (Schon diese Formel läßt einen Unterton von drohendem moralischem Terror verspüren: Was man selbst einmal gebilligt hat, zu dem sollte man auch fürderhin von Rechts wegen stehen! Eine Nicht-Billigung des Regierungsprogramms im Augenblick seiner Etablierung aber kommt ja im Blocksystem per definitionem nicht in Frage.) Für diesen Fall also schlägt der Autor das folgende Verfahren vor: zuerst soll der Einspruch (oder eigentlich die Sinnesänderung der Dissidenten) einem Schlichtungsausschuß vorgelegt werden, der aus den führenden Persönlichkeiten der Blockparteien bestehen und nach der Proportion der Fraktionsstärken zusammengesetzt sein soll; kommt es hier nicht zur Einigung, so soll der Ausschuß dem Parlament die Selbstauflösung empfehlen; wird diese Empfehlung vom Parlament mit Mehrheit abgelehnt, „und verweigert die widersprechende Partei trotzdem die Mitarbeit", „so ist sie als obstruktiv anzusehen und stellt sich damit außerhalb des Kreises der zugelassenen demokratischen Parteien"[29]). Kurz, der Opponierende hat nur die Wahl, sich entweder zu unterwerfen oder von der Szene zu verschwinden, beziehungsweise der Verfolgung anheimzufallen. Fast müßig, darauf aufmerksam zu machen, daß jener Schlichtungsausschuß — was gibt es da zu „schlichten"? da eine nachträgliche Abänderung des sanktionierten Regierungsprogramms offenbar nicht ins Auge gefaßt wird, bleibt schon diesem Gremium von Anfang an keine andere Funktion, als die Dissentierenden zum Einlenken zu überreden! —, daß dieser Ausschuß, praktisch-politisch oder auch „soziologisch" betrachtet, nur wieder die Block-Regierung selber sein könnte, vielleicht in etwas anderer personeller Konstellation, aber in genau wiederkehrender Anordnung der Macht-, Mehrheits- und Willensverhältnisse. Es ist wie in der Geschichte vom Hasen und vom Swinegel: wie sehr der Hase rennt, der Swinegel ist immer schon da. Der Hase ist eben von Anfang an von den Swinegeln umstellt. Es *kann* auch gar keine irgend andersartige Instanz, es kann kein *„pouvoir neutre"* irgendwelcher Art aufgefunden oder ausgebildet werden dort, wo man Gewaltenteilung *ab ovo* ablehnt. Die ganze Bemühung, Elemente von Kontrolle, Kritik und Opposition auch nur hypothetisch in das System einzufügen oder als potentiell zugehörig nachzuweisen, dreht sich unvermeidlich im Kreise. Jede „zugelassene" Partei muß kraft Verfassungsvorschrift mitregieren, also ist sie im Käfig des Blocksystems gefangen. „Kaum noch erörternswert", sagt Steiniger, „scheint der Fall, in dem eine als demokratisch zugelassene Partei unter Bezugnahme auf die Person einzelner Minister oder das gegenwärtige Regierungsprogramm den Block und die von ihm gebildete Regierung zu verlassen wünscht." Kaum erörternswert scheint ihm dieser politisch einzig interessante Fall deswegen, weil er gemäß der Blockverfassung einen „revolutionären Verfassungsbruch" darstelle. Wo die einzige Sanktion, die einzige Konsequenz, die dem Dissidenten in letzter

[28]) a.a.O., S. 46.
[29]) a.a.O., S. 47.

Instanz zur Verfügung steht, für illegal und in die Acht erklärt ist, da kann es keine Opposition geben. Das ist keine Frage von Begriffen, sondern einzig von vitalen Verhältnissen der Macht und der Ohnmacht. Auf diesem Hintergrunde der lebendigen Phänomene (und der lebensgefährlichen Situationen) läßt sich Steinigers Rede vom „dialektischen Gebilde einer regierenden Oppositionspartei"[30]) nur tolerieren, wenn man sie für eine Spitzfindigkeit aus intellektueller Verzweiflung nimmt. Auch „erzwungene Freiwilligkeit" kann man als einen Triumph der Dialektik ausgeben. Sie ist aber entweder ein Unsinn oder eine Heuchelei oder eine Vergewaltigung der menschlichen Natur. Es bleibt im Zusammenhang dieses Exkurses noch übrig, auf die theoretische Auszierung kritisch hinzuweisen, welche der Autor seinem Verfassungssystem zur Rechtfertigung der bestehenden oder der werdenden Zustände gegeben hat. Er hat aus jener Antithese zwischen dem Prinzip der „Repräsentation" und demjenigen der „Identität" Nutzen gezogen, die Carl *Schmitt* seinerzeit in vorwiegend geistesgeschichtlicher Absicht am scharfsinnigsten ausgearbeitet hat[31]).

Der Gedanke der Repräsentation, der durch die Jahrhunderte und durch die Völker im Prozeß der Demokratisierung der Herrschaft in produktiver Weise eine ganze Reihe von Bedeutungen angenommen und in sich versammelt hat, scheint im deutschen Staatsrecht häufig und bis auf diesen Tag in allzu enge definitorische Schienen gepreßt worden zu sein. Politisch bezeichnet er im Grunde nichts Anderes, als daß gewählte Körperschaften ebendarum, weil sie gewählt seien, stellvertretend für das Volk die Geschäfte führten. Dem Parlamentarismus liegt, sofern er sich mit der eigentlich „demokratischen" Forderung der Volkssouveränität verbunden hat, die Annahme zugrunde, das Parlament führe, gerade indem es in unabhängiger („an Aufträge und Weisungen" — der Wählerschaft! — nicht gebundener) Erwägung und Entscheidung nur dem eigenen Gewissen folge, gleichwohl stellvertretend den Willen des Volkes aus. Hans *Kelsen* hat diese Annahme eine Fiktion genannt[32]), und er wollte sie darum aus der Theorie der parlamentarischen Demokratie ausschalten, wollte ohne sie auskommen. Ob aber Fiktion oder mystische Überzeugung und wirkender Glaube, in jedem Falle gewann und gewinnt das Repräsentationsverhältnis zwischen Volk und Parlament dann alsbald eine mächtige Realität, wenn der Betrachter und Interpret nicht bloß punktuell einen einzelnen Augenblick, einen einzelnen Gesetzgebungs- oder sonstigen Entscheidungsakt ins Auge faßt, sondern die langfristige Dynamik periodischer Abberufung und Neuberufung der Repräsentanten abzuschätzen versucht. In solchem Wechsel von Zustimmung und Verwerfung wird ein Band zwischen

[30]) a.a.O., S. 43.

[31]) Carl *Schmitt* in „Die geistesgeschichtliche Lage des heutigen Parlamentarismus" (1926) und in seiner „Verfassungslehre" (1928), dort besonders S. 207 ff.

[32]) Hans *Kelsen*, Vom Wesen und Wert der Demokratie, Tübingen 1929, S. 30.

der Wählerschaft und der parlamentarischen Körperschaft geknüpft, das weder so straff ist wie im Falle einer strikten Beauftragung mit gebundener Marschroute für alle vorkommenden Fragen, noch so lose wie im Falle einer willkürlichen Herrschaft, die sich gelegentlich durch Akklamation bestätigen läßt. Eben dieses präzise Mittelding zwischen Beauftragung und Akklamation — wenn man das Phänomen von der Seite des Volkes her betrachtet — oder zwischen Weisungsgebundenheit und Willkür — wenn man es von der Seite der regierenden Körperschaft her auffaßt — trägt den Namen der Repräsentation und trägt ihn nicht zu Unrecht. Sie ist gekennzeichnet durch die eigentümliche Verschränkung gegenläufiger Beziehungen: dadurch nämlich, daß die Wählenden zugleich die Regierten, die Regierenden aber auch die Gewählten sind, oder anders dadurch, daß die Regierten doch auch die Wähler, die Gewählten doch auch die Regierenden sind. In diesem Lichte mag zwar die *prä*stabilierte Harmonie (von Repräsentanten und Repräsentierten) sich verlieren, welche — mindestens nach der Ansicht jener deutschen Staatsrechts-Tradition — den Kern der Repräsentationsvorstellung bilde und auch das Anstößige an ihr ausmache; an ihrer Statt aber zeichnet sich gewissermaßen eine *post*stabilierte Harmonie ab, nämlich eine im unendlichen Prozeß erst sich herstellende, darum kaum je in einem einzigen Augenblick wahrzunehmende Entsprechung des Volkswillens und des Parlamentshandelns, welche den Vorzug hat, praktisch-politisch und geschichtlich etwas zu bedeuten und zu bewirken.

Aber die radikalen Demokraten und Gefolgsleute Rousseaus mochten und mögen sich damit nicht abfinden. Sie mögen weder auf die Wirkungen eines Prozesses warten noch überhaupt eine Zweiheit von Regierenden und Regierten hinnehmen, sei es auch nur in der gemilderten und stetig von neuem sich mildernden Form der Repräsentation. Die Regierungskörperschaft soll das Volk nicht bloß repräsentieren, sie soll mit dem Volkswillen identisch sein. So schreiben sie das Prinzip der Identität auf ihre Fahne und stellen es demjenigen der Repräsentation entgegen. Die praktisch-historische (und übrigens im recht eigentlichen Sinne „dialektische") Vorstellung von der Wirksamkeit und Wirklichkeit des repräsentativen Systems, die ich soeben zu skizzieren versucht habe, läßt Raum für die Einsicht, daß ein „Volkswille" sich eben in und mit diesem Prozeß erst bilde, kläre und artikuliere. Diejenigen aber, welche dem Identitätsprinzip nachjagen, hängen stets auch dem ersten Artikel des mystischen Glaubensbekenntnisses ihres Ahnherrn Jean-Jaques an, daß es nämlich vor allen institutionellen Prägungen einen ursprünglichen Volkswillen schon gebe. Die Institutionen sollen ihn unmittelbar ausdrücken oder widerspiegeln — unmittelbar und nicht bloß mittelbar. Allen Ernstes schreibt Alfons Steiniger (um nun auf ihn zurückzukommen) seinem Verfassungssystem und also der Parteienblock-Regierung der Sowjetzone die Fähigkeit zu, eine „Umwandlung der indirekten in eine direkte Demokratie" zu bewirken, dies freilich „in technisch neuartiger Form"[33]). Zwei gewaltsame „Indentifizierungen" mußten in Gedanken vorgenommen werden, damit diese These einen Schein von Wahrheit gewönne — und die Gewaltsamkeit der Gedanken gleicht dem Staatsstreich im Bereiche der Theorie: Die erste besteht in der Behauptung, die „Summe der Parteimeinungen" stelle „das Volksganze" dar[34]), und die zweite, weniger deutlich ausgesprochene, unterstellt, daß die wirklich handelnden Parteiführungen — wir sehen für den Augenblick von den erheblichen Macht-Differenzen zwischen den verschiedenen Parteiführungen im faktischen Blocksystem etwa der Sowjetzone ganz ab — wiederum mit diesen „Parteimeinungen" identisch seien. Der logische Widersinn, das ursprüngliche Ganze der „volonté générale" aus einer „Summe" herzuleiten oder aus einer Mehrzahl von „Parteimeinungen" nachträglich zusammenzusetzen, mag dabei vernachlässigt werden, wiewohl hier ein fundamentaler Abfall vom Rousseauschen Glauben und der gröbste Verderb dieses Gedankens verborgen liegt. Welche Mißachtung elementarer soziologischer Tatsachen aber spricht sich in diesem Begriff von „Parteimeinung" aus! Offenkundig sind hier Partei-Apparate, organisierte Parteimitglieder und Wählerstimmen je zu einem unbestimmten Ganzen verbacken, welches „Parteimeinung" genannt wird. Offenkundig sind die gezählten Stimmen eines Wahlaktes kurzerhand eingesackt und der jeweiligen Partei oder „Parteimeinung" zugutegebracht gerade so, als ob die Wähler, die sich einmal so entschieden haben, durch ihre Wahlentscheidung mit Haut und Haaren dieser Partei oder Parteimeinung wie einer Organisation verfallen wären. Der elementare Unterschied zwischen Wählern und Parteimitgliedern („Organisierten") ist zum Verschwinden gebracht, vergessen, verwischt und aufgehoben, die Wahlfreiheit selber im gleichen Augenblick vernichtet. Zählt man in Gedanken das „Volk", aufgeteilt in Kolonnen von Wählerstimmen, die für Parteien abgegeben wurden, diesen Parteien zu (so daß sich aus deren Summe hernach wieder „das Volksganze" zusammensetzen läßt), so ist es, als ob man es in Pferche triebe und die Gatter herunterließe, nachdem die letzte Stimme gezählt ist. In Wahrheit besteht keine Identität zwischen dem Volk und der Summe der Parteien, es sei denn um den Preis der Wahlfreiheit. Es besteht keine solche Identität, es sei denn durch Zwang. Und wiederum kann nur ein Blinder oder aber ein Begriffsfetischist die Behauptung aufstellen, die Regierung sei ein (gleichsam automatischer) „Ausschuß des Volksganzen"[35]) und insoweit mit diesem Volk, weil mit der Summe der Parteien identisch, da doch der simpelste Augenschein auch den wohlwollendsten Betrachter lehrt, daß zwischen den Parteiführungen und den Parteimitgliedern oder gar den Partei-Wählern ein geradezu physikalischer Unterschied an Macht besteht schon darum, weil jene, die Wenigen, fortwährend

[33]) a.a.O., S. 32.
[34]) a.a.O., S. 52.
[35]) a.a.O., S. 38.

handeln, während diese, die Vielen, diesen Handlungen im besten Falle zustimmen, im schlimmeren und gewöhnlichen Falle aber die Erleidenden sind[36]). Wo das Gatter fällt und dem Wählervolk schließlich die Chance ganz entzogen wird, die Regierenden abzuberufen, da wird die Zweiheit von Regierenden und Regierten, die man zuvor am „repräsentativen" System begrifflich so anstößig fand, keineswegs durch Identität überwunden, sondern vielmehr höchst undialektisch festgehalten und verewigt. Kurz, die Identitäts-Theorie fungiert hier eindeutig als ein Werkzeug nicht allein der Herrschaft, und zwar der Dauerherrschaft, sondern geradezu der Unterdrückung. Die Summe für das Ganze, die Mehrzahl für Einzahl zu erklären, das mag in der Theologie legitim sein, sofern die dreifaltige Person des einen Gottes einsichtig gemacht wird. Hienieden in der politischen Gesellschaft ist die behauptete „Identität" (wie die behauptete „Totalität") nur ein theoretisches Kostüm der tatsächlichen Gewalt — ja, sie zu statuieren, ist selber ein Gewaltakt in Gedanken. Identität — von Führung und Volk — ist apriori nur durch Gewalt möglich. Alles, was sich der Identität (wie der Totalität) entzieht, in der Weise der „Abweichung", der „Diversion", der Absonderung, Vereinzelung, „Geheimbündelei", oder wie immer Opposition gebrandmarkt werden mag, muß in dieser oder jener Form vernichtet, liquidiert werden. Anders kann die „Identität" in der Wirklichkeit nicht hergestellt werden.

Was die Volksratsverfassung sanktionierte und vorschrieb, war aber noch keineswegs die letzte Form und Phase in der Entwicklung des Blocksystems. (Nur mit diesem haben wir es hier zu tun; die Techniken, mit deren Hilfe die totalitäre und diktatorische Partei, die SED, im Konklave des „Blockes" ihre „weicheren" Partner schrittweise durch Majorisierung, Terrorisierung und Gleichschaltung überwältigte oder sich gefügig machte, bilden nicht den Gegenstand dieser Untersuchung.) Aus der noch halbfreiwilligen Kooperation mit paritätischer Besetzung in den Ausschüssen wurden erzwungene Regierungsbündnisse auf der Basis einer manipulierten Proportion der Kabinetts-Anteile; dieses System wurde — zur Verhütung irgendwelcher parlamentarischer Bewegungen, irgendwelchen Auseinandertretens der Kräfte, irgendwelcher Oppositions-Bildung — nachmals konstitutionalisiert, also zur Zwangsnorm erhoben. Auf diese Weise war zwar das Parlament

[36]) Sehr treffend bemerkt Joachim *Rottmann* in seiner vorzüglichen Berliner Dissertation „Über die repräsentativen und unmittelbar-demokratischen Elemente in der Verfassungswirklichkeit des modernen deutschen Parteienstaates" (Jur. Fak. Berlin, noch ungedruckt), daß Steiniger — schon vor allen soziologischen Unterscheidungen — „den *personellen* Gegensatz" verdunkle, „der zwischen den regierenden Personen und den regiert werdenden Personen besteht", wenn er nämlich nur abstrakt von einem Gegensatz zwischen „Staat" und „Volk" spreche. (Seite 25 des Rottmannschen Manuskripts.) Dies tut Steiniger in der Tat von Anfang an, indem er Identität definiert als „Ausdruck für die Innehabung eines Staates durch das Volk" (Blocksystem, S. 16).

grundsätzlich außer Gefecht gesetzt[36a]), es blieb aber noch ein Unsicherheitsfaktor übrig: das Wählervolk. Unter dem Regime eines radikalen Verhältniswahlrechts auf der einen, einer gesteuerten Parteien-Zulassung auf der anderen Seite beschränkt sich die mögliche Macht der Wählerschaft zwar ohnehin auf eine bloße Mitwirkung an der Bestimmung der quantitativen (unqualifizierten) Anteile dieser zugelassenen Parteien oder Parteiapparate an der Gesamtheit der Block-Organe; die Staatsgewalt des Volkes reduziert sich also auf die Funktion, die quantitativen Innenverhältnisse zwischen den Teilhabern des Zwangskartells regeln zu helfen. Aber auch diese Chance der Wählerschaft, die Stärkeanteile innerhalb des Blocks verschieben zu können, mußte ausgeschaltet werden, wenn der Block vollkommen manipulierbar werden, und wenn die Herrschaft des disziplinierteste oder „härtesten" Block-Elements, eben des kommunistischen Apparates, vor Störungen und Erschütterungen bewahrt werden sollte. Nach der Verkündung der Verfassung (am 7. Oktober 1949) wurden die Wahlen zur ersten ordentlichen Volkskammer, die nun in kurzer Frist fällig gewesen wären, zunächst um ein Jahr hinausgeschoben, wodurch man zum weiteren und festeren Ausbau des Herrschaftssystems Zeit gewann. Als dann endlich für den 15. Oktober 1950 diese Wahlen ausgeschrieben wurden, gab es keine Wahl mehr — weder eine Wahl zwischen Kandidaten noch zwischen Parteien: es gab eine Einheitsliste, worauf die Anteile und die Plätze durch vorgängige „Absprache" innerhalb des Blocks — unter Druck der SED — bestimmt und verteilt waren. Wie zuvor schon das Parlament, so wurde auf diesem Wege nun auch die Wählerschaft zum Akklamations-Organ herabgedrückt. Auch die Bestimmung der quantitativen Macht-Anteile war der freien öffentlichen Entscheidung entzogen und ausschließlich der mehr oder minder gewaltsamen Verhandlung der Parteifunktionäre innerhalb des Blocks überantwortet. Nach dem Beschluß des „Demokratischen Blocks" vom Juli 1950 erhielten CDU und LDP je fünfzehn Prozent der Listenplätze (und Sitze), während der SED fünfundzwanzig Prozent, die restlichen Anteile den von ihr abhängigen Parteien und sonstigen Organisationen zuerkannt wurden.

Für das Wesen des Parteienblocks ist aber auch der Umstand charakteristisch, daß gar nicht einmal ausschließlich Parteien oder, wie ich oben gesagt habe, Partei-Larven in ihm zusammengefaßt sind, sondern daß auch ganz andersartige Organisationen nach Bedarf hinzutreten und hinzugezählt werden: diejenigen nämlich, welche in der bolschewistischen Terminologie „gesellschaftliche Organisationen" heißen. Schon in der Wahlordnung, die für die Landtagswahlen vom Oktober 1946 erlassen wurde, hieß es, daß zur Abgabe von Wahlvorschlägen „die in der sowjetischen Zone zugelassenen Parteien und antifaschistisch-demokratischen Organisationen" berechtigt seien. Dies bezog

[36a]) So urteilt auch Martin *Drath* in seiner Schrift über „Verfassungsrecht und Verfassungswirklichkeit in der sowjetischen Besatzungszone" (Bonn 1954), besonders S. 34.

sich zum Beispiel auf die konkurrenzlose Gewerkschaftsorganisation FDGB, auf den „Kulturbund zur demokratischen Erneuerung Deutschlands“, auf die bereits aufgeführte „Bauernhilfe“ und auf Jugend- und Frauenorganisationen[37]). Man kann annehmen, daß auch in der inneren Zusammensetzung einiger dieser Organisationen und ihrer Präsidien das Prinzip des Parteienblocks im kleinen wiederkehrte und daß auch dabei jeweils entweder die kommunistische Majorität oder die kommunistische Exekutive (in Geschäftsführungen und Sekretariaten) oder beides gesichert war und ist. Die Zusammenstellung solcher sozialer oder kultureller Verbände mit politischen Parteien in einer Reihe beweist von neuem mit aller Klarheit, daß in diesem Bereich jedenfalls die Parteien trotz ihrem demokratischen Namen und trotz ihrem in einigen Fällen unbezweifelbaren demokratischen Gesinnungsinhalt ihre verfassungsgemäße Funktion nicht ausüben. Einen überraschenden und geradezu klassischen Beleg hierfür lieferte im Juni 1948 die damals von der sowjetrussischen Militäradministration neu zugelassene „Nationaldemokratische Partei“ (die sogenannte „Partei der kleinen Parteigenossen“), indem sie in ihren Grundsätzen folgendes öffentlich erklärte: Sie wolle „keine Konkurrenzpartei der anderen Parteien sein“ und sie wolle „mit allen fortschrittlichen demokratischen Organisationen eng zusammenarbeiten“[38]). Eine Partei, die anderen Parteien willentlich und expressis verbis keinerlei Konkurrenz zu machen gesonnen ist, mag ihr Name heißen, wie er will, hat sich ihres Partei-Charakters offenbar schon im Moment des Entstehens begeben. Sie *will* ihre Funktion nicht einmal ausüben, denn die demokratische Funktion einer politischen Partei besteht, mit simplen Worten ausgedrückt, in nichts anderem als darin, anderen Parteien Konkurrenz zu machen.

In dieser östlichen Zone also hat die Gründung und Zulassung politischer Parteien nicht zur Bildung einer legitimen Demokratie geführt, sondern zum System des dirigierten Parteienblocks, das geradezu an die Stelle des Staatswesens getreten ist.

[37]) Nach Carola Stern — a.a.O., S. 144 — wurden späterhin auch der FDGB, die „Freie Deutsche Jugend“ und der „Demokratische Frauenbund Deutschlands“, dazu die neu gegründeten direkten Satellitenparteien, die Nationaldemokratische Partei und die Demokratische Bauernpartei, anteilig in die Blockausschüsse aller Stufen von der Gemeinde bis zur Zone aufgenommen, „so daß seitdem jede der genannten acht Organisationen in den Blockausschüssen über je vier Stimmen verfügte“. In solchen Zirkeln ist also offenbar die SED jeweils in bis zu sechs verschiedenen Verkleidungen anwesend, während CDU und LDP, obwohl „paritätisch“ beteiligt, dann nur noch ein Viertel der Stimmen darstellen. — Nach H. *Duhnke* („Stalinismus in Deutschland“, S. 181) wurde die Forderung zur Beteiligung der „Massenorganisationen“ an den Blockausschüssen im August 1947 erhoben. Dort auch (S. 242/3) die Angaben über die Verteilung der Plätze auf der Einheitsliste von 1950, die ich oben verwendet habe.

[38]) So meldete DENA aus Berlin — vgl. Rhein-Neckar-Zeitung (Zonen-Ausgabe), 4. Jahrgang, Nr. 71 vom 22. 6. 1948.

DAS PRINZIP DER STARREN KOALITIONEN

Das entstehende Parteiensystem des deutschen Westens — das heißt also der drei von den Westmächten besetzten Zonen — war von demjenigen des Ostens zweifellos sehr verschieden. Es war aber von diesem doch nicht in dem Maße und Sinne verschieden, wie die legitime Demokratie von der Diktatur verschieden ist.

Auch hier standen die Länder und Zonen umfassenden Organisationen mindestens der zwei größten „Parteien", nämlich der SPD und der CDU, im großen und ganzen längst fertig da, ehe Wahlen auch nur in den Landgemeinden und kleinen Städten ausgeschrieben wurden und stattfanden. Das Nähere hierüber ist von der anliegenden Zeittafel in etwa abzulesen; sie zeigt auch, daß die amerikanisch besetzte Zone in der Terminfolge der ersten Wahlen bei weitem am frühesten daran gewesen ist. Wenn man bedenkt, daß der Befehl Marschall Schukows zur Zulassung antifaschistischer Parteien — und dieses Datum ist ja für die Geschichte der Parteien und Parteiensysteme im Nachkriegsdeutschland schlechthin entscheidend geworden — bereits nahezu zwei Monate vor der Unterzeichnung der Potsdamer Drei-Mächte-Erklärung ergangen ist, daß also die Konferenzteilnehmer von Potsdam sich in dieser Hinsicht für den Bereich Berlins und der Sowjetzone einem fait accompli gegenüber befanden, so wird der seltsame und folgenreiche innere Widerspruch der „politischen Grundsätze" von Potsdam verständlicher, den ich oben charakterisiert habe. Dieser Widerspruch enthüllt sich nämlich als ein offenbares Kompromiß zwischen dem eigentlich demokratischen Gedanken, die Organe der Selbstverwaltung und Selbstregierung allmählich von unten herauf durch Wahlen zu bestellen, und der bereits gegebenen Tatsache der Existenz zentral gelenkter politischer Organisationen von überlokaler Reichweite.

Bis zur Gründung der Bundesrepublik besaßen die Parteimannschaften auch des deutschen Westens kein ihnen angemessenes Spielfeld. Erst die Empfehlung der Sechs-Mächte-Konferenz von London, derzufolge eine „Verfassunggebende Versammlung" in Westdeutschland, also mit dem Geltungsbereich der drei westdeutschen Zonen, errichtet werden sollte, gab das Zeichen zu seiner Absteckung. Bis dahin blieb es dabei, daß die Reichweite jeder einzelnen der vier großen Parteiorganisationen, von welchen mindestens zwei (KPD und SPD) von Beginn an in sich selbst durch einen ausgeprägten Zentralismus gekennzeichnet waren, diejenige jedes einzelnen staatsähnlichen Gebildes, sowohl der Länder als auch der zonalen und bizonalen Organe, bei weitem übertraf. Aus dem Umstand, daß die bestehenden großen Parteiorganisationen des Westens staatlich und funktionell so lange gewissermaßen nicht voll beschäftigt waren, erklärt sich auch die in jeder einzelnen von ihnen herrschende Gesinnung, die Partei-Einheit habe gleichsam die Staatseinheit vorwegzunehmen oder die Parteiorganisation sei die Statthalterin der Staatsorganisation. Im Osten geht, wie ich schon angedeutet habe, dieses Verhältnis zwischen Partei und Staat — im Falle der SED — bis zur völligen Identifizierung, bis zur völligen Ersetzung der Staatseinheit durch die Partei-Einheit. (Man kann kaum daran zweifeln, daß der Anspruch, der in dem Namen der „Sozialistischen *Einheits*-Partei" erhoben wird, sich nicht allein auf die Einheit der Arbeiterklasse, sondern, mindestens im Beiklang, auch auf die Einheit der deutschen Nation bezieht.) So sagte aber auch *Erich Ollenhauer*, damals schon ein führendes Mitglied des Sozialdemokratischen Parteivorstandes in Hannover, in seinem politischen Bericht vor dem Parteitag von Nürnberg (am 30. Juni 1947): „Unsere Auffassung ist es, daß wir als SPD nicht nur in der Idee die wirtschaftliche und politische Einheit Deutschlands vertreten wollen, sondern daß wir sozusagen als Vorstufe für den staatsrechtlichen Zustand, den wir anstreben, in unserer eigenen praktischen politischen Arbeit eine solche Einheit herbeizuführen suchen." [39]) Dieser Sprecher dachte zwar gewiß nicht daran, seine Partei an die Stelle des Staates zu setzen; wohl aber stellte er sich vor, die Ausdehnung und die Integration des künftigen Staatswesens durch den Wirkungsbereich und die Organisation seiner Partei vorzuformen.

In diesem Zusammenhang muß man sich klar machen, daß heute eine wirksame gesamtdeutsche Parteiorganisation einzig und allein noch im Falle der Kommunistischen Partei existiert. Die übrigen drei großen Parteiorganisationen sind mehr oder weniger deutlich hörbar durch organisatorische oder personelle Gewaltakte der östlichen kommunistischen Führungsstellen oder der sowjetrussischen Besatzungsbehörde selbst oder durch die Folgen der geschilderten „Block"-Politik je in zwei Hälften auseinandergebrochen worden. Der früheste und grundlegende dieser Akte (die man in der anliegenden Zeittafel näher angegeben findet) war die gewaltsame Verschmelzung der KPD mit der SPD innerhalb des sowjetrussischen Einflußbereiches, welche die offene Tätigkeit einer selbständigen Sozialdemokratie auf die drei westlichen Zonen und auf Berlin beschränkte. Wenn also die großen Parteien mit einigem politischen Recht den Anspruch geltend machen konnten, Vorstufen oder Vorformen oder Statthalter des Staates und der Staatseinheit zu sein, so gehörte die allmähliche Zerspaltung der gesamtdeutschen Parteiorganisationen ganz gewiß zur Vorgeschichte des ost-westlich gespaltenen Staatsaufbaus in Deutschland. Was in der Vorform zerschlagen wurde, würde sich in der definitiven Form nicht eben leicht wiederherstellen lassen.

Immerhin war auch solche Präformation des Staatswesens in Parteien etwas anderes als ein Ersatz des Staatswesens durch die Parteiherrschaft. Auch darin lag in jedem Falle ein wesentlicher Unterschied zwischen dem westlichen und dem östlichen Parteiensystem in Deutschland.

[39]) Protokoll der Verhandlungen des Parteitages der Sozialdemokratischen Partei Deutschlands vom 26. Juni bis 2. Juli 1947 in Nürnberg (Auerdruck G.m.b.H. Hamburg), S. 93.

Wie schon bemerkt wurde, hat die administrative und staatsrechtliche Entwicklung weder im ganzen Deutschland noch im deutschen Westen mit der Entwicklung der Parteiorganisationen Schritt gehalten. Konnten die Parteien aus diesem Grunde keine Regierungsinstrumente sein, so konnten doch die partikularen Regierungen, Verwaltungen und Behörden aller Art zu Parteiinstrumenten werden.

Die allerersten deutschen Provinzialverwaltungen, die im Mai und Juni des Jahres 1945 durch die Initiative der amerikanischen Militärregierung, und zwar durch einfache persönliche Berufung und Ernennung gebildet wurden, ließen allerdings, was in diesem Stadium der Dinge ja nicht verwundert, von parteipolitischem Ämterhunger noch kaum etwas merken. Ich erinnere mich, daß zum Beispiel die Provinzialverwaltung der damals zuerst amerikanisch besetzten linksrheinischen Gebiete der Pfalz, des Saarlandes und der Regierungsbezirke Trier und Koblenz, die ihren Sitz in Neustadt an der Haardt hatte und im Laufe des Mai 1945 gebildet wurde, unter ihren neun Ressortleitern nur drei Personen zählte, die eine parteipolitische Vergangenheit aus der Zeit vor 1933 hatten; die übrigen waren parteilose Einzelpersonen, Angehörige freier intellektueller Berufe oder ehemalige Justiz- und Verwaltungsbeamte.

Es ist aber bezeichnend, daß von ihnen allen nachmals nur noch zweie eine unmittelbar politische Funktion ausgeübt haben, und zwar gehören sie zur Gruppe jener parteipolitisch ausgeprägten Männer. Der Grund liegt nicht etwa, wie man oft sagen hört, darin, daß „die erste Garnitur" sich rasch und definitiv verbrauche; er liegt vielmehr ausschließlich in dem Umstand, daß in den nachfolgenden Monaten die rasch heranwachsenden Parteiorganisationen mit zunehmender Ausschließlichkeit Verwaltungs- und Regierungsämter aus ihren Reihen zu besetzen begannen. Bereits die erste Regierung des neugebildeten Landes Groß-Hessen, die übrigens von dem gleichen team der amerikanischen Militärregierung berufen und eingeführt wurde, das zuvor in Neustadt tätig gewesen war, zählte unter einem parteilosen Ministerpräsidenten drei parteilose und sechs ausdrücklich parteigebundene und sogar eben dieser ihrer Bindung und Vertreterrolle wegen ausgewählte Minister (dies war im Oktober 1945). Auch unter ihnen sind die Parteiunabhängigen nachmals im Gefolge der Wahlen aus dem politischen Leben ausgeschieden, während die übrigen, obwohl gleichfalls zur „ersten Garnitur" gehörig, größtenteils auch späterhin politisch tätig geblieben sind. Bei dieser groß-hessischen Landesregierung von 1945, die ihren Sitz in Wiesbaden hatte, hatte man auch bereits begonnen, nicht allein die Stellen der Minister, sondern mindestens ebenso deutlich die nächstniedrigere Stufe der Staatssekretäre beziehungsweise Ministerialdirektoren nach parteipolitischen Gesichtspunkten zu besetzen. Selbstverständlich kam derselbe Grundsatz bei der Bildung der ersten Länderregierungen anderer westlicher Zonen, so etwa der britischen, die beinahe ein ganzes Jahr später einsetzte, nur noch klarer und vollständiger zum Ausdruck.

Längst vor irgendeiner Wahl also wurden Verwaltungs- und Regierungsämter, ebenso auch, wenigstens in der amerikanisch besetzten Zone, viele Zeitungsredaktionen und in einigen Bereichen derselben Zone späterhin auch Denazifizierungsgerichte („Spruchkammern") nach einem Grundsatz besetzt, den man als Prinzip der „starren Koalitionen" bezeichnen kann. Meist waren nämlich sämtliche drei oder vier Parteiorganisationen, die zu jener Zeit in Bildung begriffen waren oder Zulassungsanträge gestellt hatten, gleichermaßen, wenn auch nicht immer zu genau gleichen Anteilen, an dieser Ämterbesetzung beteiligt. Wenn politische Parteien überhaupt, wie oben ausgeführt, zwei wesentliche Funktionen haben, nämlich Wahlen zu veranstalten und Regierungspersonal zur Verfügung zu stellen, so gilt für den deutschen, und zwar auch für den westdeutschen Fall, daß die hier errichteten Parteien diese ihre zweite Funktion bereits längst und gründlich ausübten, bevor sie Gelegenheit fanden, irgend etwas hinsichtlich ihrer ersten Funktion zu tun.

Dieser Grundsatz der starren Koalition ohne Wahlen und ohne parlamentarische Basis ist im Westen kaum je deutlicher verwirklicht worden als bei der Bildung der sogenannten „Vorparlamente" oder „Beratenden Landesversammlungen" in den damals bestehenden drei Ländern der amerikanisch besetzten Zone (im Januar und Februar 1946). Diese Körperschaften, die freilich nur wenige Monate lang Bestand hatten, waren nach der Art ihrer Zusammensetzung wohl die eigenartigsten Gebilde, die es vielleicht in der gesamten Geschichte des Parlamentswesens gegeben hat. In allen drei Ländern wurde nämlich — mit einigen Nuancen — der Versuch unternommen, das jeweilige Volk gewissermaßen total zu repräsentieren, ohne daß die eigentlich demokratische Bestellungsweise allgemeiner Wahlen schon angewandt worden wäre. Es entstanden sonderbare Mischgebilde aus politischen, ständischen und korporativen „Volksvertretungen", deren Zusammensetzung nach festen Zahlenschlüsseln vorgenommen wurde. Von den 124 Repräsentanten zum Beispiel der „Vorläufigen Volksvertretung" des Landes Württemberg-Baden (mit Sitz in Stuttgart), die nach einem Gesetz vom 20. Dezember 1945 durch den Ministerpräsidenten berufen wurden — „die Berufung kann nicht abgelehnt werden" hieß es im Gesetz —, sollten 48 zu haargenau gleichen Teilen von den damals allein zugelassenen vier Parteiorganisationen gestellt werden, während die übrigen aus den berufsständischen Kammern, den Städten und Landkreisen, schließlich den Kirchen und Hochschulen hervorgingen[40]). Jenes

[40]) Anders wurden die entsprechenden Körperschaften der Länder der französischen Besatzungszone bestellt: hier wandte man ein zweistufiges Wahlverfahren an, insofern, als die aus allgemeinen Wahlen hervorgegangenen Gemeinde- und Kreisparlamente aus ihrer Mitte eine vorbestimmte Anzahl von Mitgliedern zur Beratenden Landesversammlung abordneten. In Baden bestimmte die Gesamtheit der Kreistage 40, die Gesamtheit der Gemeinderäte (von Städten mit mehr als 7000 Einwohnern) 21 Delegierte; in Württemberg-Hohenzollern waren

ideale und abstrakte Zahlenverhältnis zwischen den Mandaten und Fraktionen der vier gewissermaßen zusammengebackenen Partei-Larven konnte natürlicherweise späterhin, nachdem erst Landtage durch Volkswahlen bestellt wurden, nirgends aufrechterhalten werden. Jedoch haben sich gerade in Württemberg-Baden wie auch anderwärts Allparteien-Koalitionen lange Zeit an der Regierung erhalten, und auch die eigentümliche, allen funktionellen Merkmalen des Wettkampfs und Wechsels zuwiderlaufende Ethik der Parteien-Solidarität, welche echte parlamentarische Opposition ausschließt, hat in vielen Bereichen des öffentlichen Lebens, gerade bei der Verteilung von Ämtern und sonstigen Führungsstellen, erheblich weitergewirkt.

Der Grundsatz der Verhältniswahl, der in reiner oder abgemilderter Form in den meisten Ländern des deutschen Westens späterhin bei der Wahl von Landtagen maßgebend war und ist, hat jedenfalls bis zur Gründung der Bundesrepublik dafür gesorgt, die Aussichten der Parteien auf ein gleichzeitiges — anstatt alternierendes — Regiment aufrechtzuerhalten. Starre Koalitionen sind dann nach diesen Wahlen freilich in bewegliche Koalitionen übergegangen. Außer dem Verhältniswahlsystem haben die in den Ländern gemeinsam herrschenden Parteien weitere Sicherungen dieser ihrer gemeinsamen Herrschaft in Verfassungen und Gesetzen einzurichten gesucht, so vor allem die sogenannten 5-, 10- oder 15-Prozent-Klauseln, die kleinen, also vorab entweder neu aufkommenden oder schrumpfenden oder lokal begrenzten Parteien den Eintritt in Parlament und Regierung zu erschweren bestimmt sind.

DER HORROR MAJORITATIS

Die Gesinnung, die in weiten und maßgebenden Kreisen aller wesentlichen parteipolitischen Organisationen des deutschen Westens dazu führte, daß auch nach der Veranstaltung von Wahlen in den Ländern das Koalitions-System, sei es als ethisches Ideal, sei es als Folge geschichtlicher Notwendigkeit weiterhin gewünscht, gepriesen und erstrebt wurde, — diese Gesinnung hat sich vielleicht kaum je genauer und charakteristischer ausgedrückt als in den Worten einer Erklärung, die die „Bremische Demokratische Volkspartei" (eine lokale Ausprägung der liberalen Parteirichtung) nach den dortigen Parlamentswahlen vom 12. Oktober 1947 abgegeben hat. Diese Wahl, ebenfalls nach dem Verhältnisprinzip veranstaltet, hatte insgesamt sechs Parteien Sitze und keiner von ihnen eine Mehrheit in der Bremischen Bürgerschaft verschafft. Jene

es 38 Kreis- und 27 Gemeindevertreter, in Rheinland-Pfalz 88 Kreis- und 39 Gemeindevertreter. Die politischen Parteien bildeten also hier nicht selber und als solche die Wahl- oder Auswahlkörper (wie bei den Berufungsverfahren in den Ländern der amerikanischen Zone), sondern sie kamen ihrer Funktion gemäß zum Zuge, nachdem und soweit sie sich bei Gemeinde- und Kreiswahlen durch die Aufstellung von Kandidaten beteiligt hatten.

Erklärung beurteilte dieses Ergebnis, das wohl überall in der angelsächsischen Welt beklagenswert erschienen wäre, auf die folgende Weise:

„Die BDV betont, daß das Hauptziel des Wahlkampfes damit erreicht ist, daß keine Partei die Mehrheit besitzt, und daß eine Zusammenarbeit notwendig ist."

Das Ziel des gleichzeitigen Regiments und der Beteiligung aller oder möglichst vieler Parteien und Fraktionen an der Ämterbesetzung kann nicht deutlicher ausgesprochen werden, als es hier geschehen ist. Es sei noch angemerkt, daß auch die Bremische Verfassung nur solchen Parteien Parlamentssitze zuerkennt, die mehr als 5 Prozent der abgegebenen Stimmen auf sich vereinigen können. In einigen Fällen — zu ihnen gehört derjenige Württemberg-Badens, den ich schon angeführt habe — überschritt der Umfang der Koalition beträchtlich die rein rechnerische Notwendigkeit der parlamentarischen Mehrheitsbildung. In einigen wenigen, diesen entgegengesetzten Fällen sind freilich Länderregierungen von nur einer einzigen Partei gebildet worden. Das zeitweilige Einparteienregiment andererseits, das von 1947 bis 1950 in Bayern bestand, war — im Gegensatz zu dem Falle Schleswig-Holsteins — erst dadurch herbeigeführt worden, daß die anfänglich nach den Landtagswahlen regierende Koalition der Christlich-Sozialen Union und der SPD im September 1947 von der letzteren aufgekündigt worden war; die CSU konnte nach den rein parlamentarischen Zahlenverhältnissen auch allein regieren. Die allein verbleibende Partei, eben die CSU, empfand ein deutliches Unbehagen über den Bruch dieser Koalition, und der Ministerpräsident *Ehard* sagte öffentlich, er wolle sich nicht gerne die Annahme zu eigen machen, „daß die SPD mit ihrem Schritt die Verantwortung für die schweren Monate, die bevorständen, von sich abwälzen wolle"[41]). Der abtrünnige Koalitionspartner schied ebensowenig mit leichtem Herzen und versicherte, er werde „eine konstruktive Opposition" betreiben — und eine konstruktive Opposition in diesem Sinne ist zweifellos keine ganz entschlossene Opposition, sondern nur gleichsam eine blassere Art der Beteiligung. In der Tat strebte die SPD in Bayern seitdem nach Neuwahlen, um dadurch expressis verbis „die Voraussetzung für eine wirkliche Koalition zu schaffen, bei der die Koalitionspartner aufeinander angewiesen sind, da keiner über eine Mehrheit verfügt"[42]).

Aus diesen bayerischen Vorgängen[43]) und Äußerungen kann man unschwer die einander widerstreitenden, aber gleichwohl zusammenwirkenden Motive

[41]) Neue Zeitung, München, Nr. 77 vom 22. 9. 1947.

[42]) Vgl. den Leitartikel „Ende der Koalition" in der Münchener „Süddeutschen Zeitung", Nr. 79 vom 16. 9. 1947.

[43]) Ähnlich wie in Bayern lagen die Dinge strukturell auch im Falle der Zweizonenverwaltung in Frankfurt; hier war zwar zur parlamentarischen Bildung des Direktoriums quantitativ nicht mehr als eine „kleine" Koalition (zwischen CDU und FDP) nötig, aber die große Koalition mit der SPD unterblieb doch wohl nur deswegen, weil die letztere Partei auf die Besetzung des Wirtschaftsdirektoriums keinesfalls verzichten wollte. Sie hatte übrigens ihrer-

des Koalitionsdranges und der Koalitionsmoral ablesen. Hinsichtlich des Risikos, das jegliche regierende (oder eine Regierung patronisierende) Partei bei der damaligen elenden Lage vor dem Volke übernahm, mochte eigentlich und im Grunde ihres Herzens keine Partei überhaupt allein regieren. Das eingeborene Interesse an der Macht — wie beschränkt sie auch durch das Besatzungs-Regime war — und die Furcht vor dem Wagnis alleiniger Verantwortung hielten einander die Waage. Da aber jedenfalls regiert werden mußte, wollte wohl jede von ihnen, daß auch die anderen beteiligt seien. Unter solchen Umständen wird der Schritt in die reine Opposition leicht als Flucht und also als moralisches Manko, die alleinige Übernahme der Verantwortung andererseits leicht als ein kostspieliger Heroismus erscheinen. Die Koalition hingegen verlangt, so scheint es, nicht allzuviel Größe und bringt nicht allzuviel Schaden. Freilich konnte, seitdem die Parlamente durch allgemeine Wahlen bestellt, und seitdem auch neu sich bildende Parteien unvermeidlicherweise zugelassen werden mußten, das Koalitionssystem nur als bewegliches System fortexistieren[44].

Die regionalen oder auch zentralen Verhandlungen und Verträge der Parteileitungen über die Ämterbesetzung, welche in praktischer Hinsicht den Kern des Koalitionssystems ausmachen, beziehen sich aber nicht allein auf Regierungen und Verwaltungen in Ländern und Provinzen und Gemeinden. Aus verschiedenen Gründen, die hier nicht näher untersucht werden können, hat sich der Einflußbereich der politischen Parteien und also auch gleichsam der Gegenstand möglicher Koalitionsverträge offenbar erheblich erweitert, wenn man die Epoche der Weimarer Republik zum Vergleich heranzieht. Es ist wahrscheinlich, daß der Umfang der nationalsozialistischen Infiltration und „Gleichschaltung“ zu diesem Effekt wesentlich beigetragen hat. Insbesondere hat die „Nazifizierung“ und die ihr folgende „Denazifizierung“ in den traditionellen Bestand der Berufsbeamtenschaft so beträchtliche Lücken gerissen, daß hier die „demokratischen“ politischen Parteien fast mit natürlicher Notwendigkeit einströmten. Ein prominentes Beispiel bildete die Besetzung des bizonalen Obergerichts, das zu Anfang des Jahres 1948 im Zusammenhang mit der Reform des Frankfurter Wirtschaftsrates in Köln errichtet wurde: Sein Präsident gehörte der SPD, sein Vizepräsident der CDU an, von den Generalanwälten zählte wiederum einer zur CDU, der andere war parteilos, und die

seits die Mehrheit in dem (scheinbar föderativ gebildeten) Exekutivausschuß, dem nachmaligen bizonalen „Länderrat“.

[44]) Vgl. hierzu die Studie über „Bildung und Formen der Koalitionsregierung“ weiter unten in diesem Bande.

Das Koalitions- oder Parteienvertrags-Regime kennzeichnet Michael *Freund* in ähnlicher Weise: „Eine neue Gewaltenteilung zeichnet sich darin ab: die Aufteilung der Macht unter den Parteien, das Nebeneinander an Stelle des Nacheinanders und Wechsels der Parteien.“ (M. Freund, Das Gesicht der Parteien — Deutsche Universitätszeitung, 7. Jahrgang, Heft 12, wieder abgedruckt in O. K. Flechtheim, Die deutschen Parteien seit 1945, S. 11.)

acht Räte schließlich verteilten sich im Verhältnis 3:2:3 unter die CDU, die SPD und die ausgleichenden Parteilosen[45]).

Es ist fast leichter, diejenigen Bezirke des öffentlichen Lebens aufzuzählen, die gewissermaßen parteiunabhängige Inseln darstellen, als den ganzen Kreis der unter dem Koalitionssystem parteipolitisch patronisierten Posten abzuschreiten. Sicherlich gehört ein Teil der in der US-Zone lizenzierten Tageszeitungen hierher — die britische Zone kannte ihrerseits lange Zeit fast nur Parteizeitungen im alten Sinne des Wortes, wenn auch die Zeitungsbetriebe nicht oder nur selten direktes Eigentum der Parteien waren —, insoweit nämlich, als sie entweder von Anfang an nicht nach dem Koalitionsprinzip gegründet oder aber sich allmählich zugunsten größerer politischer „Unabhängigkeit" davon emanzipiert haben; dies ist auch der Grund, weswegen die insgesamt so genannte „Lizenzpresse der US-Zone" jahrelang immer wieder den Gegenstand heftiger Angriffe von seiten der koalierten Parteien und der Landtage bildete. Wie sehr auch die Hochschulen mit ihrem traditionellen, mehr oder minder ausgeprägten Selbstverwaltungs-Charakter ähnlichen Angriffen und vor allem einem chronischen Argwohn ausgesetzt waren, sie verschlössen sich unter dem bloßen Vorwand der Selbstverwaltung in Wahrheit der „Demokratisierung" — und das hieß eben zugleich auch: dem personalpolitischen Einfluß der Parteien —, das hat im Frühjahr 1948 der Konflikt der Universität Frankfurt mit der hessischen Staatsregierung drastisch bewiesen. Das Land Hessen wurde von einer CDU-SPD-Koalition beherrscht (es war das damals der vorherrschende Koalitionstyp in den westlichen Ländern), und der erwähnte Konflikt wurde dadurch hervorgerufen, daß der zuständige Minister ohne die Zustimmung der Fakultät einen maßgebenden, der SPD angehörenden Regierungsbeamten zum Honorarprofessor für Staatsrecht ernennen wollte: die Professorenschaft hat sich eine Weile lang dieser Investitur widersetzt.

Die interessanteste „Insel" dieser Art, also den interessantesten Bereich relativ parteiunabhängiger Ämterbesetzung bildeten aber zweifellos die kleinen Gemeinden, vor allem die Landgemeinden, wo die Wähler mehr unmittelbaren Einfluß auf die Auslese der Kandidaten ausübten, als dies im

[45]) Die Angaben über die Besetzung des „Deutschen Obergerichts für das vereinigte Wirtschaftsgebiet" verdanke ich dem damaligen Generalsekretär der „Arbeitsgemeinschaft der Christlich-Demokratischen und Christlich-Sozialen Union Deutschlands", Dr. *Dörpinghaus*, in Frankfurt a. M.

Auch nach der Errichtung der Bundesrepublik kehrten analoge Bestrebungen wieder, insbesondere bei der Besetzung der hohen Richterstellen des Bundesverfassungsgerichtes. Das Grundgesetz sieht bei der Wahl dieser Richter die Mitwirkung des Bund stages vor, das Bundesverfassungsgerichts-Gesetz begründete hierfür ein ausdrückliches Vorschlagsrecht der Fraktionen. Wilhelm *Grewe* bemerkt dazu: „Parteieinfluß an solcher Stelle ist illegitim. Leider hat das Grundgesetz besonders bei der Richterwahl keine klaren Grenzen gezogen." (*Grewe*, Die Parteien im deutschen Verfassungsrecht — Das Parlament, 3. Jahrg., Nr. 35, auszugsweise wieder abgedruckt in O.K. Flechtheim, Die deutschen Parteien seit 1945, Quellen und Auszüge, Berlin-Köln 1955, S. 18.)

größeren Verwaltungsbereich und zumal bei vorherrschendem System proportionaler Vertretung möglich ist. Dies galt innerhalb der US-Zone zum Beispiel für das Land Württemberg-Baden. Die dortigen Gemeinderatswahlen vom 7. Dezember 1947 hatten das erstaunliche Ergebnis, daß 66,5% aller Sitze in sämtlichen Gemeinderäten des Landes von Männern eingenommen wurden, die durch freie örtliche Vorschläge gewählt waren, während nur die restlichen 33,5% der Sitze an Partei-Kandidaten fielen. Bereits bei der nächsthöheren parlamentarischen Stufe der „Kreistage" waren allerdings die parteiunabhängigen Kandidaten mit nur 15% der Sitze gegenüber den Partei-Kandidaten im Hintertreffen. Im Lande Hessen — um noch ein weiteres Beispiel anzuführen — war das entsprechende Verhältnis bei den Gemeindewahlen des Jahres 1948 nicht ganz so auffallend wie in Württemberg-Baden. Es wurden damals in den kreisfreien Städten 8,9%, in den kreisangehörigen Gemeinden 30,3% der Stimmen für „Sonstige", das heißt für Kandidaturen abseits der fünf damals allgemein verbreiteten Parteien, abgegeben. Diese „sonstigen Wahlvorschläge" der Statistik sind aber der Masse nach mit nicht-parteilichen örtlichen Kandidaturen fast identisch; jedenfalls rechneten sich nur sehr wenige Gemeinde- und Stadträte, die aus diesen Wahlen hervorgingen, zu irgendwelchen Splitterparteien, — nur etwa 1% aller von solchen „Sonstigen" okkupierten Sitze läßt sich in diesem Sinne identifizieren. Übrigens ist auch der starke Unterschied zwischen den großen Städten und den Landgemeinden höchst bemerkenswert. Noch interessanter aber mutet für den gegenwärtigen Zusammenhang der Umstand an — und aus diesem Grunde zitiere ich hier das hessische Exempel —, daß vier Jahre später, bei den Kommunalwahlen 1952, der Anteil der für Parteilisten abgegebenen Stimmen nur in den kreisfreien Städten um einiges zugenommen, in den Landgemeinden aber beträchtlich abgenommen hatte (er ging von 69,7% auf 51% der gültigen Stimmen zurück), während der auf „sonstige Wahlvorschläge" entfallende Teil der Stimmen sich entsprechend erhöht hatte. Knapp die Hälfte der Stimmen und weit mehr als zwei Drittel der Rats-Sitze (69,6%) kamen in den hessischen Landgemeinden 1952 diesen zum größten Teil nicht-parteilichen, persönlichen Kandidaturen zugute. Mag man diesmal vielleicht auch gute 2% für Splitterparteien in Abzug bringen müssen, so bleibt gleichwohl das erstaunliche Resultat übrig, daß tatsächlich etwa zwei Drittel der Sitze aller kommunalen Repräsentativkörperschaften des Landes Hessen von nicht-parteilichen Kandidaten besetzt worden sind[46]). Dem Prozeß der parteipolitischen Durchdringung der Wählerschaften und Vertretungs-Organe bis herab zum Kreistag und zur Stadtverordnetenversammlung wirkt hier sichtbarlich eine gegenläufige Tendenz von der Seite der Land-

[46]) Diese Angaben gründen sich auf die Veröffentlichungen des Hessischen Statistischen Landesamtes: Die Kommunalwahlen in Hessen, Beiträge zur Statistik Hessens Nr. 25, September 1952. — Eine weitergreifende Untersuchung dieser Verhältnisse wäre lohnend, sie müßte auch den Typen der partei-unabhängigen Kandidaturen und den Motiven ihrer Wähler nachgehen.

gemeinden entgegen. Es ist, als wachse der Einfluß der politischen Parteien erst mit der zunehmenden Entfernung des Wahlzweckes vom nächsten lokalen Interessenkreis der Bürger.

Diese Einblicke mögen illustrieren, wie die zumeist in größerer oder kleinerer Koalition miteinander verbundenen oder ineinander verhakten Parteiorganisationen insgesamt zur Beherrschung des öffentlichen Lebens drängten. Die Macht jeder einzelnen von ihnen aber war und blieb bestritten und aufgewogen von derjenigen ihrer kooperierenden Konkurrenten. Darum ist die Wirkungskraft und der Herrschaftsdruck des gesamten Koalitionssystems innerhalb eines Landes oder Verwaltungsbereichs im Hinblick auf die Masse der Bevölkerung gewiß nicht so groß wie die Macht einer einzigen Parteiführung, die durch keinen angemessenen Staatsverband gebunden wird, vielmehr ihrerseits Regierungen und Verwaltungen weithin als ihre Instrumente gebraucht oder als ihre Einflußsphäre behandelt. Man hat gesagt, die politischen Parteien seien in diesem Nachkriegsdeutschland immerhin die einzigen verläßlichen „Strukturen" gewesen, und man hat mit diesem Argument die damals sehr populäre Kritik an den Parteien insgesamt zu beschwichtigen versucht. Strukturen oder Bauelemente, etwa Träger oder Pfeiler, waren die Parteien gewiß, auch vor der Staatsgründung. Solange indessen der Staatsverband fehlte, worin allein sie ihre legitime Funktion auszuüben vermochten, solange glichen sie eher Pfählen, die man in den Sumpf gesteckt hat. Daher versteht sich auch ihre Tendenz, sich wenigstens wechselseitig miteinander zu verbinden, also ein Koalitionssystem zu bilden. Indessen kann auch hier der Parteienverband den Staatsverband nicht ersetzen. Ob aus solchen Pfählen schließlich ein Traggerüst werden würde, das seine Funktion ausfüllte, das hing allein davon ab, ob sie ein Fundament, nämlich eine starke und lebendige Verfassung fänden oder schüfen, die allein ihnen erlauben würde, ihre notwendige Funktion in der gesamten nationalen Architektur auszuüben. Inzwischen zeigte das gesamte Parteiensystem wie auch jede einzelne der miteinander fest oder locker verbundenen politischen Organisationen unverkennbar die Tendenz, möglichst das gesamte Volk oder doch wenigstens alle irgend aktiven und einflußreichen Personen und Gruppen in sich aufzusaugen, sie zu Mitgliedern und Anhängern zu machen. Dieser Mitgliedersog der großen Parteien war in den Jahren von 1945 bis 1948 nicht unerheblich, obgleich der Prozentsatz der westdeutschen Bevölkerung, der in allen zugelassenen Parteien organisiert war, denjenigen bei weitem nicht erreichte (und heute noch weniger erreicht), den die eine vampyrische Nationalsozialistische Partei während der Zeit ihrer Herrschaft erreicht hat[47]). In den Augen mancher politischer Organisationen

[47]) Die Sozialdemokratische Partei Deutschlands zählte in ihren 24 Bezirken (23 davon bilden das Gebiet der drei westlichen Zonen, der 24. ist derjenige Berlins) am 31. 12. 1946 rund 712 000 Mitglieder, am 31. 2. 1947 aber 782 000 und ein gutes Jahr später wahrscheinlich etwa 900 000 Mitglieder. Aus der russisch besetzten Zone liegt die letzte Zählung

und Organisatoren erscheinen Mitglieder wertvoller als Wähler: Diese sind unzuverlässig, jene treu. Solchen Funktionären schwebt das Ziel vor Augen, eines Tages alle Wähler in Mitglieder zu verwandeln. Als aber die Parteiführungen begannen, sich gleichsam umzuwenden, als sie gezwungen waren, auf die nicht-organisierten Wähler zu hören — und dieser heilsame Zwang entstand aus der Verfassung! —, erst dann erwuchs die Chance, daß aus dem Komplex zugleich miteinander konkurrierender und kooperierender „demokratischer" Parteien eine legitime und funktionstüchtige Demokratie werden würde.

vom 1. 4. 1946 vor: sie ergab rund 550 000 Mitglieder. Der Mitgliederbestand dieser Partei allein in Westdeutschland übertraf denjenigen, den sie etwa im Jahre 1927 im gesamten Deutschen Reich zu verzeichnen hatte. (Diese Angaben entstammen dem bereits angeführten Protokoll des Parteitages der SPD von 1947.)

Die Mitgliederzahl der Christlich-Demokratischen und Christlich-Sozialen Union für die entsprechende Zeit kann ich, auf Grund der freundlichen Mitteilungen des damaligen Generalsekretärs, Dr. Dörpinghaus, nur für den Bereich der amerikanischen und britischen Besatzungszonen und Berlins angeben: Sie betrug in diesen Bezirken insgesamt, nach dem Stande vom Mai 1948, 716 390 Personen, hat also der Organisationsmasse der SPD rein quantitativ, wenn man die fehlenden Zahlen der französischen Zone schätzungsweise hinzusetzt, damals wohl nahezu die Waage gehalten.

Der Mitgliederstand der vereinigten Landesverbände der Liberalen und Freien Demokratischen Parteien, die im Unterschied zu den vorgenannten als Gesamtorganisation 1948 noch keine Lizenz erhalten hatten, obgleich sie immerhin einen Gesamtvorstand besaßen, betrug in den Westzonen zur selben Zeit etwa 60 000 bis 70 000 Personen. Der damalige Generalsekretär des Gesamtvorstandes, Ernst *Mayer* in Stuttgart, der mir diese Angabe am 12. Juni 1948 freundlicherweise gemacht hat, erläuterte die relativ geringe Zahl folgendermaßen: Die Wählerschichten, die dieser Partei zugeneigt seien, seien aus ihrer Grundeinstellung, eben der liberalen, „zu einer festen Bindung nur schwer zu bewegen". Dafür war andererseits das Zahlenverhältnis zwischen den organisierten *Mitgliedern* und den mit dieser Partei sympathisierenden *Wählern*, mindestens in manchen Regionen wie in Württemberg-Baden oder in Bremen, auch in Hessen, günstiger als bei anderen Parteien.

Man kann auf Grund dieser Zahlen schätzen, daß in den drei westlichen Zonen und Berlin 1948 insgesamt kaum mehr als 4% der Bevölkerung als Mitglieder in politischen Parteien organisiert waren, während die NSDAP auf der Höhe ihrer Gewaltherrschaft für sich allein etwa 10—15% der Bevölkerung des Deutschen Reiches umfaßt hatte. Ebenso scheint es die SED — laut ihrer eigenen offiziellen Angabe (im Bericht des Vorstandes an den zweiten Parteitag) — schon bis zum Juni 1947 auf 1,8 Millionen Mitglieder gebracht zu haben, was etwa zehn Prozent der Bevölkerung der Sowjetzone entsprach.

Seither sind im Westen die Mitgliederzahlen fast aller Parteien zurückgegangen, und zwar schon seit der Währungsreform vom Juni 1948. Im Jahre 1952 zählte die SPD noch 650 000, die CDU (ohne CSU) etwa 300 000 Mitglieder.

Zeittafel

Entwicklung der Parteien	Entwicklung der Länder und Zonen	Wahlen
1945	*1945*	
	31. 5. Einsetzung einer provisorischen Landesregierung unter Dr. Fritz Schäffer in Bayern durch die US-Militärregierung	
	3. 6. Einsetzung von Dr. Brill als Minister in Thüringen durch die US-Militärregierung	
	5. 6. Vier-Mächte-Deklaration über die Einteilung der vier Zonen	
7. 6. Versammlung des ersten Funktionärs-Kaders der KPD unter Leitung von Ulbricht in Berlin zur Vorbereitung der Neugründung		
9. 6. Marschall Schukows Befehl Nr. 1: Konstituierung der SMA (Sowjet-Militär-Administration)		
10. 6. Zulassung antifaschistischer Parteien in Berlin und der Sowjetzone durch Marschall Schukows Befehl Nr. 2		
11. 6. Gründungsaufruf und Aktionsprogramm der KPD: empfiehlt Block der antifaschistisch-demokratischen Parteien		
17. 6. Gründungsversammlung der SPD in Berlin. Gründungsaufruf der SPD in der Sowjetzone veröffentlicht		
26. 6. Gründung von CDU und LDP in der Sowjetzone		
14. 7. Konstituierung des „Blocks der antifaschistisch-demokratischen Parteien“		
	17. 7. Beginn der Potsdamer Konferenz	

Entwicklung der Parteien	Entwicklung der Länder und Zonen	Wahlen
1945	*1945*	
	21. 7. Einsetzung einer badischen Landesverwaltung (mit beratenden Funktionen) in Freiburg durch die französische Militärregierung	
	2. 8. Unterzeichnung des Potsdamer Kommuniqués	
6. 8. Erklärung Montgomerys, wonach demokratische Parteien und Gewerkschaften in der Bildung zu fördern sind		
6. 8. Proklamation Eisenhowers, wonach örtliche gewerkschaftliche und politische Betätigung zugelassen werden soll		
13. 8. Die US-Militärregierung gestattet die Bildung lokaler Partei-Organisationen		
14. 8. Beginn der Zulassung lokaler Parteien in der britischen Zone		
27. 8. Amerikanische Anweisung, Parteien auf Kreisebene zu genehmigen		
1. 9. Richtlinien für Bildung von Parteien in der US-Zone		
2./3. 9. Gründung der „Christlich-Demokratischen Partei Westfalens und des Rheinlandes" (später CDU)		
	10. 9. Dr. Schäffer durch Dr. Högner ersetzt	
15. 9. Richtlinien für die Zulassung politischer Parteien (im Kreis-Maßstab) in der britischen Zone (Verordnungen Nr. 8—12)		
	19. 9. Proklamation Nr. 2 der amerikanischen MR: Bildung von drei Ländern (Groß-Hessen, Württemberg-Baden und Bayern)	
	24. 9. Einführung des württemberg-badischen Kabinetts Dr. R. Maier	

Entwicklung der Parteien	Entwicklung der Länder und Zonen	Wahlen
1945	*1945*	
5. 10. Inter-Zonen-Konferenz der SPD in Wenningen bei Hannover mit Dr. Schumacher und Otto Grotewohl		
14. 10. Gründung des Zentrums in Soest		
	16. 10. Einsetzung eines Staatssekretariats in Tübingen durch die französische Militärregierung	
	28. 10. Einführung des Kabinetts Geiler in Groß-Hessen	
14. 11. Amerikanische Nachrichten-Kontroll-Anweisung Nr. 2: Verfahren bei der Erlaubnis von Handzetteln und Plakaten der Parteien		
13. 12. Die französische Militärregierung genehmigt Vereins- und Werberecht politischer Parteien		
14./16. 12. Offiziöses „Reichstreffen" von christlich-demokratischen Delegierten aller Zonen in Bad Godesberg: Bildung eines Koordinierungs-Ausschusses in Frankfurt: Empfehlung des einheitlichen Namens „Christlich-Demokratische Union"		
	20. 12. Gesetz über „Vorläufige Volksvertretung" in Württemberg-Baden	
20./21. 12. Entschließung der Berliner Zentralausschüsse von SPD und KPD zur „Aktionseinheit" — Verschmelzungsprogramm Pieck-Grotewohl. Einsetzung einer paritätischen Studien-Kommission		
23. 12. Erste Zulassung einer *Landes*-Partei in Hessen: KPD		

Entwicklung der Parteien	Entwicklung der Länder und Zonen	Wahlen
1946	*1946*	*1946*
3.—13. 1. Proteste und Entschließungen von SPD-Delegierten in verschiedenen Städten der westlichen Zonen gegen das Verschmelzungsprogramm		
6. 1. Gründung der DVP-Landespartei in Württemberg-Baden		
11. 1. Zulassung der SPD und CSU im Landesmaßstab in Bayern		
12. 1. Erster Landesparteitag der SPD in Württemberg-Baden		
15. 1. Zulassung der KPD im Landesmaßstab in Württemberg-Baden		
	Mitte Januar Errichtung eines deutschen *Zonen*beirates in Hamburg (unter Beteiligung führender Exponenten der drei größten Parteien)	
	Mitte Januar Einsetzung eines vorläufigen Landtags und einer vorläufigen Landesregierung in Oldenburg	
	16. 1. Zusammentritt des ernannten Vorparlaments in Stuttgart	
		26./27. 1. Landgemeindewahlen in Hessen, Bayern und Württemberg-Baden
	27. 1. Erste gemeinsame Beratung der Ministerpräsidenten der amerikanischen und der britischen Zone in Bremen	
5. 2. Bildung eines Zonenverbandes der CDU der britischen Zone (in Krefeld)		
20./21. 2. Ergebnislose Besprechung zwischen Grotewohl und Dr. Schumacher in Berlin		

Entwicklung der Parteien	Entwicklung der Länder und Zonen	Wahlen
1946	*1946*	*1946*
	24. 2. Zulassung politischer Parteien im Zonenmaßstab in der US-Zone	
	26. 2. Zusammentritt des ernannten Vorparlaments in München und, etwa gleichzeitig, in Wiesbaden	
	27. 2. Zusammentritt der von der MR ernannten Bürgerschaft in Hamburg	
		26. 3. Wahlen in Gemeinden mit mehr als 2000 Einwohnern in der amerikanischen Zone
31. 3. Urabstimmung der SPD in West-Berlin erbringt Entscheidung gegen die Fusion mit der KPD		
7. 4. Gründung einer selbständigen Westberliner SPD		
19. 4. Richtlinien der US-Militärregierung für die Funktionärs- und Kandidatenbestellung der Parteien		
19./22. 4. Erster Parteitag der SED in Berlin: Gründung der SED in der Sowjetzone: Leitung Pieck und Grotewohl		
		28. 4. Kreistagswahlen in der US-Zone
8./11. 5. Erster Parteitag der SPD für die westlichen Zonen in Hannover: Wahl Dr. Schumachers zum Vorsitzenden		
	15. 5. Verkündung einer vorläufigen Verfassung der Hansestadt Hamburg	
		26. 5. Stadtratswahlen in kreisfreien Städten der US-Zone
		30. 6. Wahlen zu den Verfassunggebenden Landesversammlungen in den Ländern der US-Zone
		30. 6. Volksentscheid über Enteignung der „Kriegsverbrecher-Betriebe“ in Sachsen

Entwicklung der Parteien	Entwicklung der Länder und Zonen	Wahlen
1946	*1946*	*1946*
	18. 7. Bildung des Landes Nordrhein-Westfalen durch die britische MR	
	23. 8. Auflösung der ehemaligen preußischen Provinzen in der britischen Zone und Errichtung entsprechender Länder. Sc auch: Errichtung der Länder Hannover und Braunschweig, Ernennung von Landtagen und Regierungen	
	30. 8. Errichtung des ersten Landes der französischen Zone: Rheinland-Pfalz. Endgültige Grenzen und Hauptstadt (Mainz) am 15. 10. 1946 bekanntgegeben.	
September Zonen-Zusammenschluß der liberalen Parteien in der US-Zone: Wahl von Th. Heuss zum Ersten Vorsitzenden		1. 9. Gemeindewahlen im Lande Sachsen (erste Wahlen in der Sowjetzone)
		8. 9. Gemeindewahlen in Thüringen und Provinz Sachsen
	12. 9. Errichtung des Wirtschaftsamtes in Minden als erster bizonaler Institution	
		15. 9. Gemeindewahlen in der französischen Zone
		15. 9. Gemeindewahlen in Brandenburg
		15. 9. Erste Gemeinderatswahlen in den Ländern der britischen Zone
	2. 10. Zusammentritt des ersten von der MR berufenen Landtags von Nordrhein-Westfalen	
	4. 10. Interzonenkonferenz der Ministerpräsidenten der britischen und amerikanischen Zone in Bremen regt Bildung eines Länderrates an	

Entwicklung der Parteien	Entwicklung der Länder und Zonen	Wahlen
1946	*1946*	*1946*
		12. 10. Annahme der bremischen Verfassung durch Volksabstimmung
		13. 10. Bürgerschaftswahlen in Bremen und Hamburg
		13. 10. Wahlen der Stadträte der kreisfreien Städte und Kreistagswahlen in der britischen Zone
		13. 10. Kreistagswahlen in der französischen Zone
		20. 10. Landtags- und Kreistagswahlen in allen fünf Ländern der Sowjetzone
		20. 10. Stadtverordneten- und Bezirksratswahlen in Berlin
	1. 11. Bildung des Landes Niedersachsen (Hannover, Oldenburg und Braunschweig)	
	17. 11. Bestellung von Beratenden Landesversammlungen (durch Kreis- und Gemeindevertretungen) in Rheinland-Pfalz, Baden und Württemberg-Hohenzollern auf Verordnung der französischen Militärregierung	
	23. 11. Auflösung der Ministerien von Hannover, Oldenburg, Braunschweig und Schaumburg-Lippe und Einsetzung einer niedersächsischen Staatsregierung	
		24. 11. Landtagswahl und Volksabstimmung über die Verfassung in Württemberg-Baden
		1. 12. Landtagswahlen und Volksabstimmung über die Verfassung in Bayern und in Hessen

Entwicklung der Parteien	Entwicklung der Länder und Zonen	Wahlen
1946	*1946*	*1946*
	2. 12. Abkommen USA—GB über die wirtschaftliche Zonenvereinigung von Byrnes und Bevin in New York unterzeichnet	
5./6. 12. Gründung der Arbeitsgemeinschaft CDU/CSU für alle vier Zonen in Königstein/Taunus; Dr. *Adenauer* Vorsitzender des Ausschusses		
	9. 12. Zusammentritt des von der MR ernannten Landtags in Niedersachsen	
	12. 12. Erlaß einer Verfassung für Thüringen	
1947	*1947*	*1947*
	10. 1. Erlaß einer Verfassung für Sachsen-Anhalt	
	16. 1. Erlaß einer Verfassung für Mecklenburg-Pommern	
	20. 1. Eingliederung von Lippe in Nordrhein-Westfalen	
	22. 1. Bremen viertes Land der US-Zone	
	31. 1. Verabschiedung einer Verfassung für Brandenburg	
	11. 2. Verabschiedung eines vorläufigen Staatsgrundgesetzes durch den ernannten Landtag von Niedersachsen	
	25. 2. Kontrollratsgesetz über die Auflösung des Landes Preußen	
	28. 2. Verabschiedung einer Verfassung für das Land Sachsen	
		20. 4. Landtagswahlen in den Ländern der britischen Zone

Entwicklung der Parteien	Entwicklung der Länder und Zonen	Wahlen
1947	*1947*	*1947*
		18. 5. Landtagswahlen und Volksabstimmung über die Verfassungen in den Ländern der französischen Zone
	29. 5. Abkommen über Errichtung eines bizonalen Wirtschaftsrates	
5. 6. Aus der Niedersächsischen Landespartei wird die Deutsche Partei: Parteitag in Celle		
5. 6. SED in britischer Zone *nicht* zugelassen		
	6./7. 6. Ministerpräsidentenkonferenz in München	
	10. 6. Anordnung über Errichtung des Wirtschaftsrates	
	15. 6. Errichtung der Wirtschaftskommission der Ostzone	
	25. 6. Konstituierende Sitzung des Wirtschaftsrates in Frankfurt	
29. 6.—1. 7. SPD-Parteitag in Nürnberg		
	24. 7. Wahl der Direktoren des bizonalen Verwaltungsrates	
20.—24. 9. Zweiter Parteitag der SED in Berlin: Forderung einer vorläufigen gesamtdeutschen Regierung		
	6. 12. Einberufung des ersten „Volkskongresses" durch die SED in der Sowjet-Zone	
20. 12. Die SMA enthebt Jakob Kaiser und Ernst Lemmer ihrer Ämter als Vorsitzende der CDU der Sowjet-Zone		

Entwicklung der Parteien	Entwicklung der Länder und Zonen	Wahlen
1948	*1948*	*1948*
18. 1. Der Koordinierungsausschuß der liberalen Parteien bricht mit der LDP der Sowjet-Zone (Frankfurt/M.)		
	9. 2. Neues Statut des Wirtschaftsrates	
10. 2. Parteivorstand der LDP der Sowjet-Zone schließt Berliner Landesverband aus		
11. 2. Berliner Landesverband der CDU trennt sich von der Partei der Zone wegen deren Absicht, am Volkskongreß teilzunehmen		
	23. 2. Länderrat in Frankfurt/M. konstituiert	
	19. 3. Konstituierung eines „Volksrates" als vorläufiges Parlament) in der Sowjet-Zone	
29. 3. Zulassung der „Bayernpartei" in ganz Bayern; Vorsitzender Dr. Baumgartner		
	22. 4. Annahme der neuen Berliner Verfassung durch die Stadtverordnetenversammlung	
		25. 4. Kommunalwahlen in Hessen und Bayern
Anfang Juni Zulassung der „Nationaldemokratischen Partei" und der		
Juli „Demokratischen Bauernpartei" in der Sowjet-Zone durch die SMA		
	21. 6. Währungsreform im Westen	

Entwicklung der Parteien	Entwicklung der Länder und Zonen	Wahlen
1948	*1948*	*1948*
Mitte Juni Bildung einer Arbeitsgemeinschaft „Nationale Rechte“ — bestehend aus der „Deutschen Konservativen Partei“ und der „Deutschen Rechtspartei“ der britischen Zone und der „Nationaldemokratischen Partei“ Hessens		
	1. 7. Überreichung der drei Frankfurter Dokumente	
	10.—23. 8. Tagungen des Verfassungsausschusses in Herrenchiemsee	
	1. 9. Konstituierung des Parlamentarischen Rates in Bonn	
		17. 10. Kommunalwahlen in Nordrhein-Westfalen
		24. 10. Kommunalwahlen in Schleswig-Holstein
12. 11. Zusammenschluß der liberaldemokratischen Parteien Westdeutschlands zur „Freien Demokratischen Partei“; Wahl von Th. Heuss zum 1. Vorsitzenden		
		14. 11. Kommunalwahlen und Kreistagswahlen in den Ländern der französischen Zone
		28. 11. Kommunal- und Kreistagswahlen in Niedersachsen
		5. 12. Wahlen zur Stadtverordnetenversammlung in West-Berlin
1949	*1949*	*1949*
25.—28. 1. Parteikonferenz der SED in Berlin: Grundsatz der paritätischen Besetzung der Parteiämter offiziell aufgehoben (24. 1.: Gründung des Politbüros der SED)		

Entwicklung der Parteien	Entwicklung der Länder und Zonen	Wahlen
1949	*1949*	*1949*
	8. 5. Verabschiedung des Grundgesetzes der Bundesrepublik	
	23. 5. Verkündung des Grundgesetzes	
	30. 5. Der dritte Volkskongreß nimmt Verfassung der „DDR" an	
10.—12. 6. Erster Gesamtparteitag der FDP in Bremen		
		14. 8. Wahl des ersten Bundestages
	7. 9. Konstituierung des ersten Bundestages	
	12. 9. Wahl des ersten Bundespräsidenten	
	15. 9. Wahl des ersten Bundeskanzlers	
	7. 10. Verfassung der DDR in Kraft gesetzt; der „Volksrat" erklärt sich zur provisorischen „Volkskammer"	
	10. 10. Pieck zum Präsidenten gewählt	
Oktober: Gründung der von der SED angeführten sogenannten Sammelbewegung „Nationale Front" in der Sowjet-Zone		

Die ursprüngliche Quelle dieser Zeittafel bildete das Archiv des Verfassers. Bei ihrer Ergänzung und Überarbeitung wurden Keesings Archiv der Gegenwart und die Zeitschrift „Europa-Archiv" herangezogen, ferner die in diese Zeitspanne fallenden Jahrbücher politischer Parteien, namentlich der SPD und der CDU/CSU. Zum Vergleich wurden benutzt die letzte Auflage von Ludwig Bergsträssers „Geschichte der politischen Parteien in Deutschland", das Buch von H. G. Wieck über „Die Entstehung der CDU und die Wiedergründung des Zentrums im Jahre 1945" (Düsseldorf 1953), weiter mit Hinsicht auf die Sowjet-Zone J. P. Nettl, The Eastern Zone and Soviet Policy in Germany (London 1951), neuerdings noch Horst Duhnke, Stalinismus in Deutschland, Die Geschichte der sowjetischen Besatzungszone (Köln 1955) sowie Wolfgang Leonhard, Die Revolution entläßt ihre Kinder (Köln 1955).

Bei der Ergänzung der Tafel und der Prüfung zweifelhafter Daten hat mir Dr. Erwin Faul (Mannheim) sorgsame Hilfe geleistet, wofür ich ihm auch hier herzlich danken möchte.

BILDUNG UND FORMEN DER KOALITIONSREGIERUNG

Eine Studie zum Regierungssystem

Hat man den modernen Gebrauch des Wortes „Koalition“ im Ohr — mit allem Selbstverständlichen und allem Problematischen, auch mit aller selbstverständlichen Problematik, welche dieser gewohnte Wortgebrauch mit sich führt —, so liest man nicht ohne einen leisen Schock der Überraschung in den lateinischen Wörterbüchern, daß das zugrunde liegende Verbum „coalescere“ ursprünglich soviel wie „zusammenwachsen, verwachsen, sich fest vereinigen, ja verschmelzen“ bedeutet und insbesondere jene innige Verbindung in der organischen Natur bezeichnet, die aufgepfropfte Reiser mit dem Stamm oder verschiedene Pflanzen in Symbiose miteinander eingehen, indem sie sich *gemeinsam* aus den gleichen Stoffen und Quellen *ernähren*. Weil das Wort zugleich die Verbindung der Pflanze mit dem Boden, also das Wurzelfassen, die Verwurzelung meint, hat es wohl auch die figürliche, abstraktere Bedeutung des Festwerdens, Festigkeit-Gewinnens erlangt. Man möchte daher vermuten, daß schon in derjenigen neuzeitlichen Anwendung des Wortes, die in fast allen europäischen Sprachen mindestens bis hoch in das 19. Jahrhundert vorherrschend geblieben ist, nämlich in der Anwendung auf Kriegsbündnisse von Staaten, ein Element des Euphemismus oder besser eine Art von Wortzauber und Beschwörung wirksam geworden sei — in dem Sinne etwa: Möchte doch unser Bündnis so innig und so fest sein wie das zwischen Reis und Stamm, Baum und Boden! Wie eine Koalition!

Auch die neueste Auflage der Encyclopaedia Britannica definiert „coalition“ als „a combination of bodies or parts into one body or whole“, um dann sogleich den politischen Wortgebrauch zu erläutern, der eben von dieser Grundbedeutung eigentümlich abweicht: Hier bezeichne man als Koalition eine Allianz oder *zeitweilige* Vereinigung verschiedener Mächte oder Staaten „for joint action“, zu gemeinsamer Aktion, oder auch die Vereinigung wohl unterschiedener Parteien — „distinct parties“ — oder von Mitgliedern solcher unterschiedlicher Parteien innerhalb einer einzigen Regierung. Diese zweite politische Anwendung des Wortes scheint auf dem Kontinent erst im gegenwärtigen Jahrhundert allgemeiner geworden zu sein. Jedenfalls fehlt sie noch in dem entsprechenden Abschnitt der Grande Encyclopédie aus den achtziger Jahren des vorigen, wo man sie doch am ehesten zu finden hätte erwarten können[1]). Die Erörterung jener vorherrschenden völkerrechtlichen oder kriegspolitischen Bedeutung in diesem Wörterbuch fügt allerdings der englischen Definition ein wesentliches Merkmal hinzu: eine Koalition sei eine Allianz, die gegen eine einzige, mit überlegener Gewalt und Oberhoheit drohende Macht geschlossen werde; die Bündnisse gegen Ludwig XIV., gegen das Frankreich der Revolution und gegen Napoleon illustrieren diese pointierte Bedeutung. (An zweiter Stelle kennt die große Enzyklopädie die juristische Anwendung des Wortes — das Koalitionsrecht entweder der Arbeitnehmer oder der Arbeitgeber —, wovon ich jetzt nur das eine Kennzeichen festhalten möchte: daß nämlich auch hier eine Kampfsituation zugrunde liegt.)

Wir unsererseits denken, wenn wir von einer Parteienkoalition zum Zwecke des Regierens sprechen, in aller Regel gewiß nicht mehr an jene Urbedeutung der Verwachsung und Verschmelzung der Partner, sondern unterscheiden vielmehr sehr scharf und deutlich zwischen „Fusion" und „Koalition", für welch letztere gerade die Erhaltung der Selbständigkeit der teilnehmenden Parteikörper in ihrer Organisation wie in ihrem eigenen Willen als wesentliches Merkmal gelten muß. Die mehr oder minder ständig latente Möglichkeit, daß das Koalitionsverhältnis von dem einen oder anderen Partner *gekündigt* werden könnte, spielt augenscheinlich bei dem innerpolitischen Phänomen der Koalition, von dem wir hier zu sprechen haben, eine größere Rolle als bei den außenpolitischen oder kriegerischen Koalitionen. Nur sehr selten scheint ein Parteienvertrag, der zur Bildung einer Koalitionsregierung geschlossen wird, Vorschriften über Frist und Dauer des Vertragsverhältnisses zu enthalten. Eine solche Feststellung kann allerdings nur mit all dem Vorbehalt getroffen werden, den die fast vollständige Unzugänglichkeit dieser Dokumente nahelegen muß. (Das Geheimnis, worin dieses Kernstück des Koalitionsgeschäfts, der *Parteienvertrag*, verschlossen zu sein pflegt, und das fast nur durch Rückschlüsse aus den jeweiligen Regierungserklärungen und Parlamentsdebatten, aus der personellen Besetzung der Kabinettsposten und aus der faktischen Regierungspolitik einigermaßen gelichtet werden kann, — diese Sphäre des Geheimnisses

[1]) Noch in unserem Jahrhundert herrschten im französischen Sprachgebrauch andere Ausdrücke vor: nach dem ersten Weltkrieg gab es den „Bloc national" und das „Cartel des Gauches", 1926 die „Union nationale", 1936 den „Front populaire", 1945 den „Tripartisme". Für den wissenschaftlichen Sprachgebrauch mag es charakteristisch sein, daß Maurice Duverger in seinem Buche über die Politischen Parteien (Paris 1951) dem Begriffe der Koalition denjenigen der „Alliance" vorzieht (insbes. S. 358 ff.). Doch sind fast alle diese Bezeichnungen in Frankreich nicht auf die Regierungsbildung und -form beschränkt, ja nicht einmal primär auf sie gemünzt.

hat, soweit Vertragsverhältnisse in Frage stehen, eine Parallele oder ein Vorbild ausschließlich in den geheimen Staatsverträgen alten diplomatischen Stiles.)

Obgleich also das Koalitionsverhältnis von Parteien — innerhalb der parlamentarischen Demokratie — wesentlich gerade nicht durch Festigkeit, sondern durch Labilität gekennzeichnet ist — und dies auch dann, wenn gewisse verfassungsmäßige Vorkehrungen wie die alleinige Verantwortung des Regierungs-Chefs gegenüber dem Parlament oder auch das sogenannte konstruktive Mißtrauensvotum zugleich mit der Stabilität der Regierung auch die Dauerhaftigkeit des Koalitionsverhältnisses zu stützen, Koalitionskrisen hintanzuhalten, jene wesenhafte Labilität zu verdecken scheinen — so ist es doch ebenso wahr, daß der ursprüngliche Drang zum System der Koalitionsregierung *als solchem*, die treibende Idee, die bald deutlich, bald verdunkelt, in diesem System wirkt, in der Tat eine innige Verbindung oder Verwachsung im Sinne des lateinischen Wörterbuches anstrebt. Unterschiedliche, getrennte Kräfte und Willensrichtungen nämlich, die in einem Staatsvolk vorhanden sind — so etwa läßt sich diese treibende Idee kennzeichnen — und die sich in einem auf das Prinzip der *Abbildung* begründeten Parlamente (vermeintlich) repräsentiert wiederfinden, sollen sich in der *Regierung* als in dem handelnden Organ willentlich miteinander einigen und verbinden, und diese Einigung im Wege des Bündnisses soll den Bau des sich selbst regierenden Volkes krönen.

Wie breit oder wie schmal, wie groß oder wie klein eine konkrete Regierungskoalition sein mag, ihr Charakter *als* Koalition führt immer einen wenn auch noch so blassen Rest dieser Idee der *Einigung des Getrennten durch ein Bündnis* mit sich. Den Vorgang einer vollständigen Verwachsung oder Verschmelzung finden wir in unserer politischen Welt gerade nur dort, wo ein einziger, auf die *totale* Macht bedachter Partner mit Hilfe von eigenen Massenorganisationen, paramilitärischen und militärischen Verbänden gleichsam einen Überdruck erzeugt und das Bündnis durch Gewalt und Schrecken in einen „Block" oder eine „nationale Front" verwandelt. Die festeste aller Koalitionen ist die des Wolfes mit den Lämmern, und diese Tatsache, die wahrzunehmen wir ausreichende Gelegenheit haben, muß uns veranlassen, jene Idee der Koalitionsregierung als solche, jene schattenhafte Vorstellung von der inneren Einigung durch Bündnis uns ganz bewußt zu machen und kritisch zu durchdenken.

DIE AUSBREITUNG DES KOALITIONS-SYSTEMS

Würde man eine politische Weltkarte unter dem Gesichtspunkt der Regierungssysteme anlegen, so müßte anschaulich werden, in welcher Region unserer gegenwärtigen Welt die Koalitionsregierungen im wesentlichen angesiedelt sind. Dieses Gebiet erstreckt sich ziemlich genau von den Grenzen des reinen totalitären, durch die Diktatur einer einzigen oppositions- und konkurrenzlosen Partei charakterisierten Moskauer Systems auf der einen Seite bis zu den Grenzen des angelsächsischen Systems auf der anderen Seite, das auf die Möglichkeit des *Wechsels* der Verantwortung zwischen zwei Parteien, also auf das Widerspiel von Regierung und Opposition gegründet ist. Es ist natürlich identisch mit dem Bereich der Vielparteiensysteme, und es ist ungefähr identisch mit dem europäischen Kontinent. Es liegt *zwischen Westen und Osten*. Es ist sicherlich *nicht* identisch mit demjenigen Areal, worin die parlamentarische Regierungsweise angewendet wird, welches nämlich einerseits bedeutend weiter reicht — England und viele Länder des Britischen Commonwealth mit umfaßt —, andererseits gegen Osten hin früher endigt als der Bereich des Koalitionssystems.

Eine solche Absteckung der Grenzen wird freilich nur dann Zustimmung finden, wenn man für einen Augenblick die folgenden beiden Prämissen annimmt: Wir wollen erstens von den Unterschieden der *geschriebenen* Verfassungen gänzlich absehen und unser Augenmerk statt dessen ausschließlich auf die Formierung der leibhaftigen regierenden Kräfte richten — wobei ich meine, daß eben diese Blickrichtung gerade der politischen Wissenschaft im Unterschied zur Staatsrechts- und Verfassungslehre durchaus zukommt; und wir wollen zweitens denjenigen Bereich, worin die Koalitionsbildungen sich wandeln und bewegen, für einen Augenblick mit jenem anderen *zusammen* sehen und *zusammen* greifen, worin sie zum Stillstand gebracht worden, worin sie gleichsam nur noch versteinert oder eingesargt zu erkennen sind. Endlich wollen wir auch die versprengten Ausläufer des Koalitionsbereiches beiseite lassen, die in einigen südamerikanischen Ländern, zu Zeiten auch in einigen Ländern des Commonwealth wie Südafrika oder Australien angetroffen werden können

Von 24 europäischen Ländern (England ist nicht mitgezählt) hatten — gemäß dem „Political Handbook of the World“, das der „Council on Foreign Relations“ in New York herausgibt — am Ende des Jahres 1950 19 Staaten Koalitionsregierungen, und zwar wirkliche und scheinbare, lebendige oder tote. Die Ausnahmen sind natürlich Spanien und Portugal einerseits, welche beide dem Wesen nach nicht entscheidend durch ein Parteiregime charakterisiert sind, ferner aus ganz anderen Gründen die Türkei, in der sich einzigartiger- und überraschenderweise aus der autoritären Regierungsweise Kemals und Inönüs ein Zweiparteiensystem nach angelsächsischem Muster entwickelte, und schließlich aus wiederum ganz anderen Gründen Norwegen und Belgien, wo sich trotz der Vielparteienstruktur durch exzeptionelle Umstände jeweils eine einzige Partei an der Regierung befand, ohne auf Koalitionen angewiesen zu sein — wo also mit anderen Worten der *Bündnisdrang* zugunsten der *Herrschaftschance* in den Hintergrund getreten war.

Unter den übrigen neunzehn also befanden sich dreizehn *west*europäische Länder, fünf *ost*europäische Satellitenstaaten und Jugoslawien. In dieser letzteren Gruppe — zu der wir die deutsche Sowjetzone noch hinzuschlagen können, wenn wir wollen — war der Grad der Erstarrung oder Versteinerung der ehemaligen Koalitionsstruktur, unterschiedlich, wovon ich die Ursachen hier nicht zu untersuchen habe. Immerhin ist der Umstand bemerkenswert, daß das erwähnte Politische Handbuch von 1951 in seiner Weise unbefangener Registrierung und ohne sich auf Interpretationen einzulassen, die Regierungen Polens und Rumäniens buchstäblich noch als Koalitionsregierungen bezeichnete[2]) und deren Partner einzeln aufführte, während es in den anderen Fällen die authentischen Bezeichnungen „Volksfront", „Nationalfront" und „Vaterländische Front" wiedergab — jene wohltönenden Grabinschriften terrorisierter Bündnisverhältnisse. Mit der einzigen Ausnahme Jugoslawiens, wo die tödliche „Verschmelzung" bis zur Unkenntlichkeit der einzelnen Bestandteile der Volksfrontkoalition fortgeschritten war, wurde aber überall die verschiedenartige parteipolitische oder sonst organisatorische Herkunft der einzelnen Kabinettsmitglieder noch angegeben.

Kurz, wir haben hier zunächst die allgemeine Unterscheidung zwischen *beweglichen* und *erstarrten* Formen der Koalitionsregierung zu treffen. Sicherlich bildet jene charakteristische Labilität des Parteienvertrages, die ich vorhin skizziert habe, ein entscheidendes Merkmal der beweglichen Formen. Ebenso sicher aber ist es nicht etwa die Stabilität solcher Verträge, sondern vielmehr das Schwinden des Vertragsverhältnisses zugunsten eines fortschreitend sich verfestigenden Machtdiktates von seiten des totalitären Partners, welches die erstarrten, versteinerten und vergewaltigten Formen kennzeichnet.

Diese Übersicht mag noch durch einen kurzen Blick auf die Kabinette der westdeutschen Länder und Berlins ergänzt werden. Wir haben, seitdem es gewählte Landtage oder Abgeordnetenhäuser gibt, in diesen ursprünglich zwölf, jetzt zehn Ländern bis zu diesem Tage (1. März 1954) insgesamt 35 Kabinette beobachten können[3]). Bei der Definition eines einzigen, identischen Kabinetts folge ich dabei wesentlich der Auffassung, die die politischen Organe der betreffenden Länder selber jeweils in ihren Dokumenten ausdrücken. Als ein „neues" Kabinett wird im allgemeinen ein solches verstanden, das durch einen neuen Akt der Zusammensetzung, sei es auf Grund von Wahlen, sei es auf Grund von Koalitionskrisen zustande kommt — ohne Rücksicht darauf, ob das Amt des Regierungs-Chefs von derselben oder einer anderen Person übernommen wird. Das bloße Ausscheiden eines Partners, etwa des kommunistischen, soll dann nicht die Annahme und Zählung eines „neuen" Kabinetts begründen,

[2]) In der Ausgabe von 1953 haben sich die Bezeichnungen geändert: bei Polen heißt es jetzt „National Front", bei Rumänien wird deutlich angegeben, daß alle Kabinettsmitglieder der „Rumänischen Arbeiterpartei" angehören oder als reine Spezialisten von dieser (kommunistischen) Partei ausgewählt worden sind.

[3]) Ein Verzeichnis dieser Kabinette findet man am Schluß dieses Beitrages.

wenn es auf die sonstige Zusammensetzung der Regierung ohne wesentlich umformenden Einfluß bleibt, wenn es also keine Krise hervorruft.

Von diesen 35 deutschen Länderkabinetten sind 30 Koalitionskabinette gewesen, während in 5 Fällen die Möglichkeit der „koalitionsfreien" Regierung einer einzelnen Partei mit verschiedenen Opponenten teils freiwillig, teils notgedrungen ergriffen worden ist. Von diesen fünfen, die sich übrigens auch auf fünf verschiedene Länder verteilen, bestand 1954 nur noch ein einziges, nämlich das hessische Kabinett von Herrn *Zinn*. Bis zur Neuwahl der Hamburger Bürgerschaft am 1. 11. 1953 war auch der Hamburger Senat unter Bürgermeister *Brauer* den Einparteienregierungen zuzuzählen. Die übrigen drei „koalitionsfreien" Kabinette gehören einer weiter zurückliegenden Zeit an — es waren dies: das zweite Kabinett Wohleb in Baden, das zweite Kabinett Ehard in Bayern und das SPD-Kabinett Lüdemann in Schleswig-Holstein. Der Ende 1953 neu gebildete Hamburger Senat, dem Bürgermeister *Sieveking* vorsteht, stellt insofern einen eigenartigen, nicht leicht zu rubrizierenden Typus dar, als seine Mitglieder zwar aus drei verschiedenen Parteien hervorgegangen sind, diese drei Parteien aber andrerseits unter einem einzigen Namen und mit einem gemeinsamen Programm den Wahlkampf bestritten haben; der „Hamburg-Block" ist also eine Koalition, die im Unterschied zu der sonst vorherrschenden Bedeutung des Wortes bereits *vor* der Wahl gebildet worden ist und die — ähnlich übrigens dem „Deutschen Wahlblock" in Schleswig-Holstein (1950) und der „Niederdeutschen Union" in Niedersachsen (1951) — sich gleichsam auf halbem Wege zur Fusion befindet.

In Hessen wie in Hamburg gründete sich die Möglichkeit des koalitionsfreien Regierens einer einzigen Partei offenkundig auf das Verfahren, das bei den Wahlen zum Parlament angewandt worden ist. Zweifellos liegen aber doch — schon bei der Vorbereitung solcher Bestimmungen für das Wahlverfahren (in Richtung auf die Mehrheitswahl) — jeweils innere Entscheidungen zugrunde, die es diesen politischen Körpern ermöglichen, sich aus der Vorstellungswelt der „Einigung durch Bündnis" und dann eben auch aus der Umklammerung der additiven Mehrheitsbildung loszuringen, die die Proporz-Parlamente in der Regel erzwingen[4]). Dies ist in der Tat eine zwiefache und nicht bloß eine einfache

[4]) Allerdings wird der Mut zu dieser inneren Entscheidung offenkundig durch die faktischen Chancen, die eine Partei bei einem bestimmten Wahlgang vor sich sieht, stark gefördert, bei sinkenden Chancen stark herabgesetzt. Man konnte das im Frühjahr 1954 in Hessen beobachten, wo die regierende Sozialdemokratische Partei im Hinblick auf die im Herbst 1954 bevorstehenden Neuwahlen dasjenige Wahlgesetz, das 1950 ihren Wahlsieg hatte verstärken helfen (indem es durch Berücksichtigung der „Überschußstimmen" gute Wahlkreissiege nach Art der Mehrheitswahl „prämiierte"), selber wieder abzuschaffen tendierte — offenbar, damit seine Vorteile nicht anderen zugute kämen. Die Zahlen der Bundestagswahl vom 6. September 1953 mögen die SPD in dieser Vorsicht bestärkt haben. Die Neigung einer Partei, selber allein zu regieren, muß eben keineswegs einer allgemeinen Überzeugung entspringen, daß die „koalitionsfreie" Regierungsweise für den Staat überhaupt zuträglicher sei. Ehe man „die Anderen" allein regieren läßt, zieht man die Koalition doch noch vor — selbst dann, wenn man (wie die hessische SPD unter Zinn) einmal „Blut geleckt" hat.

innere Entscheidung; denn unser Problem besteht nicht nur darin, ob die Zusammensetzung eines Parlaments eben der Mehrheitsbildung wegen ein Parteienbündnis erzwingt, sondern in seiner tieferen Dimension liegt die Frage, ob diese arithmetische Notwendigkeit tatsächlich als ein unliebsamer Zwang auch empfunden oder ob sie im Gegenteil als ein selbstverständliches Zubehör — als Folge und als Bedingung zugleich — jenes Dranges zum Bündnis hingenommen oder sogar begrüßt wird, von dem ich zuvor gesprochen habe.

NATIONAL GOVERNMENT IN ENGLAND

Während die Koalitionsregierung also ersichtlich auf dem europäischen Kontinent die Regel bildet, ist sie in *England* die Ausnahme. Wir müssen dieser exzeptionellen englischen Form, die von allen anderen Formen grundsätzlich zu unterscheiden ist, eine kurze Betrachtung widmen, ehe wir in die Analyse der kontinentalen und insbesondere der deutschen Formen genauer eintreten. *„England does not love coalitions“* sagt *Disraeli* [5]), und dieser Satz wird in England noch heute zitiert. Englands Regierungssystem beruht zwar — nach der bedeutenden, die hergebrachte (an *Montesquieu* orientierte) Auffassung völlig umstürzenden Formulierung von *Bagehot* — auf der „engen Vereinigung, der fast vollständigen Verschmelzung der ausübenden und der gesetzgebenden Gewalt“, was man in einem gewissen Sinne übrigens fast ebensogut von vielen kontinentalen Regierungssystemen behaupten kann. Es bezieht aber seine Lebenskraft aus einer neuen und andersartigen, konkreten Trennung der Gewalten, nämlich aus der Trennung von Regierung und Opposition, die der Vorstellung von der Einigung durch ein *Bündnis* der politischen Kräfte stracks zuwiderläuft, solche Einigung vielmehr gerade durch die stetige Aussicht auf wechselseitige *Ablösung* der Kräfte, auf den *Wechsel* der Verantwortung für Regierung und Nation gleichsam in einem unendlichen Prozeß herzustellen scheint. Nichtsdestoweniger liegt in allem aktuellen Streit und Gegensatz der kämpfenden Parteien in England augenscheinlich stets noch so viel Reserve an potentieller Einigkeit, daß sie sich im dringenden Fall der Not, wie im ersten und im zweiten Weltkrieg oder in der Wirtschaftskrise von 1931, auch in der Gestalt eines Bündnisses, einer Koalition, eines *National Government* mobilisieren läßt. Man kann wohl nicht daran zweifeln, daß diese Reserve an Einigkeit, die in solchen Ausnahmezuständen auf das rascheste, sozusagen über Nacht verfügbar wird, gerade dadurch angesammelt werden konnte und fort-

[5]) Der Ausspruch fiel im Zusammenhang der Rede, die Disraeli in der Nacht vom 16. auf den 17. Dezember 1852 gehalten hat, um sein Budget und das Kabinett *Derby* gegen die „Koalition“ der Whigs, Radicals und Peelites zu verteidigen, die dann doch die Mehrheit gewann und unter *Aberdeen* die Regierung übernahm. Vgl. *Monypenny*, Life of Disraeli, Vol. III. p. 446/7.

dauernd ergänzt wird, daß die wohl unterschiedenen politischen Kräfte, jede für sich, die ungeteilte Verantwortung der Regierung des Landes gleichermaßen zu tragen gelernt haben.

Bemerkenswerterweise ist übrigens der Begriff „Koalition", obgleich er anscheinend gerade in England zuerst, nämlich schon im achtzehnten Jahrhundert auf die Verbündung von Parteien zum Zweck der Regierung angewandt wurde[6]), neuerdings dort aus der Mode gekommen und durch die Bezeichnung „National Government" verdrängt worden. Vielleicht will man durch diesen Wechsel des Sprachgebrauchs gerade jenes „tabu" vermeiden, mit welchem Disraelis Satz die Koalition als solche belegt hat. In dem Falle, den Disraeli unmittelbar vor Augen hatte, umfaßte die Koalition drei parlamentarische Gruppen, während sie die vierte, die eigentliche konservative Partei, gerade ausschloß; sie war nur dadurch möglich geworden, daß sich die Anhänger *Peels* von dem Block der konservativen Partei — im Zusammenhang mit dem Kampf um die Kornzölle — abgespalten und den „Manchester-Leuten" angenähert hatten. Die Front des Freihandels (gegen den Grundbesitz) hatte die hergebrachten Parteilinien durchbrochen und für eine gewisse Zeit ein Mehrparteiensystem geschaffen. Disraelis Arbeit in den nächsten Jahren und Jahrzehnten war es, die Einheit der konservativen Partei wiederherzustellen. Die verworrene Beschaffenheit des englischen Unterhauses in diesen fünfziger Jahren des vorigen Jahrhunderts war ganz außergewöhnlich; sie ist atypisch sowohl im Hinblick auf die ältere wie auf die neuere englische Partei- und Parlamentsgeschichte. Es gab damals noch keine festen extra-parlamentarischen Partei-Organisationen; es gab Parteien nur im Parlament und in der aristokratisch geprägten „Gesellschaft", nicht aber in der Breite des Volkes.

Der Fall einer Koalition, die aus der *Spaltung* einer von zwei großen Parteien resultiert, hat sich in einem gewissen Maße im gegenwärtigen Jahrhundert noch einmal wiederholt — nämlich mit dem „National Government"-Kabinett, das *Ramsay MacDonald* im August 1931 mit Baldwin und den Liberalen gebildet hat. Das Beispiel — nicht minder atypisch als dasjenige aus dem vorigen Jahrhundert — zeigt immerhin, daß solche Vorgänge von der Parteistruktur (in England) relativ unabhängig sind: 1852 handelte es sich um die Spaltung einer Parlamentspartei, 1931 um diejenige einer zugleich extraparlamentarisch in hohem Grade durchorganisierten Partei, und 1852 handelte es sich um die Tories, 1931 um Labour. Immer noch ist es am Ende die *Wahl*, welche entscheidet; sie entschied übrigens in beiden Fällen zugunsten der „Koalition".

Im übrigen aber und zumal in unserem Jahrhundert bedeutet die britische Koalition ein *Bündnis zwischen Mehrheit und Minderheit* (oder Minderheiten),

[6]) So spricht zum Beispiel Edmund *Burke* in den berühmten „Thougths on the cause of the present discontents" (1770) von der „coalition", die Georg III. bei seiner Thronbesteigung vorfand. cf. Burke, Works, Vol. I., p. 318, London 1854.

das in neuerer Zeit ausschließlich in Lagen nationaler äußerer Gefahr oder innerer Not geschlossen wird, und genau dies ist es, was diese Form der Koalitionsregierung von allen übrigen klar unterscheidet. Wenn man sich über die Bedingungen und die Methode und das Tempo der Bildung eines solchen englischen Koalitionskabinetts unterrichten will, so tut man gut, dasjenige Kapitel des zweiten Buches von *Winston Churchills* Erinnerungen aus dem zweiten Weltkrieg nachzulesen, worin er mit der Knappheit und Drastik eines großen Novellisten den Sturz der Regierung *Neville Chamberlains* und seine eigene Betrauung mit dem Amte des Premiers, also die Vorgänge vom 7. bis 10. Mai 1940, schildert. Man ersieht daraus, daß Chamberlain, obgleich er nach der erregten Unterhausdebatte vom 7. und 8. Mai, wie die Abstimmung zeigte, immer noch über eine erträgliche Mehrheit verfügte, gleichwohl von sich aus nach wenigem Zaudern die Notwendigkeit begriff, zu resignieren und den Weg zur Bildung eines „National Government" sogleich freizugeben:

> „He felt he could not go on. There ought to be a National Government. One party alone could not carry the burden. Someone must form a government in which all parties would serve, or we could not get through."

Mit diesen lapidaren und doch nicht der Nuancen entbehrenden Sätzen beschreibt Churchill den Eindruck, den er von Chamberlains Stimmung und Gedanken bei einer kurzen Unterredung gewann, zu der der Premier ihn unmittelbar nach Schluß der Unterhausdebatte in sein Zimmer gebeten hatte. Dies war zugleich das erste von insgesamt nur sechs offenbar durchweg kurzen Gesprächen, durch welche innerhalb von drei Tagen das neue Kabinett in seinen politischen Grundlagen, in seiner personellen Besetzung und seiner den Kriegserfordernissen angepaßten Organisationsform gebildet worden ist. Das zweite dieser Gespräche fand zwischen Chamberlain und Churchill einerseits, den Führern der Labourparty, *Attlee* und *Greenwood*, andererseits am nächsten Nachmittag in Downingstreet statt. Als das dritte in der Reihe würde ich die Besprechung innerhalb des Nationalen Vollzugsausschusses der Labour-Party bezeichnen, der gleichzeitig tagte, welche den endgültigen Verzicht Chamberlains, zugleich aber auch die Beteiligung der Arbeiterpartei an dem neuen Kabinett zur Folge hatte. Das vierte Gespräch, am Morgen des 10. Mai, spielte sich zwischen drei Personen ab — Chamberlain, Churchill und Lord *Halifax* — und entschied darüber, daß nicht Halifax, sondern eben Churchill der Nachfolger in der Führung des Kabinetts sein würde. Das fünfte, am Nachmittag desselben Tages, brachte die förmliche Betrauung Churchills durch den König, und das sechste schließlich, wenig mehr als eine Stunde später, vereinigte Churchill wiederum mit den Arbeiterführern und ergab bereits eine rasche Verständigung über die personelle Besetzung der wichtigsten Sitze im Kabinett, wobei übrigens die betreffenden Namen — nach Churchills Erzählung — im Sinne eines Vorschlags von ihm selber genannt worden sind, nicht von Attlee. In dieser Tatsache mag man einen positiven Hinweis auf die relative Entscheidungsfreiheit des beauftragten Premiers bei der Kabinettsbildung erblicken, wenngleich die ganz außergewöhnlichen historischen Umstände gerade dieser Kriegstage eine Generalisierung gewiß nicht zulassen. Koalitionskabinette kommen aber andererseits in England, sozusagen *per definitionem*, eben *nur* unter außergewöhnlichen Umständen vor.

Bei dieser Gelegenheit darf ich erwähnen, daß die englischen Schriftsteller auch für den Normalfall der Kabinette, die von der Mehrheitspartei allein gebildet werden, die Frage der Entscheidungsfreiheit des Regierungs-Chefs ebenso deutlich stellen, wie sie sich über ihre Beantwortung aus der eigenen nationalen Erfahrung uneins zu sein scheinen. *Bagehot* meinte, die Unabhängigkeit eines Premierministers bei der Bildung seines Kabinetts sei nicht sehr beträchtlich; seine Freiheit erstrecke sich mehr auf die Verteilung der Ressorts als auf die Auswahl der Personen[7]). *Harold Laski* andererseits, der an der betreffenden Stelle seiner „Grammar of Politics" allerdings mehr von Wünschen und Normen als von Erfahrungen redet, hält es geradezu für ein Axiom, daß der Premierminister die Freiheit haben sollte, seine Kollegen selbst auszuwählen, — der Premierminister als Individuum und ausdrücklich *nicht* seine *Partei*. Auch er räumt ein, daß kein Premier eine Reihe von Ansprüchen werde übersehen können, die sich führende Mitglieder seiner Partei innerhalb des Parlaments erworben haben, aber er unterscheidet scharf zwischen solchen Ansprüchen, die aus Talent und Eignung, und solchen anderen, die nur aus dem Gewicht der Masse und der Meinung hergeleitet sind, die der eine oder andere Minister-Aspirant erheben mag, indem er sich etwa auf eine besondere Gruppe innerhalb der Gesamtpartei stützt und beruft, die er „vertrete". Vor dieser letzteren Art von Ansprüchen warnt Laski auf das nachdrücklichste im Interesse der *flexibility*, also der Geschmeidigkeit und Lenksamkeit eines Kabinetts, die auch er — *sogar* er, wenn man will — für ein überwiegendes Erfordernis der Regierungspolitik erklärt. In einem abgewandelten Sinne mag man in diesen Bemerkungen des sozialistischen Theoretikers einen neuen Beweis für die tiefe Wahrheit jenes Satzes erblicken, die Engländer haßten Koalitionen: Sie halten sie nämlich selbst dort für unzuträglich, wo es sich sozusagen nur um die Koalierung oder das Bündnis der verschiedenen Richtungen innerhalb einer und derselben Partei handelt — und zwar dann und deswegen, wenn und weil ein Kabinett gebildet wird, das die ganze Nation regieren soll.

[7]) c. Walter *Bagehot*, The English Constitution, Ausgabe der Oxford University Press, The World's Classics, Bd. CCCXXX, 1936, S. 11. (Das Buch wurde zuerst 1867 veröffentlicht.)

NOTSTANDS-BÜNDNISSE

Das „National Government", welches also im englischen Sinne die eigentliche Koalition wäre, also das Bündnis *aller* Kräfte oder, wie man in Deutschland gern sagt, „die Konzentration aller Kräfte", kommt auch unter den Bedingungen des *Vielparteiensystems* auf dem Kontinent vor. Schaut man auf die Motivation solcher Zusammenschlüsse und auf das Pathos oder die Ideologie, die ihre Formierung zu begleiten pflegt, so bieten kontinentale „Allparteienkoalitionen" zwar einen ähnlichen Anblick wie solch ein britisches „National Government"; in ihrer *Struktur* aber stellen sie natürlich etwas ganz anderes dar. Es hat seit 1946 in deutschen Bundesländern einschließlich West-Berlins insgesamt zehn Kabinette gegeben, denen ein solcher Charakter zugeschrieben werden kann. Ich denke dabei nicht nur an die Allparteienregierungen im buchstäblichen Sinne des Wortes, sondern auch an einige Kabinette, die — nach dem Ausscheiden der kommunistischen Partner — immerhin noch alle diejenigen Parteien in sich repräsentierten, von denen die Treue zur Verfassung erwartet werden konnte. Die meisten von diesen Kabinetten wurden in der Frühnachkriegszeit, in den Jahren 1946/47 gebildet und waren bestimmt, die Trümmer wegzuräumen. Einige waren kurzlebig, andere haben bis zu den jeweiligen Neuwahlen durchgehalten. Bis zum Tode Ernst *Reuters* bestand eine solche nationale Koalition in Berlin. Sie war gewissermaßen die letzte in der Reihe, (wenngleich ihre Entstehung wie ihre Ausdauer von einem ganz anderen „Notstand" herrührte, nämlich von der bolschewistischen Bedrohung), bis überraschend in Stuttgart von neuem eine „nationale" Koalition aufkam — ungefähr in denselben Tagen übrigens, im Oktober 1953, in denen jene Berliner Koalition unterging. Die baden-württembergische Regierung Dr. *Gebhard Müllers* geht zwar nicht auf ein „Notstands"-Motiv im eigentlichen Sinne zurück, aber das Moment des quasi „nationalen" Zusammenschlusses eignet ihr gleichwohl, denn sie war und ist bestimmt, die verschiedenartigen Teile eines neugebildeten Landes (des „Südweststaats") zu vereinigen — vielmehr: ihre territoriale Vereinigung auch politisch nachzuholen. Das Bündnis der Parteien, gefördert durch den Aufschwung der CDU infolge der Bundestagswahl vom 6. September, hat hier vorab den Sinn, die Landesteile zu integrieren; die Verabschiedung der Verfassung des neuen Landes bildete ein zweites Motiv.

Nur in dreien von diesen zehn Fällen hätte die parteipolitische Beschaffenheit des jeweiligen Parlaments es gestattet, daß eine einzige Partei die Verantwortung des Regierens übernommen hätte, gab es also eine eindeutige Mehrheit gegenüber zwei, drei oder mehr verschiedenartigen Minderheiten. Das war die sozialdemokratische Mehrheit in der Bremischen Bürgerschaft von 1946 und die christlich-demokratische Mehrheit im Landtag von Württemberg-Hohenzollern von 1947; die Tübinger Kabinette Bock und Müller ruhen auf der gleichen Basis, Dr. Müller übernahm die Leitung nach dem Tode des ersten

„Staatspräsidenten". Ein weiterer auffälliger Grenzfall dieser Art war Berlin 1948 mit seiner absoluten SPD-Mehrheit; doch ist Berlin in unserer Aufstellung erst von dem Augenblick an berücksichtigt, in dem sich die Stadt eine Landesverfassung gegeben hat (1950).

Das sind ganz augenscheinliche Grenzfälle, denen die größere Zahl und der charakteristischere Typus solcher Parlamente gegenüber steht, die — mit einfachen Worten — ausschließlich aus *Minderheiten* komponiert sind. Auch jene Grenzfälle von Mehrheiten einer einzigen Partei lassen sich unter einem gewissen Gesichtswinkel, wenn man der Deutlichkeit halber eine solche Übertreibung gestatten will, als Minderheiten verstehen, die sozusagen über die Stränge geschlagen sind — gewiß nicht zufällig, vielmehr aus sehr erklärlichen Gründen historischer und psychologischer Art, aber doch aus Gründen, die in abnormen und atypischen Verhältnissen oder Situationen wurzeln. Unter den Bedingungen des Vielparteiensystems gibt es eben kaum je das Phänomen der eindeutigen Mehrheit, derjenigen Mehrheit, die aus einer aktuellen *Entscheidung* der Wählerschaft und jedes einzelnen Wählers hervorgeht, sondern es gibt stärkere und schwächere Minderheiten, die auf *Bekenntnissen* der Wählerschaft beruhen; so kommt es eben bisweilen auch vor, daß eine starke Minderheit zur faktischen, arithmetischen Mehrheit wird, aus Gründen entweder eines außergewöhnlichen und enthusiastischen *Bekenntnis-Eifers* oder einer außergewöhnlich massiven Bekenntnis*treue* dieser Wählerschaft[8]). Unter der Herrschaft der Koalitionsidee, der Idee der Einigung durch Parteibündnisse, schaut man sich aber auch unter so glücklichen Umständen häufig zunächst einmal nach möglichen Bündnispartnern um, und die Neigung zur Vereinigung oder Konzentration aller Kräfte wird auch hier, wie die Daten und Fristen der Nachkriegskabinette in den Ländern beweisen, durch inneren nationalen Notstand, durch außenpolitische Frontlage oder durch das Bedürfnis nach solidarischem Handeln gegenüber andersartigen Dritten, zum Beispiel gegenüber der (fremden) Besatzungsmacht, oder durch eine Kombination von mehreren dieser Motive wo nicht hervorgebracht, so doch bedeutend verstärkt, jedenfalls aber gerechtfertigt[9]).

[8]) Die „geborene" Mehrheit der CDU/CSU im zweiten Bundestag scheint diese These ins Wanken zu bringen. In der Tat deutet sich mit dieser Erscheinung die Möglichkeit einer Überwindung des konventionellen Vielparteiensystems an. Auf diesen ungewöhnlichen und höchst bedeutsamen Fall komme ich weiter unten zu sprechen.

[9]) Dieselbe Beobachtung, daß in Mehrparteienystemen vielfach auch eine Partei, die auf Grund der Wahl (und des Wahlgesetzes) eine absolute Parlamentsmehrheit erringt, gleichwohl und also scheinbar überflüssigerweise zum Zwecke der Regierungsbildung Bündnisse sucht und schließt, — dieselbe Beobachtung macht Maurice Duverger auf Grund seines reichen internationalen Materials in „Les Partis Politiques" (Paris 1951), Seite 359: „. . . ausnahmsweise können Vielparteiensysteme auf Allianzen verzichten, wenn eine der Parteien die absolute Mehrheit erringt; sehr häufig aber versucht auch in diesem Falle die Mehrheitspartei, mit anderen zusammen zu regieren (wie man es in Italien seit 1948 sieht), um diese an der Verantwortlichkeit der Macht teilhaben zu lassen: sie bleibt beherrscht von der Psychologie des

PARLAMENTARIER-REGIERUNG IN FRANKREICH

Nun ist in allem Bisherigen als selbstverständlich angenommen worden, jede Koalition zum Zwecke der Regierungsbildung sei notwendig und ausschließlich eine *Parteienkoalition* und beruhe auf einem Parteienvertrag. Diese Voraussetzung ist indessen nicht ganz richtig. Die Koalitionsregierungen der Dritten *Französischen* Republik, in einem etwas geringeren Grade auch die der gegenwärtigen Vierten Republik zeigen noch ein anderes und andersartiges formendes Element am Werke. Diese französischen Kabinette sind aus dem Prinzip der Parteienkoalition wohl niemals ganz zu verstehen, sie stellen — wenn dieser Ausdruck erlaubt ist — immer zugleich auch so etwas wie *Parlamentarier-Koalitionen* dar. Es gibt ein auffälliges und sicheres Merkmal für das Vorhandensein, zu Zeiten für das Vorwiegen dieses Charakters der Parlamentarier-Koalition: das sind die nach ihrer Stimmenzahl so stark wechselnden parlamentarischen Voten, die ein und dasselbe Koalitionskabinett bei verschiedenen Vorlagen und Maßnahmen erhalten kann. Natürlich können in solchen Erscheinungen auch *Partei*-Entscheidungen zum Ausdruck kommen — Entscheidungen zumal in jenem merkwürdigen Zwischenbereich der *Tolerierung*, der so kennzeichnend für den französischen Parlamentarismus ist (es übrigens auch für den Weimarer Reichstag war), Entscheidungen also, die von Parteien getroffen werden mögen, die weder an der Regierung beteiligt sind noch ihr prinzipiell opponieren[10]). Aber auch dann, wenn man solche Entscheidungen für oder wider die Fortführung eines Toleranzverhältnisses in Rücksicht zieht, bleibt in der Regel immer noch eine spürbare Marge des Wechsels zwischen Zustimmung und Ablehnung übrig, die sich nur aus dem *individuellen* Verhalten einzelner Parlamentarier gegenüber der jeweiligen Regierung verstehen läßt, insofern diese eben gleichfalls von *individuellen* Parlamentariern gebildet wird.

Zudem scheint das Phänomen des Tolerierens selbst seine Wurzeln nicht nur in dem spezifisch parteipolitischen Schwanken zwischen der Lust an der Macht

Systems, und das ist die Psychologie der Allianzen." In dieser „Koalitions-Psychologie" — wie wir sagen würden — gewinnt das Bedürfnis, die Verantwortung mit anderen zu teilen, die Oberhand über die Chance, die Macht allein auszuüben; diese beharrliche Gewohnheit des Denkens und Empfindens bildet gleichsam die subjektive Seite — und auch die schwache Seite, wenn man will — jener Idee der Einigung durch Bündnis, die dem Koalitionssystem objektiv zugrunde liegt. Auch die übermäßige Koalition der vier Parteien, auf der die deutsche Bundesregierung von 1952 beruht, läßt Symptome dieser Psychologie erkennen, obschon sich in diesem Fall auch eine Erklärung aus bestimmtem politischen Zwecke geben ließ, nämlich aus dem Zwecke der Sicherung einer verfassungsändernden Mehrheit im Bundestag. So eng sind „Legislative" und „Exekutive" auch hier miteinander verknüpft, daß man, zum Teile der Legislative für bestimmte legislative Zwecke zu gewinnen, ebendiese Gruppen zuvor an der Exekutive beteiligen muß.

[10]) *Duverger* — a.a.O., S. 367 — geht so weit, den ganzen (französischen) Parlamentarismus mit der spöttischen und paradoxen Formel zu kennzeichnen: „Tout le jeu parlementaire consiste à essayer de cumuler les avantages du pouvoir et la liberté de l'opposition."

und der Unlust an der Verantwortung, zwischen Popularität und Ämterhunger oder — unter den bedrohteren Verhältnissen der Vierten Republik — zwischen der Scylla der Verantwortung und der Charybdis der Gefährdung des „Parteienregimes“ im ganzen zu haben, wie es freilich in den beiden jüngsten französischen Nationalversammlungen, den Versammlungen mit den harten Ecken und der weichen Mitte, besonders deutlich hervorgetreten ist, sondern doch auch in der („liberalen“) Tradition des *Parlaments als Parlament*, das heißt als einer Versammlung von Abgeordneten und nicht so sehr eines Verbandes von Fraktionen. Jene bilden ihre Meinung eher von Fall zu Fall, diese neigen dazu, sich durch Disziplin und Kontrakt pro oder contra für ganze Perioden zu binden. Was ich hier mit dem Begriff der Parlamentarier-Koalition zu bezeichnen versuche, hängt natürlich aufs engste mit jenem oft bemerkten Phänomen zusammen, daß es in jedem französischen Parlament einen Vorrat von „Ministrablen“ gibt, die sich auch jenseits (oder diesseits) ihrer Parteizugehörigkeit als solche profilieren und zu erkennen geben, nicht selten sogar ihre eigenen parlamentarischen Gruppen um sich sammeln, die ihre Kandidatur stützen. Eine ganze Reihe von Präsidenten französischer Nachkriegskabinette entstammen durchaus *nicht* großen, auch außerparlamentarisch durchorganisierten Parteien, sondern solchen kleineren Gruppierungen wie den Républicains Indépendants — man denke an *Antoine Pinay*, oder der Union de la Résistance — man denke an *René Pleven* — oder aber jenem ehrwürdigen Kreis der Radikalsozialen Partei, die den klassischen Typus der Comité-Partei des 19. Jahrhunderts bis auf diesen Tag am reinsten erhalten hat — man denke an *Henri Queuille, René Mayer, André Marie, Mendès-France* und *Edgar Faure*. Auch in diesem Umstand ist ein Symptom desjenigen Bildeprinzips zu sehen, das ich als Parlamentarier-Koalition zu bezeichnen vorgeschlagen habe. Im Grunde ist sie natürlich nichts anderes als die fortlebende „parlamentarische Regierung“ im klassischen kontinentalen Sinne des Wortes.

Demgegenüber wird die Grundform der *Parteien-Koalition* unter anderem an den eher *starren* Mehrheiten kenntlich, die eine solche Regierung während ihres Bestehens in ihrem Parlament zu erhalten pflegt. Zu ihrem Bilde gehört aber wohl auch die Vorstellung, die bisweilen in parteipolitischen Kontroversen bei Regierungsbildungen in Deutschland — übrigens auf allen parteilichen Seiten — eine gewisse Rolle spielt, die Vorstellung, die *Führung* eines Koalitionskabinetts müsse der *stärksten* Partei zufallen oder angetragen werden[11]). Aus geschichtlicher Erfahrung auf dem europäischen *Kontinent* ist

[11]) So hat Erich *Ollenhauer* (in der Bundestagsdebatte über die Regierungserklärung, am 28. Oktober 1953) im Hinblick auf die Wahl des Regierenden Bürgermeisters von Berlin die Wendung vom „*Recht* der stärksten Fraktion“ gebraucht, den Regierungschef „zu stellen“. Er wurde durch einen Zwischenruf auf das Gegenbeispiel von Stuttgart hingewiesen (das erste baden-württembergische-Kabinett, geleitet von Reinhold *Maier*). Vgl. 2. Deutscher Bundestag, 4. Sitzung, S. 37 B.

ein solches Postulat nicht herzuleiten, und von einem Brauch kann in diesem Punkt sicher keine Rede sein. Auf Frankreich habe ich schon hingewiesen. Aber auch von den 18 „normalen" Kabinetten der Weimarer Republik (bis zu Brüning einschließlich) sind nur 4 von Repräsentanten derjenigen Partei geleitet worden, die im Reichstag am stärksten vertreten war (Scheidemann, Bauer, Hermann Müller 1920 und Hermann Müller 1928—1930). Möglicherweise ist es der Blick auf den *englischen* Brauch, der hier dem Anspruch der stärksten Partei unausgesprochen zur Rechtfertigung dienen soll. Aber eine „stärkere" Partei ist nicht dasselbe wie eine Mehrheitspartei, und dieser ebenso einfache wie grundlegende Unterschied sollte niemals vergessen werden.

DER PARTEIENVERTRAG

Zunächst schien es mir bei dem Versuch einer politischen *Morphologie* der Koalitionsregierungen das wichtigste zu sein, so nachdrücklich wie möglich die Erkenntnis dieser wohlunterscheidbaren Grundformen vorzubereiten, also des englischen „National Government" als eines exzeptionellen Bündnisses zwischen Mehrheit und Minderheit, zweitens der hauptsächlich in Frankreich wahrzunehmenden Parlamentarier-Koalition als eines Ausschusses des Gesamtparlamentes mit fluktuierenden Mehrheiten — des Parlamentes, welches hier als solches schon den eigentlich regierenden Körper darstellen soll — und drittens der Parteien-Koalition, welche auf einem mehr oder minder ausdrücklichen, zumeist geheimen und freilich labilen Parteienvertrag beruht und infolgedessen während der Dauer ihres Bestehens eher auf eine starre als auf eine bewegliche Parlamentsmehrheit rechnen kann.

Die wirkliche gegenwärtige Verfassung der Bundesrepublik Deutschland und ihrer Länder bringt es mit sich, daß man in der neueren deutschen Erfahrung wie in den meisten Ländern des europäischen Kontinents nur diese dritte Grundform antrifft, die Parteien-Koalition. Selbstverständlich gibt es innerhalb dieser Grundform eine Fülle von Spielarten, und diese lassen sich nach verschiedenen Merkmalen einteilen. Sie lassen sich einmal einteilen nach dem Grade der Verbindlichkeit des zugrunde liegenden Parteien-Vertrages. Solche Vereinbarungen können mit Ausführlichkeit schriftlich niedergelegt, sie können in großen Zügen fixiert und sie können bisweilen auch nur mündlich getroffen worden sein.

Als ich einige Gedanken dieser Studie vor der „Vereinigung für die Wissenschaft von der Politik" am 3. Mai 1952 in Berlin vortrug, ist die Gültigkeit der These vom ‚Koalitionsvertrag' von einigen Diskussionsrednern in Zweifel gezogen worden. Man wollte den Terminus, der diesen Rednern als zu schroff erschien, lieber durch den Ausdruck „gentlemen's agreement" oder durch den noch unverbindlicheren Ausdruck „Abrede" ersetzen. Ich habe oben bereits dargetan, daß solchen ‚Verträgen‘ nicht notwendigerweise die Form eines schriftlichen Dokuments eignen müsse. Ob aber schriftlich oder mündlich, ob lockerer oder fester, in jedem Falle scheint mir der Begriff des Vertrages die Vielfalt der Möglichkeiten am besten zu decken und die vorwaltende Tendenz am klarsten zu kennzeichnen.

Was die empirischen *Belege* anlangt, so ist es naturgemäß nicht möglich, für jeden einzelnen Fall einer Koalitionsbildung auch den zugehörigen Vertrag beizubringen. Vielfach läßt sich sein Inhalt aus der Regierungserklärung erschließen; auch die Debatte im Parlament gibt meist genauere Hinweise. Immerhin besitze ich zum Beispiel eine Abschrift der wohlfixierten „Koalitions-Abmachungen“ (dies die Überschrift!), die bei der Bildung des bayrischen Kabinetts vom Dezember 1950 getroffen worden sind. Das Dokument beginnt mit den Worten:

„Die Christlich-Soziale Union, die Sozialdemokratische Partei und der Block der Heimatvertriebenen und Entrechteten, vertreten durch ihre Landesvorsitzenden und durch ihre Fraktionsvorsitzenden im Landtage, haben sich auf folgende Richtlinien für die Zusammenarbeit in einer Regierungs-Koalition geeinigt . . . .“

Das läßt an Vertrags-Förmlichkeit nichts zu wünschen übrig. Die Abmachungen beziehen sich ausnahmslos auf die Sachfragen der Landespolitik und freilich auch der Bundespolitik insofern, als im letzten Punkte der Abmachungen — die insgesamt etwa 30 Punkte umfassen — die Bayrische Staatsregierung verpflichtet wird, beim Bundesrat für bestimmte allgemeine wirtschafts- und sozialpolitische Ziele einzutreten.

In den letzten Jahren sind auch mehrere Fälle von ausländischen Koalitionsbildungen bekannt geworden, die meine These auf das drastischste illustrieren. Bei der Bildung des gegenwärtigen *österreichischen* Kabinetts, das von Bundeskanzler *Raab* geleitet wird, und dem Mitglieder der Österreichischen Volkspartei und der Sozialdemokratischen Partei Österreichs angehören, spielte die Frage des Abschlusses eines „Koalitionspaktes“ eine vordringliche Rolle. Die Bildung dieser Koalition hing zeitweise (März 1953) an einem Faden deswegen, weil die Leitung der Volkspartei den Beschluß gefaßt hatte, „unter keinen Umständen einen Koalitionspakt zu unterzeichnen“, vielmehr — wenn überhaupt das Bündnis aufrechterhalten werden solle — lediglich eine „Vereinbarung über die Zusammensetzung der Regierung“ zu treffen. (Vgl. den Wiener Bericht der Neuen Zürcher Zeitung vom 24. März 1953, Nr. 82.) „Eine gemeinsame Regierung ohne Koalitionspakt“ war aber nach der Ansicht des Wiener Korrespondenten der NZZ, der offenkundig die dort herrschende Meinung wiedergibt, „natürlich unmöglich“. Nachdem man lange nach einer lockeren Zwischenformel zwischen „Pakt“ und „Vereinbarung“ gesucht hatte, kam es schließlich doch wieder zu einem ausdrücklichen „Pakt“, wie er offenbar dem österreichischen Gewohnheitsrecht entsprach. Hierüber teilte der

Korrespondent der NZZ (wg) unter dem 14. April (Nr. 106 der „Fernausgabe") in seinem abschließenden Artikel folgendes mit:

„Der wichtigste Kompromiß, der den Fortbestand der alten Koalition möglich machte, wurde der Öffentlichkeit lange verschwiegen. Die Volkspartei und die Sozialistische Partei haben nämlich am 31. März einen neuen vollwertigen Koalitionspakt unterzeichnet, der dem alten Abkommen weitgehend entspricht."

Das zweite, in anderer Hinsicht noch pointiertere Beispiel geben die Vorgänge, die sich nach dem Sturze *Pellas* und dem Scheitern *Fanfanis* bei der Bildung des Kabinetts *Scelba* in Italien abgespielt haben. „Zwei Tage lang" — so meldete der Korrespondent der NZZ am 8. Februar 1954 aus Rom (Nr. 39 der „Fernausgabe") — „hatte Italien zwar schon ein Regierungsprogramm und eine Regierungskoalition, bestehend aus den vier demokratischen Parteien des Zentrums, aber man suchte noch krampfhaft nach einem Regierungschef, der Programm und Koalition ins Werk setzen sollte." Dieses Programm war von Delegierten der vier Parteien ausgearbeitet worden und stellt eben den „Koalitionspakt" dar. Seine entscheidenden Bestimmungen waren vor dem Abschluß auch den leitenden Organen der vier Parteien zur Genehmigung vorgelegt worden. Bei dieser Gelegenheit machte sich übrigens anscheinend auf allen beteiligten Seiten der charakteristische „Spaltungseffekt" der Koalition geltend; bei den Sozialisten *Saragats* gab es sogar eine Sezession, indem die Koalitionsgegner aus dem Exekutiv-Ausschuß der Partei zurücktraten. Man male sich die Bewegungsfreiheit eines Regierungschefs aus, der unter solchen Bedingungen ins Amt kommt. Von „parlamentarischer" Regierungsweise im eigentlichen Sinne des Wortes ist hier fast nichts mehr übrig. Das italienische Beispiel macht aber nur auf krasse und extreme Weise offenbar, was im System der Parteienkoalitionen als solchen angelegt ist[12]).

ANDERE EINTEILUNGSGRÜNDE

Die Spielarten der verschiedenen Parteien-Koalitionen lassen sich ferner danach unterscheiden, wer sie abschließt. Im Falle der deutschen Bundesländer können es, je nach dem Charakter und der inneren Struktur der beteiligten Parteien, entweder die Landesorgane der betreffenden Parteien mit größerer oder geringerer Beteiligung der Parlamentsfraktionen sein, oder aber,

[12]) Theodor *Eschenburg*, der meiner These vom Parteienvertrag in der Berliner Diskussion zustimmte, hat zugleich darauf aufmerksam gemacht, daß sich diese Verfahrensweise in der Zeit der Weimarer Republik offenbar noch nicht ausgeprägt oder durchgesetzt hatte. Brieflich wies mich Eschenburg u. a. auf das Beispiel *Stresemanns* hin, der auf dem Standpunkt gestanden habe, die Entscheidung über die Bildung und Abberufung einer Regierung müsse in offener Feldschlacht, im Plenum des Reichstages, getroffen werden. Einen eingehenderen Vergleich der Koalitions-Verhältnisse der Weimarer Epoche denke ich bei anderer Gelegenheit anstellen zu können.

mindestens mittelbar auf dem Wege der Konsultation oder Intervention, Bundesorgane, insbesondere die Vorsitzenden der Gesamtparteien. Unverkennbar hat sich in den jüngstvergangenen Jahren die Tendenz geltend gemacht, daß der Wille der jeweiligen lokalen Verhandlungspartner immer stärker von den zentralen Parteiführungen inspiriert wird. Dies scheint in der Hauptsache auf zwei Motive zurückzugehen: einmal auf den Konkurrenzdruck, den die von sich aus straffer zentralistisch organisierte Partei auf die loser, womöglich bewußt föderalistisch organisierte Partei unvermeidlich ausübt; zum zweiten auf das beiderseitige vitale Interesse der beiden überwiegenden Bonner Partner oder Gegner, über die Bestellung der Landesregierungen mittelbar eine Mehrheit im Bundesrat zu behalten oder zu gewinnen.

Ein drittes mögliches und bedeutsames Prinzip, wonach die Spielarten der Parteien-Koalition sich einteilen lassen, liegt in dem Grade und der Art der parlamentarischen Mehrheit, auf die eine Koalition sich stützen kann. Sie kann eine *zureichende*, sie kann eine *übermäßige* und sie kann eine *totale* Basis der Zustimmung im Parlament haben. Von dem zuletzt genannten Falle habe ich schon im Zusammenhang der „nationalen Koalition“ gesprochen. Der Unterschied zwischen Koalitionen mit zureichender und solchen mit übermäßiger Mehrheitsbasis aber ist von höchster verfassungspolitischer Bedeutung und verdiente die sorglichste Spezialuntersuchung. In der Alternative zwischen der zureichenden und der übermäßigen Koalition haben die Parteien in den Ländern der Bundesrepublik oft gestanden, und die Entscheidung zwischen diesen beiden Möglichkeiten ist vielleicht die bedeutsamste, die innerhalb des Systems der Parteienkoalitionen, wie es sich in Deutschland ausgeprägt hat, getroffen werden kann.

Zwar werden in beiden Fällen Dritte von der Beteiligung ausgeschlossen. Während aber die Bildung der übermäßigen Koalition nach Wesen und Gesinnung dem Gesetze folgt, wonach der kontinentale Parlamentarismus angetreten zu sein scheint — nämlich der Idee der Einigung durch ein aktuelles Bündnis oder, schärfer gesagt, der Idee von der Mehrheit als einer Annäherung an die Ganzheit, als eines Ersatzes der Ganzheit —, tritt im Falle der parlamentarisch bloß eben zureichenden Mehrheit heute in Deutschland regelmäßig ein ganz anderer, der kontinentalen Überlieferung von Haus aus fremder und den Vielparteiensystemen eigentümlich widerstrebender Gedanke ins Spiel: der Gedanke der *Opposition*. Nichts bezeichnet den Zwischenzustand deutlicher, worin sich unsere heutige deutsche Regierungsweise befindet, als die merkwürdige Unsicherheit, die beinahe jedesmal bei der Mehrzahl der Parteien beobachtet werden konnte, wenn eine Regierung zu bilden war: die Unsicherheit, ob Beteiligung oder Opposition ratsam sei. Sehr selten nur fällt auf irgendeiner Seite eine eindeutige Entscheidung dafür, die Oppositionsrolle zu übernehmen oder, wie man bei uns sagt, „in die Opposition zu gehen“, bevor jene vielfältigen und langwierigen Fühlungnahmen und Verhandlungen beginnen, die der Formierung der Koalition voranzugehen pflegen. Fast überall[13]) findet sich jeweils nach dem Ausgang einer Wahl nahezu jede Partei, die überhaupt Sitze errungen hat — mit der einzigen Ausnahme der kommunistischen —, zunächst in der Position eines potentiellen Koalitionspartners, zumeist auch in derjenigen eines aktuellen Verhandlungspartners. Ein drastisches Beispiel lieferte die Vorgeschichte des zweiten Kabinetts *Arnold* im Lande Nordrhein-Westfalen. In dieser ungewöhnlich langen, an Peinlichkeiten und Verärgerungen besonders reichen Verhandlungsphase sind buchstäblich alle Parteien (außer der KPD) im Gespräch gewesen und buchstäblich alle Kombinationen ausprobiert worden, die überhaupt arithmetisch möglich waren — von der Alleinregierung der CDU als der stärksten Partei bis zur „Arbeitsgemeinschaft" aller vier Parteien, die dort außer der KPD repräsentiert waren[14]).

Unter solchen Umständen kann es für eine Partei nicht das natürlichste von der Welt sein, nachher die Oppositionsrolle zu übernehmen. Und darum ist die unbefangene und selbstverständliche Opposition, die sich in England schon aus dem Wahlausgang mit zwingender Notwendigkeit zu ergeben pflegt, unter den kontinentalen Bedingungen so selten. Die Oppositionsrolle übernahmen bisher nahezu immer diejenigen, die aus irgendwelchen Gründen von der Regierungsbeteiligung ausgeschlossen waren, und diese Ausschließung von der Koalition war dann der *primäre* Sachverhalt, der Oppositionscharakter der *sekundäre*, wenngleich er jenen ersten vor den Augen der Öffentlichkeit und in einem nachträglich sich bildenden Selbstbewußtsein der opponierenden Partei überdecken mag. Stets blieben enttäuschte, verbitterte oder auch empörte ausgeschlossene Dritte übrig, die dann zu Opponenten wurden, und aus dieser in der Systemstruktur begründeten psychologischen Lage versteht es sich auch, wenn ziemlich regelmäßig nach dem Antritt der Regierung jene charakteristischen moralischen Mahnungen an die Opposition und Versicherungen von seiten der Opposition zu hören sind, „sachliche" Kritik zu üben und „konstruktive" Oppositionsarbeit zu leisten.

PRIMÄRE UND SEKUNDÄRE OPPOSITION

Der sekundäre Charakter des Entschlusses zur Opposition erhellt auch und sogar besonders deutlich aus dem Umstand, daß eine Partei infolge der Kündbarkeit, infolge der Labilität des Parteienvertrages, auch nachträglich aus einer Koalition wieder ausbrechen kann, an der sie beteiligt gewesen ist. Während

[13]) Die einzige eindeutige und allerdings entscheidende Ausnahme von dieser Regel macht die Bildung der zweiten Bundesregierung (von 1953), die unten gesondert beschrieben wird.

[14]) Einen anderen aufschlußreichen Fall, die Vorgänge, die mit der Bildung des fünften Kabinetts Kopf in Niedersachsen im Jahre 1951 endigten, hat Dr. Götz *Roth* monographisch dargestellt in dem Buch „Fraktion und Regierungsbildung", das als Band III der gegenwärtigen Schriftenreihe erschienen ist.

der ersten Legislaturperiode der Landtage der Bundesrepublik hat es insgesamt fünf Fälle von Kabinettsveränderungen gegeben, die auf das *Ausscheiden* eines oder mehrerer Koalitionspartner zurückzuführen waren — ungerechnet die ausdrücklichen *Ausschlüsse,* welche in fünf Bundesländern im Zusammenhang mit der Berliner Blockade Kabinettsmitglieder betrafen, die der Kommunistischen Partei angehörten. Mehrfach waren diese Kündigungen offenkundig extraparlamentarische Vorgänge.

Als sich zum Beispiel die Sozialdemokraten im September 1947 nach etwa achtmonatiger Beteiligung aus der damaligen bayerischen Koalition und aus dem ersten Kabinett Ehard zurückzogen, machte Dr. *Ehard* dem Landtag davon mit den Worten Mitteilung, der Rücktritt der genannten bisherigen Koalitionsmitglieder sei die Folge eines Beschlusses der *zuständigen* sozialdemokratischen Parteiinstanz, das mit der CSU in Bayern bestehende Koalitionsverhältnis zu lösen und in die Opposition überzugehen. Er verlas zugleich einen Passus des Schreibens, durch welches ihm dieser Beschluß übermittelt worden war, und dieses Schreiben war verfaßt und unterzeichnet nicht von einem Mitglied des Kabinetts oder gar von allen denen, die zurücktraten, auch nicht eigentlich von der Landtagsfraktion oder deren Vorstand, sondern von dem Vorsitzenden des Landesvorstands Bayern der Partei-Organisation der SPD, der freilich außerdem, sozusagen zufälligerweise, auch Mitglied des Landtages war.

Dieser Parteibeschluß hatte also zwei Teile: Er war erstens der Beschluß, die Koalition zu kündigen, und er war zweitens der Beschluß, in die Opposition überzugehen. In solch einem Falle liegt nun freilich zweifellos eine freiwillige Entscheidung für die Opposition vor. Eine sehr interessante Darstellung und Begründung dieser Entscheidung gab dann der Parteivorstand der SPD in seinem Jahrbuch für 1947, interessant auch im Hinblick auf unser gegenwärtiges Problem der sinnvollen Einteilung und Anordnung der Koalitionstypen. Darin hieß es nämlich: „Die Koalition war eine unechte Koalition, d. h. sie beruhte auf dem Bündnis zweier Parteien, von denen die eine (nämlich die Christlich-Soziale Union) die absolute Mehrheit im Parlament hatte, nämlich 104 von 180 Mandaten, bei 54 Mandaten der SPD." Ich führe diesen Satz nicht deswegen an, weil ich etwa vorschlagen möchte, die Unterscheidung zwischen *echten* und *unechten* Koalitionen aus diesem politischen in unseren wissenschaftlichen Sprachgebrauch zu übernehmen. Nach der Auffassung des Koalitionssystems, wie ich sie hier zu skizzieren versucht habe, muß ja auch eine übermäßige Koalition als eine echte Koalition gelten, selbst dann, wenn an ihr eine Partei beteiligt ist, die sogar über eine absolute Mehrheit im Parlament verfügt. Die Bedeutung des Satzes ist eine andere. Mochte auch der Scharfsinn einer solchen Bemerkung von der parteipolitischen Gefechtstaktik eingegeben sein, so ließ sie doch geistig auf eine nachlassende Wirksamkeit und Gültigkeit derjenigen Grundvorstellungen schließen, die das

Koalitionssystem und die Koalitionspraxis als solche geprägt haben. Man könnte — gerade angesichts der Epoche, in der sich dieser Vorgang abspielte, der Besatzungsepoche nämlich — an angelsächsische, hier vielleicht besonders englische Einflüsse und Vorbilder denken. Wahrscheinlicher aber muß die Deutung anmuten, die Sozialdemokratie habe sich in solchen Augenblicken ihrer eigenen oppositionellen Überlieferung aus der Zeit des Kaiserreiches erinnert, bei der es sich denn allerdings nicht um eine Opposition *innerhalb* des Staates, sondern um eine Opposition *wider* den Staat, wider diesen so beschaffenen Staat (als Klassenstaat nämlich) gehandelt hat. Die Bemerkung, der Gegner in Bayern sei „der politische Katholizismus", die das sozialdemokratische Jahrbuch in dem gleichen Zusammenhange machte, mag diese Auslegung in gewisser Weise stützen. Auf diesen Stamm des traditionellen Klassenkampf-Gefühls aber scheint das Reis der neu gewonnenen Vorstellung von Mehrheit und Minderheit als von Regierung und Opposition aufgepropft zu sein, aus der allein ja die Formulierung hergeleitet werden kann, eine solche übermäßige Koalition wie die damalige bayerische sei ebendarum eine „unechte" Koalition. Hier schon zeigten sich Möglichkeiten einer Wandlung an, wie sie im Parteiengefüge des Bonner Bundestages nachmals deutlicher hervorgetreten ist: Dort nämlich, wo ausdrückliche und freiwillige Entscheidungen für die Übernahme der Oppositionsrolle getroffen werden, kann sich unter gewissen Voraussetzungen eine Abkehr vom Koalitionsdenken überhaupt, von der *psychologie des alliances*, anbahnen.

DIE WIRKLICHE UND DIE FÖRMLICHE REGIERUNGSBILDUNG

Walter *Bagehot* unterschied in seinem berühmten Buche über die englische Verfassung ebenso witzig wie weise zwei Arten von Elementen, die einer Verfassung überhaupt, jedenfalls aber der englischen, eigentümlich seien: die *„dignified parts"* und die *„efficient parts"*, also ihre würdigen und ihre wirkenden Teile. Ich weiß nicht, ob man den deutschen Länderverfassungen und dem Bonner Grundgesetz das Beiwort „dignified" beilegen darf. Sicher aber ist, daß die „efficient parts" unserer wirklichen Verfassung, sofern es sich um die Regeln der Regierungsbildung in dem Normalfalle der Koalitionsregierung handelt, nicht in den Verfassungstexten zu finden sind.

Innerhalb der Grundform der Parteienkoalition wird eine Regierung, ob es sich nun um eine zureichende, eine übermäßige oder eine totale Koalition handelt, und ob sie inhaltlich-politisch eine rechte und „bürgerliche" oder eine linke und sozialistische oder eine mittlere soziale oder schließlich eine umfassende Grundlage der Verfassungstreue schlechthin haben mag, in aller Regel schon gebildet, *bevor* das Parlament den Kabinetts-Chef wählt. Sie wird gebildet im Wege von Verhandlungen zwischen Partei-Exponenten, nicht notwendig Parlamentariern. Die Gegenstände dieser Verhandlungen pflegen erstens die Berechnung der Anteile, die Verteilung der Sitze, in diesem Zusammenhange nicht selten auch der Umfang des Kabinetts zu sein, auch die Benennung von Personen, und zum zweiten das Regierungsprogramm. Ihr Ergebnis ist jener schriftliche oder mündliche, losere oder festere Geheimvertrag, von dem schon die Rede war. Der sachlich-politische Teil des Parteienvertrages geht dann in die Regierungserklärung ein, die der Ministerpräsident nach seiner formellen Bestellung öffentlich dem Parlamente vorträgt.

Außer der formellen Wahl des Regierungschefs durch das Parlament scheinen zu den „würdigen", aber auch einigermaßen unwirklichen Teilen unserer Verfassung auch jene Vorschriften zu gehören, wonach der Regierungschef es ist, der die Mitglieder seines Kabinetts, die Minister, ernennt oder beruft oder — so im Falle des Grundgesetzes — dem Präsidenten zur Ernennung vorschlägt. Fast alle geschriebenen deutschen Landesverfassungen sehen dies vor, nur die Stadtstaaten halten es etwas anders. (In Hessen, Rheinland-Pfalz, Nordrhein-Westfalen und im vormaligen Lande Württemberg-Baden „ernennt" der Ministerpräsident die Minister, in Bayern, Schleswig-Holstein, Niedersachsen wie auch in den verschwundenen Ländern Baden und Württemberg-Hohenzollern „beruft" er sie; im Bunde soll — nach Art. 64 des Grundgesetzes — der eigentliche Bestellungsakt in dem „Vorschlage" des seinerseits gewählten Bundeskanzlers liegen, während der Bundespräsident die formelle „Ernennung" vollzieht.) Denkt man an den Sprachgebrauch des Grundgesetzes, so scheint die „Ernennung" etwas weniger *„efficient"* zu sein als die „Berufung", jene Formel scheint eher als diese die Möglichkeit wirksamer Bestellung aus anderer Machtquelle oder anderem Brauch offenzulassen, sie scheint etwas weniger darüber auszusagen, wie es nun tatsächlich vor sich gehe. Die „Ernennung" kann ein bloßes Siegel unter vollzogenem Akt, eine bloße symbolisch-legitimierende Handlung sein, ein Rest und Schatten vormals effektiver Bestellungsmacht, während es uns bei dem Wort und Begriff der „Berufung" schwerer fällt, von der originären Kraft und Vollmacht desjenigen absehen zu sollen, der da seine Mitarbeiter auswählt und beruft. Doch sind diese Nuancen bedeutungslos im Vergleich mit den tatsächlichen Gebräuchen. Ob Ernennung oder Berufung, immer geht, als der eigentlich „wirksame" Teil der lebendigen Verfassung im System der Parteienkoalition, der faktische Vorschlag voraus. Auch dem nominellen Vorschlag des Bundeskanzlers an den Bundespräsidenten gehen die faktischen Vorschläge voraus, die dem Bundeskanzler von seiten der präsumptiven Koalitionsparteien gemacht werden — ausgenommen allenfalls die eine Partei, welcher der Kanzler (oder Ministerpräsident) in dieser oder jener Funktion selber vorsteht, und bei welcher er darum eine größere Freiheit und Vollmacht wirklicher Berufung besitzen mag.

Ich habe weiter oben in dieser Studie das Berufungsverfahren wiedergegeben, wie es Winston *Churchill* sogar im Falle seines Kriegskoalitions-

Kabinetts — seinem eigenen Berichte zufolge — tatsächlich ausgeübt hat. Es sind dort auch die divergierenden Ansichten englischer Autoren bezüglich der größeren oder geringeren Unabhängigkeit des Premierministers bei der Auswahl seiner Kabinettsmitglieder angeführt worden. Wir unsererseits wissen auch nicht allzuviel Exaktes über die Bräuche und Verfahrensweisen, die bei der Zusammenstellung von Kabinetten auf Grund von Parteien-Verträgen unter den heutigen deutschen Verhältnissen befolgt werden. Die monographische Untersuchung eines einzigen Regierungsbildungsvorganges, die mein Mitarbeiter Götz Roth im Jahre 1951 in Niedersachsen angestellt hat[15]), war gewiß sehr ertragreich, aber man müßte mehrere ähnliche Schilderungen besitzen, um die Vermutung wirklich zu erhärten, daß dieser Vorgang in allen Stücken typisch sei. Dieses Beispiel zeigte freilich mit aller nur wünschbaren Eindeutigkeit, daß erstens das Regierungsprogramm wie die Zusammensetzung des Kabinetts fertig vereinbart waren, bevor noch der Landtag sich versammelt hatte, um den Ministerpräsidenten zu „wählen"; daß, zweitens, das Regierungsprogramm inhaltlich aus den Vereinbarungen der Koalitionsparteien hervorgegangen ist; daß, drittens, nicht allein die Landtagsfraktionen der beteiligten Parteien, sondern auch ihre Landesvorstände, teilweise sogar Delegierte der Kreisverbände an dem Abschluß des Koalitionsvertrages und insofern am Regierungsprogramm mitgewirkt haben; und daß, viertens, zwar die Zahl und Verteilung der Ressorts und sonstigen Stellen vereinbart, die Personen indessen erst nach dem Abschluß von der Fraktion „berufen" worden sind. (Die Chronologie verzeichnet präzis für den 11. Juni den Abschluß der Verhandlungen zwischen SPD und BHE, während erst am darauffolgenden 12. Juni in einer Fraktionssitzung des BHE die drei Minister designiert wurden, welche dieser Partei gemäß dem Koalitionsabkommen zugestanden worden waren.) Die Ministerkandidaten mögen von den Parteidelegationen, die über die Regierungsbildung miteinander verhandeln, vorgeschlagen, sie mögen von ihnen benannt, designiert oder auch schlechtweg präsentiert werden[16]). Sicherlich bildet das Verfahren des Vorschlags — welcher

[15]) Götz *Roth*, Fraktion und Regierungsbildung, Band III der gegenwärtigen Schriftenreihe. Dort besonders S. 105—107 und 142. Einige Einblicke in analoge Vorgänge bei Koalitionsbildungen in verschiedenen Bundesländern wird, vom Aspekt einer einzelnen Partei, auch die Arbeit von Heinz *Hund* über den „BHE in Koalition und Opposition" vermitteln, die abgeschlossen ist und voraussichtlich 1956 im Druck erscheinen wird.

[16]) Theodor *Eschenburg* spricht — mit Hinblick auf die Bildung der Zweiten Bundesregierung im Jahre 1953 — geradezu von einem „Präsentationsrecht" der Parteien. Dasselbe praktische Gewohnheitsrecht sei schon zur Weimarer Zeit geübt worden: „Die Regierungsbildung erfolgte nicht durch Auswahl der Minister seitens des Kanzlers, sondern durch Präsentation seitens der Regierungsparteien. Sie einigten sich über die Verteilung der einzelnen Ministerien und bestimmten die Minister häufig durch Fraktionswahl." Doch nennt der Autor auch Ausnahmen, so namentlich die Reichskanzler Stresemann und Brüning, welche „von ihrem Ministervorschlagsrecht einigen Gebrauch gemacht" hätten. Vgl. Eschenburgs Tübinger Antrittsvorlesung über „Die Richtlinien der Politik im Verfassungsrecht und in der Verfassungswirklichkeit", erschienen in Heft 7 des 7. Jahrgangs der Zeitschrift „Die öffentliche Verwaltung" (April 1954).

ja ebensogut abgelehnt wie angenommen werden könnte — die mildeste und konzilianteste (wahrscheinlich aber auch die seltenste) Form, in der die Koalitionspartner ihre Wünsche oder Forderungen in Hinsicht auf die Personen vorbringen können. Ebenso sicherlich werden diese Formen variieren je nach dem Grade der Autorität und Machtstellung, über die der präsumptive Regierungschef, und je nach der Masse von Anhängern, über die seine Partei verfügt. Aber unter den heutigen Bedingungen der Parteienkoalition dürfte auch der autoritativste (werdende) Regierungschef selten oder niemals so unabhängig sein, daß er den Verhandlungspartnern etwa seinerseits die Personen vorschlüge, die er in einem Kabinett zu sehen wünscht. Als im Sommer 1955 Professoren und Studenten der Universität Göttingen und nach ihrem Vorgang beinahe alle Organe der öffentlichen Meinung in der Bundesrepublik gegen die Ernennung eines gewissen Leonhard *Schlüter*, Fraktionsvorsitzenden der Freien Demokraten im niedersächsischen Landtag, zum Kultusminister in dem neu gebildeten Kabinett des Herrn *Hellwege* protestierten, konnte oder mußte dieser Ministerpräsident alle Verantwortung für die faktische Bestellung des Mannes dessen Partei zuschieben, obgleich er selbst, der Ministerpräsident, gemäß der Verfassung seines Landes das förmliche (und „würdige") Recht der Berufung seiner Minister auszuüben hatte. Damals lichtete sich für einen Augenblick vor aller Öffentlichkeit das Dunkel, das gemeinhin zumal über den personellen Elementen des Koalitionsgeschäftes lagert. Fast noch deutlicher trat die wirkliche Praxis zutage, als nach dem Siege der Protestierenden und nach dem Rücktritt Schlüters für Ersatz auf seinem Posten gesorgt werden mußte: Trotz der erheblichen Einbuße an Ansehen, welche die Freie Demokratische Partei Niedersachsens infolge dieser ärgerlichen Nominierung und ihrer Niederlage davongetragen hatte, hütete sich der Ministerpräsident — seinerseits Parteichef einer anderen, der Deutschen Partei, und bis vor kurzem Bundesminister — auch jetzt noch, das Vorrecht des Koalitionspartners irgend anzutasten. Wie schwer es ihnen auch fiel, einen neuen und weniger anstößigen Ministerkandidaten aufzutreiben — es blieb die Sache einzig der Freien Demokratischen Partei, ihn zu „stellen" (wie der gebräuchlichste Ausdruck lautet), und kaum ein Partei-Fremder störte oder beeinflußte sie bei diesem langwierigen Geschäfte, auch nicht der Inhaber des förmlichen Berufungsrechtes.

Das faktische Benennungs-Privileg der Koalitionsparteien hat das verfassungsmäßige Ernennungs- oder Berufungsrecht des gewählten Regierungschefs weithin ausgehöhlt oder eben in eine dekorative Förmlichkeit verwandelt. Es muß zudem stetig die Homogenität der Politik einer derart konstituierten Regierung gefährden und jene Prärogative, welche fast alle deutschen Verfassungen der Gegenwart dem Leiter der Regierung zuschreiben, daß er nämlich „die Richtlinien der Politik" bestimme, in Frage stellen. Was die Entstehung von Regierungsprogrammen anlangt, so kann wohl im Bereiche des Systems der beweglichen Koalitionsregierung bei straff organisierten Parteien, jedenfalls in der Bundesrepublik Deutschland, als Regel gelten, daß sie in ihren Hauptelementen aus den Verhandlungen der Koalitionspartner hervorgehen — mehr als aus der Initiative und Prärogative des designierten Regierungschefs. Doch würde ich trotz diesen erheblichen „Vorbelastungen" nicht soweit gehen, daraus den Schluß zu ziehen, daß die „Richtlinien der Politik" schlechthin mehr aus dem Parteienvertrag als aus dem Willen des eben hierzu von den Verfassungstexten ermächtigten Regierungschefs erwüchsen. Das Regierungsprogramm bildet jeweils zwar ein wesentliches, auch grundlegendes Stück der Politik einer Regierung, aber diese Politik erschöpft sich nicht oder selten mit dem Programm — selbst dann nicht, wenn das Programm tatsächlich ausgeführt wird[17]). Um über den wirklichen Ursprung der „Richtlinien" ein vollständiges Urteil wagen zu können, müßten wir beobachten und untersuchen, wieweit einzelne Regierungen im Verlauf ihrer Amtszeit ihr Programm verwirklicht, wieweit sie es haben auf sich beruhen lassen, und vor allem, wieweit neu auftauchende Probleme, die im Programm (und in den Koalitionsabsprachen) nicht vorausgesehen worden waren, Entscheidungen gefordert haben, die ohne Rückgriff oder Beziehung auf Abreden der Koalitionspartner vom oder im Kabinett als solchem getroffen wurden, und denen gleichwohl der grundsätzliche Charakter von „Richtlinien" zukommt. Das Problem des westdeutschen Wehrbeitrags, wie es sich im Jahre 1951 stellte, bildet mit allen verfassungs-, außen- und innenpolitischen Konsequenzen ein drastisches Beispiel eines solchen unvorhergesehenen und zugleich — wegen seiner Einwirkung auf die Politik fast aller einzelnen Ressorts — „Richtlinien" erfordernden Problems. Daß solche Richtlinien vom Bundeskanzler de facto gegeben worden sind, leidet keinen Zweifel. Wie der Prozeß ihrer Ausbildung im einzelnen verlaufen ist, bedürfte genauer Erforschung.

Diese Erinnerung macht aber auch deutlich, an welche Grenze wir hier geraten: bei so einschneidenden, nicht vorhergesehenen politischen Problemen und Entscheidungen erhebt sich die Frage nach dem „Mandat" einer Regierung, ja nach dem „Mandat" eines Parlaments. Das französische Parlament kann in solchem Falle die Regierung stürzen, der englische Premierminister andererseits, der als Führer der Mehrheitspartei des Unterhauses in der Regel parlamentarisch sozusagen nicht belangt werden kann, ist in der Lage, das Parlament aufzulösen und in Wahlen ein neues „Mandat" zu suchen. Für den Deutschen Bundestag verbietet sich das letztere Verfahren wohl deswegen, weil ihm die Lebensdauer vom Grundgesetz vorgeschrieben ist, während der Sturz der Regierung nur im Wege der Wahl eines neuen Bundeskanzlers, praktisch also nur durch eine neue und gleichfalls mehrheitliche Parteienkoalition möglich ist. Sie würde dann ihrerseits durch einen neuen Koali-

[17]) Ähnlich äußert sich *Eschenburg*, a.a.O., S. 195.

tionsvertrag (und also auch ein neues Regierungsprogramm) entweder das vermißte Mandat beibringen oder — wahrscheinlicher — der Regierung ein inhaltlich andersartiges Mandat verschaffen. Eine derartige Entwicklung hätte gewiß große Hemmnisse zu überwinden, sie ist aber nicht undenkbar.

Im Gefolge der geschilderten Praxis der Minister-Bestellung ist bei den Parteiführungen die Auffassung allgemein geworden, die ihnen jeweils zugehörenden amtierenden Minister seien ihre „Vertreter" in dem betreffenden Kabinett, die im Falle eines Konfliktes ihren Weisungen oder „Richtlinien" mehr Loyalität schuldeten als denjenigen des Regierungschefs. Ein Beispiel dieser Art aus der Geschichte der zweiten Bundesregierung wird weiter unten in einer anderen Studie dieses Bandes (derjenigen zur Morphologie der Parlamente) behandelt; darum verzichte ich an dieser Stelle darauf, diese Konsequenz näher auszuführen.

Bagehots Unterscheidung zwischen *„dignified"* und *„efficient parts"* einer lebenden Verfassung gibt — trotz einer leisen Ironie, die wir darin zu bemerken meinen — dem Verhältnis zwischen der Krone und der parlamentarischen Partei-Regierung, wie es sich in Großbritannien ausgebildet hat, eher eine Rechtfertigung als einen kritischen Stoß. Zwar waren auch hier die „würdigen" Elemente ehedem durchaus und kräftig „wirkende". Aber die Monarchie hat, obwohl ihrer Exekutivgewalt beraubt, eine eigentümliche und kaum ersetzliche Funktion der symbolischen Repräsentation des ganzen Gemeinwesens bewahrt oder angenommen. In unserem Fall indessen vermag man schwer zu sehen, welche bindende Kraft von den förmlichen Akten der Wahl des Regierungschefs durch das Parlament und der Ernennung oder Berufung der Minister durch ihn noch ausstrahlen sollte, wenn diese Handlungen so scheinhaft werden, wie es in der offenkundigen Tendenz des Systems der Parteienkoalition gelegen ist. Die parlamentarische Regierung muß notwendigerweise als solche und im Ganzen ein *„efficient part"*, ein wirkender und wirksamer Teil des Verfassungslebens sein, sie kann gar nichts anderes sein als dies, und ihre Würde kann kaum aus einem anderen Grunde als demjenigen ihrer Wirksamkeit hervorwachsen.

Eine andere Konsequenz dieser Bildungsweise muß man in der Tatsache erblicken, daß die Mitglieder solch eines Kabinetts auf der Grundlage der Parteienkoalition wohl aus Parteien oder doch aus Parteivorschlägen, aber keineswegs notwendigerweise aus dem Parlament hervorgegangen sein müssen. Die Redeweise von der „parlamentarischen" Regierung ist insofern irreführend. Von den sechs sozialdemokratischen Mitgliedern des dritten Kabinetts Ehard in Bayern waren zur Zeit ihrer Bildung nicht mehr als zwei auch Abgeordnete des bayerischen Landtags — das Kabinett zählte insgesamt 16 Mitglieder —, aber fünf von den sechsen gehörten dem bayerischen Landesausschuß der Sozialdemokratischen Partei an. Das ist freilich wohl ein extremes Beispiel, vielleicht ein Grenzfall. Aber Grenzfälle sind für die Erkenntnis immer wertvoll.

Der Art der Bildung einer Parteienkoalition entspricht durchaus die Art der Kündigung und Auflösung. Auch sie muß den „wirkenden Teilen" unserer tatsächlichen Verfassung zugerechnet werden, während der ihr entsprechende „würdige Teil", nämlich die Abberufung von Ministern durch ein parlamentarisches Mißtrauensvotum, im gegenwärtigen deutschen Verfassungsrecht kaum noch existiert. Doch haben nicht nur die Parteien Einfluß auf die Koalitionen, sondern die Koalitionen haben auch Einfluß auf die Parteien. Bündnisse können nicht nur töten — wie man an jenen versteinerten Koalitionen Osteuropas und der Sowjetzone sieht —, Bündnisse können auch spalten. Auf locker organisierte Parteien üben gewisse Koalitionen gar nicht selten einen gut erkennbaren *Spaltungseffekt.* Eine Partei, die im Wahlkampf etwa für Christentum und gegen „Marxismus" eingetreten ist, nach der Wahl aber mit ihrem sozialistischen Gegner einen Koalitionsvertrag eingeht und ein gemeinsames Kabinett bildet, hat gegenüber ihren Mitgliedern und Wählern unter Umständen einen schweren Stand. So wird sich vielleicht ein Teil ihrer Führung für das Regieren und für die Koalition aussprechen, während ein anderer Teil die Treue zum Wahlprogramm und das Interesse an der Anhängerschaft höher stellt. Was bei den lockerer organisierten Gebilden derart als Spaltungstendenz, sozusagen im *Raume,* in Erscheinung tritt — bisher ist allerdings in Deutschland, seit dem Kriege, in keinem solchen Falle eine wirkliche endgültige Spaltung eingetreten —, das zeigt sich auf der Seite der festeren Parteikörper in der Labilität der Teilnahme, in Eintritt und Rückzug, im Übergang von der Beteiligung zur Opposition — also gewissermaßen als Spaltung des Verhaltens in der *Zeit.* Ein solcher Körper entgeht der Gefahr der inneren Spaltung eben dadurch, daß er sich aus dem Bündnis und aus der Verantwortung zurückzieht.

Alle diese Phänomene aber werden nur dann völlig verständlich, wenn man sie auf dem Hintergrunde sieht, den die fundamentale und allgemeine *Doppelheit des Partei-Interesses* bildet. Jede politische Partei ist zugleich vital interessiert einerseits an der Regierungsmacht — oder doch an einer Teilnahme daran — und andererseits an der Bewahrung oder Vermehrung ihrer Anhängerschaft und Wählerschaft. Vor diese tritt sie — im Wahlkampf — mit ihrem ungeteilten Gesamtkonzept, in jene tritt sie — im Wege der Koalition — mit geteilter Verantwortung. Diese Doppelheit des Interesses, die unvermeidlich ist, solange die Parteien im Koalitionssystem leben, stellt sich dem Volke, ebenso unvermeidlich, als peinlicher Widerspruch dar. Hier liegt ein echtes und überaus ernstes *moralisches* Problem und ebendarum auch ein echtes und ernstes politisches Problem, das dem Koalitionssystem inhärent zu sein scheint.

Koalitionspartner pflegen, wie man oft in Regierungserklärungen und ähnlichen Verlautbarungen hören oder lesen kann, „das Trennende beiseitezusetzen". Sie können ihren möglichen Gegensatz eben des Vertrages wegen nicht austragen. Zwischen *Vertrag* und *Austrag* muß die Wahl getroffen werden. Der Vertrag charakterisiert das Koalitionssystem, der Austrag das System von Regierung und Opposition. Wir haben jetzt in der deutschen Bundesrepublik einen Zustand, worin die Tendenz zur Koalition als der eigentlichen Grundlage des Regierens — eine Tendenz, die im Parteiengefüge und in einem dieses Parteiengefüge konservierenden (aber auch gefährdenden) Wahlsystem angelegt ist — überdeckt wird von der Vorstellung von Regierung und Opposition. Es ist, wie wenn zwei Glasbilder in der Zauberlaterne sich übereinandergeschoben haben. Die Frage ist, welches dieser Bilder weggezogen wird und welches stehen bleibt. Der Idee der Einigung durch *Bündnis* und *Teilung* der Verantwortung — welche die Idee der Koalitionsregierung ist — steht die Idee der Einigung durch *Ablösung* der Wache, durch *Wechsel* der Verantwortung gegenüber. Jene Idee nährt sich von der althergebrachten kontinentalen Auffassung der Mehrheit als eines approximativen Ersatzes der Ganzheit, diese beruht auf der Auffassung der Mehrheit als des Gegensatzes der Minderheit. Die Entscheidung, die getroffen werden muß, reicht sehr tief. Die Frage ist geschichtlich gestellt. Die endgültige Antwort steht noch aus.

DER REGIERUNGS-CHEF ALS KOALITIONSFÜHRER

Die Wahl des zweiten Bundestages und die Formierung der Kräfte in diesem Bundestag hat uns dieser Antwort offenbar um ein Stück nähergebracht: dadurch nämlich, daß das eigenartige und in Deutschland völlig neuartige Parteiensystem dieses Parlamentes die große Alternative, von der oben die Rede war, mit einer bis dahin unbekannten Deutlichkeit vor aller Augen gerückt hat. Zwei Tatsachen belegen dies in unwidersprechlicher Weise. Die erste Tatsache: Das Wahlergebnis des 6. September 1953 ist von den Hauptbeteiligten in den Grundzügen übereinstimmend ausgelegt worden. Und die zweite Tatsache: Es hat infolgedessen — und wiederum übereinstimmend auf „beiden Seiten des Hauses" — keinen Zweifel mehr darüber gegeben, was für eine Art von Regierung auf Grund dieses Wahlergebnisses zu bilden sei.

Die Debatte über die Regierungserklärung des Bundeskanzlers vom 20. Oktober 1953 liefert den Beweis für diese beiden Feststellungen. Daß Herr Dr. *Adenauer* den Wahlausgang als einen „Volksentscheid" interpretiert hat, mag nicht verwundern; bemerkenswert erscheint aber die gleichsinnige Formulierung, die Herr *Ollenhauer,* der Führer der Sozialdemokraten, in der Debatte fand: „Nach unserem Grundgesetz liegt die letzte Entscheidung über die politische Führung der Bundesrepublik beim Volke selbst. Die Wahlen vom 6. September zum zweiten Deutschen Bundestag waren eine solche Entscheidung. Die sozialdemokratische Bundestagsfraktion respektiert diese Entscheidung und die sich daraus ergebenden Konsequenzen, wie sie durch die erneute Wahl Dr. Adenauers zum Bundeskanzler durch die Mehrheit dieses Hauses ihren Ausdruck gefunden haben." (4. Sitzung, S. 35 D)

Es war wohl das erste Mal in der Geschichte der deutschen Demokratie, daß eine nationale Wahl die Entscheidung darüber gebracht hat, wer regieren solle, und daß diese Entscheidung einhellig als solche aufgefaßt und akzeptiert worden ist[18]). Es empfiehlt sich, zum Vergleich die Situation von 1949 in Erinnerung zu rufen. Dr. Adenauer hat in der jüngsten Regierungserklärung selber darauf angespielt, daß damals eine ausdrückliche Erwägung möglich und ein ausdrücklicher Entschluß nötig war, damit diejenige Koalition geschlossen würde, die dann tatsächlich geschlossen worden ist, und nicht etwa eine andere. Er sagte nämlich (S. 15 A), die wirtschaftlichen und finanziellen Erfolge der ersten Bundesregierung hätten den Beweis dafür geliefert, „daß es richtig war, eine Regierung, eine Koalition zu bilden, der die Sozialdemokratie nicht angehörte". Und in seiner Regierungserklärung von 1949 fanden sich noch längere und verhältnismäßig umständliche Darlegungen zur Rechtfertigung dessen, daß man diese und keine andere, insbesondere nicht die sogenannte ‚große' Koalition gebildet habe: „Ich bin nicht der Auffassung, daß es den Interessen der Gesamtbevölkerung, den Interessen Deutschlands besser gedient hätte, wenn man etwa eine Koalition zwischen CDU/CSU und der Sozialdemokratischen Partei eingegangen wäre." (Erster Bundestag, 5. Sitzung, S. 22 C.)

Die Versicherung, daß Opposition eine Staatsnotwendigkeit sei, die der Bundeskanzler damals der eben angeführten Bemerkung sogleich hat folgen lassen, hatte den Klang mehr einer Einräumung oder der Einsicht in eine rebus sic stantibus unvermeidliche Folge jenes Entschlusses als etwa einer primären Überzeugung, die ihn bei diesem Entschluß geleitet hätte. Die Sozialdemokratische Partei, die ja freilich schon von der „Regierung" des Frankfurter Wirtschaftsrates, damals durchaus gegen ihren Willen, ausgeschlossen und ferngehalten worden war, deren Oppositionsrolle und -haltung also, geht man auf diese Phase zurück, sich als eine „sekundäre" (in dem oben erläuterten Sinne) darstellt, hat dann freilich alsbald alles getan, den Charakter, das Bewußtsein, ja geradezu die Theorie der Opposition energisch auszubilden. Dazu hat namentlich Dr. *Schumacher* beigetragen. Der Umschlag von der erzwungenen Untätigkeit zur bewußten Oppositionshaltung auf der Seite der SPD — die Überdeckung sozusagen der Not durch die Tugend — läßt sich gut an der Formulierung erkennen, die damals der Abgeordnete Professor Carlo *Schmid* wählte: „Opposition ist für uns nicht eine Respektabilitäts-Bezeichnung für jene, ‚die nicht mitmachen dürfen'. Wir betrachten uns nicht als eine Art ‚Klub der Mißvergnügten' ... Opposition ist der andere Beweger der deutschen Politik." (Erster Bundestag, 10. Sitzung, S. 185 C.) Damals also bildete sich

[18]) Ich habe eine erste Analyse der Wahl versucht in dem Aufsatz „Das deutsche Wahlwunder" in der „Gegenwart" vom 12. September 1953.

zuerst jene bipolare Konstellation des Parteiensystems aus, auf deren Grundlage allein die Wahlentscheidung vom September 1953 als eine Entscheidung über die Regierungsbildung möglich wurde.

Gleichwohl beruht auch die zweite Bundesregierung wie die erste auf einer Koalition. Diese zweite Koalition ist sogar seltsamerweise noch weit komplizierter als die erste — und dies nicht allein deswegen, weil sie nun vier Parteien umfaßt anstatt deren drei, sondern vor allem in ihrer inneren Struktur, wie sie sich in der Zusammensetzung und in der Organisation des Kabinetts darstellt. Es handelt sich hier um eine mehr als zureichende, um eine übermäßige Koalition. Sie stützt sich auf eine Mehrheit von 336 unter insgesamt 487 Abgeordneten.

Man mag die Erklärung, die der Fraktionsvorsitzende der CDU, Dr. *von Brentano,* dafür gegeben hat, daß seine Partei dem Gedanken einer Ein-Parteien-Regierung, also des *„Party Government"* im strikten englischen Sinne des Wortes, abgesagt und anstatt dessen — nicht ohne Nachteile — eine so komplizierte Koalition geschlossen hat, als eine bloß taktische „Ideologie" auslegen. Er sagte, „der Entschluß, die Koalition zu erweitern, sollte die Öffentlichkeit, aber auch die Welt davon überzeugen, daß die verantwortlichen Männer dieser Partei mit Besonnenheit an ihre Aufgaben herangehen und weit davon entfernt sind, ihre Vollmachten zu mißbrauchen" (Zweiter Bundestag, 4. Sitzung, S. 27 C). Man mag dies also für einen „Überbau" halten und den „wahren" Grund in dem Bestreben des Kanzlers finden, eine Zweidrittelmehrheit für die geplanten Verfassungsergänzungen zu sichern — einem Bestreben, welches auch der „Führer der Opposition", Herr Ollenhauer, „verständlich" fand (S. 38 B). Dies war auch gewiß das entscheidende Motiv für die „Übermäßigkeit" der Koalition. Dennoch bleibt der Gedanke Brentanos bezeichnend insofern, als er gleichsam dem noch immer bereitstehenden Reservoir der Koalitionsgesinnung entstammt — jener Gesinnung, die nicht bloß die Einigung, sondern auch die Mäßigung vom Bündnis erwartet, vom Bündnis und nicht vom Wechsel.

Die Koalition, die der zweiten Bundesregierung zugrunde liegt, ist — unter unserem Gesichtspunkt — eine *paradoxe* Erscheinung. Einerseits nämlich ist sie dazu angetan, die „Polarisierung" des Bundestages und seines Parteiensystems noch weiterzutreiben insofern, als nun fürs erste keine Zwischengruppen mehr übrig blieben, die weder zur Regierung noch zur Opposition gehörten — solche Zwischengruppen waren im ersten Bundestag die Bayernpartei, das Zentrum, auch die Abgeordneten, die sich späterhin als zum BHE gehörig erklärt haben. Andrerseits aber hat diese Regierungsbildung, und zwar aus genau dem gleichen Grunde, das Prinzip der *Koalition* als solches, sogar in einer ungewöhnlich auffälligen Weise, von neuem zur Geltung gebracht. Man könnte den Sachverhalt auch so ausdrücken: Die Regierung ist nicht von dem *Parteiführer* der CDU gebildet worden — der auch mit seiner Partei allein über eine zureichende Mehrheit verfügt hätte —, sondern präzise vom Bundeskanzler kraft derjenigen Amtsstellung, die ihn über die Kabinettsmitglieder, zugleich aber auch über die Parteien hinaushebt, die ihn, mit einem Wort, zum *„Koalitionsführer"* macht. Die starke Position, die das Kanzleramt verleiht, scheint nach den bisherigen Erfahrungen das Gewicht des Koalitionsvertrages einigermaßen aufzuwiegen.

Verzeichnis der aus Wahlen hervorgegangenen Kabinette westdeutscher Länder seit 1946

I. Baden	Erstes Kabinett Wohleb	Mai 1947 — Dezember 1947
	Zweites Kabinett Wohleb*	Januar 1948 — März 1952
II. Bayern	Erstes Kabinett Ehard	Dezember 1946 — September 1947
	Zweites Kabinett Ehard*	September 1947 — Dezember 1950
	Drittes Kabinett Ehard	Dezember 1950 — Dezember 1954
III. Berlin	*Senat Ernst Reuter	Februar 1951 — Oktober 1953
	Senat Schreiber	Oktober 1953 — Januar 1955
IV. Bremen	*Erster Senat Kaisen	Oktober 1946 — Oktober 1947
	Zweiter Senat Kaisen	Oktober 1947 — November 1951
	Dritter Senat Kaisen	November 1951 — November 1955
V. Hamburg	Erster Senat Brauer	Oktober 1946 — Oktober 1949
	Zweiter Senat Brauer*	Oktober 1949 — November 1953
	Senat Sieveking	Von November 1953 an.
VI. Hessen	Kabinett Stock	Dezember 1946 — Ende 1950
	Kabinett Zinn*	Anfang 1951 — Dezember 1954
VII. Niedersachsen	*Erstes Kabinett Kopf	Oktober 1946 — Juni 1947
	*Zweites Kabinett Kopf	Juni 1947 — Juni 1948
	Drittes Kabinett Kopf	Juni 1948 — September 1950
	Viertes Kabinett Kopf	September 1950 — Juni 1951
	Fünftes Kabinett Kopf	Juni 1951 — Mai 1955
VIII. Nordrhein-Westfalen	*Kabinett Amelunxen	Oktober 1946 — Juni 1947
	Erstes Kabinett Arnold	Juni 1947 — September 1950
	Zweites Kabinett Arnold	September 1950 — Juli 1954
IX. Rheinland-Pfalz	*Erstes Kabinett Altmeier	Juli 1947 — Dezember 1949
	Zweites Kabinett Altmeier	Dezember 1949 — Juni 1951
	Drittes Kabinett Altmeier	Juni 1951 — Mai 1955
X. Schleswig-Holstein	Kabinett Lüdemann*	Mai 1947 — September 1950
	Kabinett Bartram	September 1950 — August 195
	Kabinett Lübke	August 1951 — Oktober 1954
XI. Württemberg-Baden	*Erstes Kabinett Maier	Dezember 1946 — Januar 1951
	Zweites Kabinett Maier	Januar 1951 — März 1952
XII. Württemberg-Hohenzollern	*Kabinett Bock	Juli 1947 — August 1948
	*Kabinett Gebh. Müller	August 1948 — März 1952
XIII. Baden-Württemberg	Kabinett Maier	April 1952 — Oktober 1953
	*Kabinett Gebh. Müller	Von Oktober 1953 an.

Da in einigen (frühen) Fällen Schwierigkeiten bei der genauen Datierung auf den Tag auftraten, wurde generell nur der Monat angegeben. Der Endtermin ist jeweils nicht der Termin der „Krise", sondern derjenige, mit dem die neue Regierung die Ämter übernahm. Die „nationalen" Koalitionsregierungen, die entweder alle oder doch alle verfassungstreuen Parteien umfaßten, sind durch ein Sternchen *vor* der Bezeichnung des Kabinetts, die Einparteienregierungen durch ein Sternchen *hinter* der Bezeichnung des Kabinetts kenntlich gemacht. — Dem ersten Kabinett Altmeier in Rheinland-Pfalz gehörten Mitglieder aller Parteien allerdings nicht bis zum Dezember 1949, sondern nur bis zum April 1948 an: Damals schied nicht nur der kommunistische, sondern auch der der DVP (FDP) angehörende Minister aus.

OPPOSITION DES PARLAMENTS UND PARLAMENTARISCHE OPPOSITION

EINE STUDIE ZUM PROBLEM DER GEWALTENTEILUNG

Alexander Rüstow gewidmet

LEITSÄTZE

1.

Die Duldung, Anerkennung, Legitimierung und schließliche Institutionalisierung parlamentarischer Opposition ist eines der erstaunlichsten und reifsten Erzeugnisse politischer Kultur — bedeutsamer vielleicht für die Ausbildung des Verfassungslebens und die Gewährleistung bürgerlicher Freiheit als die Proklamation der Volkssouveränität und als die Doktrin der Mehrheitsherrschaft.

2.

Die Entwicklung des Gegensatzes und Widerspiels von parlamentarischer Regierung und parlamentarischer Opposition läßt sich als eine zweite, moderne Phase der Gewaltenteilung im „Verfassungsstaat" verstehen.

3.

Legitime parlamentarische Opposition muß von allen Formen der Revolution, der Sabotage und des Widerstands gegen die „Staatsgewalt" scharf unterschieden werden.

4.

Insbesondere ist unter den Oppositionserscheinungen überall zwischen der Opposition gegen den Staat schlechthin und derjenigen gegen die zeitweilige Regierung zu unterscheiden; die erstere geht — wenn auch zuweilen auf „legalem" Wege — auf Umsturz, die zweite auf Wechsel der Regierung aus.

5.

Entscheidend ist deswegen die Formalisierung des Oppositionsverhältnisses: daß nämlich Opposition nicht mehr soziologisch, sondern nur noch verfassungspolitisch definiert werden kann — als ein fester Ort, an dem unterschiedliche, ja entgegengesetzte Kräfte im Wechsel zu stehen kommen können.

6.

Die Arten von Opposition unter verfassungsmäßigen Verhältnissen lassen sich nach der Bildungs- und Entstehungsweise, nach dem Bereich und nach der Gestalt ihrer Wirksamkeit ordnen: es sind sowohl im außerparlamentarischen wie im parlamentarischen Bereich jeweils entweder a) unbestimmt verbreitete (ubiquitäre) oder b) abgegrenzte, aber unzusammenhängende (inkohärente) oder c) fest zusammenhängende (kohärente) Oppositionserscheinungen wahrzunehmen. Zudem sind Varianten zwischen stetiger und unstetiger, dauernder und gelegentlicher Oppositionshaltung zu beobachten.

7.

Die drei möglichen Hauptfunktionen sind Kritik, Kontrolle und Entwurf einer Alternativ-Politik. Es ist offenkundig, daß die zuletzt genannte Funktion mit Erfolg fast nur von einer fest zusammenhängenden Oppositionsgruppe ausgeübt werden kann.

8.

Bei ausgebildetem parlamentarischem Parteiwesen mit starker Abstimmungsdisziplin sinkt die Chance einer solchen Opposition, die Regierungspolitik einschließlich der Gesetzgebung aktuell mitzuformen, erheblich. Die parlamentarische Auseinandersetzung wird unter diesen Umständen notwendigerweise überwiegend zu einem ständigen Wettbewerb um die Wählerstimmen.

9.

Unter diesen Umständen kann die opponierende Partei ihre Funktionen nur dann ausüben beziehungsweise nur dann „legitim“ und loyal bleiben, wenn sie mit Grund hoffen kann, die Regierung abzulösen. Die Furcht der Regierung vor diesem Umschwung und die Hoffnung der Opposition auf ihn konstituieren erst die eigentliche Lebendigkeit eines Verfassungs- und Parteiensystems, das auf diese Polarität gegründet ist.

10.

Soziologische und gesetzliche Hemmnisse, die dieser Triebkraft von Furcht und Hoffnung entgegenwirken, bedingen einander wechselseitig.

11.

Eine Verfassung, die auf der Polarität von Regierung und Opposition beruht, ist weder aus dem Begriffe des Kampfes um die Macht noch andererseits aus demjenigen der Toleranz vollkommen zu verstehen: entscheidend ist vielmehr die Einsicht in den Spielcharakter des Kampfes.

12.

Die Leistung eines solchen belebten und geregelten Widerspiels von Regierung und Opposition im Hinblick auf das Ganze der Staatsgesellschaft läßt sich mit der Formel kennzeichnen: Integration durch Polarität.

Wir befinden uns in der deutschen Bundesrepublik hinsichtlich des Phänomens der parlamentarischen Opposition in einer sehr merkwürdigen, ja paradoxen Lage. Es ist eine vollkommen neue Erscheinung in Deutschland, daß es in beiden Kammern, vorab aber in der Volksvertretung, im Bundestag, eine starke, zusammenhängende, ja fest organisierte und stetige Opposition gibt, eine Oppositions-*Partei*, von der man — namentlich seit der Konstituierung des Zweiten Bundestages und seit der Bildung der zweiten Bundesregierung — in der Tat sagen kann, sie sei „die“ Opposition: eine Gruppe, welche nicht bloß dadurch gekennzeichnet ist, daß sie zeitweilig nicht an der Regierung beteiligt wäre und es sich daher vorbehielte, zu den Vorschlägen und Handlungen der Regierung von Fall zu Fall Ja oder Nein zu sagen, sondern welche von Grund auf und von Anfang an die Politik der tatsächlichen Regierung in einigen Kardinalpunkten kritisiert und bekämpft hat, welche diese Politik, insbesondere diese Außenpolitik, auf allen erdenklichen gesetzlichen Wegen zu hindern und in ihrem Sinne umzubiegen gesucht hat und noch sucht und welche ihrerseits beständig daran arbeitet, eine sowohl in den Prinzipien wie in der Strategie und Taktik abweichende eigene Politik als Alternativvorschlag auszubilden und anzubieten und für diese ihre eigenen Vorschläge zu werben. Das ist, sage ich, in Deutschland eine vollkommen neue Erscheinung: daß es eine solche Art von parlamentarischer Opposition gibt, getragen und ausgeübt von einer Partei und von Menschen, die doch zugleich selber an der Entwicklung und Fixierung der geltenden rechtlichen *Verfassung* positiv und energisch mitgewirkt haben und die schon aus diesem Grunde, wenn nicht andere Gründe hinzukämen, sich gehalten wissen, dieser Verfassung als der gemeinsamen die Treue zu halten, die Chancen zu nutzen, die sie bietet, auf ihre Wahrung zu dringen und sie in manchen Punkten womöglich noch leidenschaftlicher zu verteidigen, als es die regierenden Parteien tun mögen. Selbst diejenigen Elemente der rechtlichen Verfassung, die der aktuellen *Wirksamkeit* solcher Opposition recht fühlbare Schranken setzen — ich denke vor allem an das „konstruktive Mißtrauensvotum“, die Bestimmung des Artikels 67 des Grundgesetzes — haben bisher, wenn auch dessen Verfasser allem Anschein nach ihre feineren dynamischen Effekte kaum in vollem Umfang vorausgesehen haben mögen, keine ernstliche politische Kritik von der Seite dieser parlamentarischen Opposition gefunden[1]). So neu ist diese Erscheinung einer kohärenten, stetigen, massiven, in einigen Hinsichten sehr grundsätzlichen und doch zugleich verfassungstreuen, loyalen parlamentarischen Opposition in Deutschland, daß sie bisher noch keinerlei staatsrechtliche Berücksichtigung und kaum eine politisch-wissenschaftliche und soziologische Beschreibung und Deutung erfahren hat.

Gleichwohl aber haben wir uns andererseits — und das ist das Merkwürdige der Lage — in diesen paar Jahren so sehr an diese Erscheinung gewöhnt, daß

[1]) Zum wenigsten ist solche Kritik bisher nicht laut und prinzipiell hervorgetreten.

sie uns gar nicht so verwunderlich und so bedeutsam vorkommen will, wie sie doch in Wahrheit ist. Mag auch zu dieser Gewöhnung der Umstand beitragen, daß das Wort, die Redewendung von der Opposition, in einem unbestimmten und sogar zweideutigen Sinne freilich, von der Weimarer Zeit und vom Sprachgebrauch ihrer Parteien her vertraut war — aus einer Epoche, in der Opposition zumeist soviel hieß wie „Nicht-Mitregieren" (und manchmal soviel wie „Sprengkommando"), und in der das gleitende Hin und Wider zwischen Koalition, Tolerierung und Opposition keinerlei Stetigkeit und keine klaren praktischen Alternativen aufkommen ließ: Was uns heute in Deutschland als „Opposition" vor Augen steht und sich in unserer Vorstellung, bis zu einem gewissen Grade auch im öffentlichen Bewußtsein, recht fest eingenistet hat, ist natürlich etwas gänzlich anderes. Es ist nicht die gemischte Versammlung derjenigen, die gerade zur Zeit nicht mitmachen (beim Regieren), vermehrt noch um diejenigen, die überhaupt nicht mitmachen wollen — sondern es ist der andere Pol eines bipolaren Verfassungslebens, auch eines bipolaren Parteiensystems. Ich muß vorsichtiger sagen: Es *kann* der andere Pol der lebendigen Verfassung sein oder werden — die politischen Kräfte und die politischen Topoi sind so angelegt, daß diese Möglichkeit sich verwirklichen kann. Der Aufmarsch gleichsam ist vollzogen, wenngleich das, was die Militärs die „Entwicklung" der Streitkräfte nennen, noch unter gewissen Hemmungen zu leiden scheint. Welche Momente zur vollen Ausbildung eines solchen zweipoligen Verfassungslebens gehören, welches insbesondere die Funktionen und die Bremsen wirksamer Opposition im einzelnen sind — davon später mehr.

Wenn und wo immer das Widerspiel von Regierung und Opposition aber tatsächlich voll entwickelt ist, da scheint es mir in der Tat der tiefsten Verwunderung und des höchsten Staunens durchaus würdig zu sein. Man muß gar nicht erst den Blick zu den totalitären Parteidiktaturen unsrer Zeit und unsrer eigensten Erfahrungen wenden, wo die Widerstrebenden in Zuchthäusern und Konzentrationslagern vermodern, von der Maschine des Terrors verschluckt und zermahlen werden oder aber unter den Parolen von Nationaler Konzentration, Volksgemeinschaft, Nationaler Front und dergleichen und mit den Techniken des Koalitionsstaatsstreiches und der Gleichschaltung in die Abhängigkeit von der einen herrschenden Partei gebracht und auf diese Art gelähmt werden —, um aus dem Kontrast gewahr zu werden, welch ein Phänomen menschlicher Gesittung das ist, die legitime Opposition. Im Gegenteil, dieser Kontrast ist so übermäßig, die Erscheinung und Erfahrung des totalitären Systems ist so außer allen Proportionen, daß sie unsre Begriffe übersteigt, unsre erkennende Aufmerksamkeit überanstrengt und mit der Lust am Vergleichen auch den Sinn des Vergleichens beinahe außer Kraft setzt. (Vielleicht ist dies einer der Gründe, weswegen man von Renegaten des Bolschewismus nur so selten etwas Positives zum Lobe oder nur zum Verständnis der liberalen Ordnungen oder des Verfassungsstaates hört, und daß das, was man von ihnen hört, matt zu klingen pflegt!) Viel eher werden uns die Augen aufgetan, wenn wir mildere Formen der Herrschaft und des Zusammenschlusses und ehrwürdigere Zeugnisse politischen Lebens heranziehen.

In jener Ratsversammlung zum Beispiel, welche die griechischen Heerführer im zehnten Jahre der Belagerung von Troja abhielten — jener „Sitzung", die im Zweiten Gesang der Ilias geschildert wird und die in manchen Hinsichten durchaus als ein Modell parlamentarischer Debatte gelten kann —, gab es auch eine Art Opposition, einen Opponenten zum wenigsten, der entschieden zum Abbruch des Krieges und zur Rückkehr in die Heimat riet, indem er vor allem das bekannte Mittel anwandte, den Hauptexponenten der Kriegspartei, den Oberkommandierenden des Bundesheeres, eigennütziger, gewinnsüchtiger Motive, sozusagen des persönlichen kriegswirtschaftlichen Interesses zu bezichtigen: ich meine den *Thersites* und seine Schmährede gegen *Agamemnon*. Und wie erging es ihm? Der edle *Odysseus* trat wider ihn auf

„. . . und hob den Stab und schlug ihm Schulter und Nacken
Schwer; und er wand sich vor Schmerzen, der Mann, und konnte die Träne
Nimmer verhehlen, ihm schwoll blutrot am Rücken die Beule
Unter dem güldenen Stab; er ging und setzte sich kleinlaut,
Wimmernd, verlegenen Blicks und wischte die rinnenden Lider.
Die aber alle zumal, die Bekümmerten, lachten von Herzen . . ."[2])

Ich habe gar nicht im Sinn, eine Apologie des Thersites zu unternehmen. Im Gegenteil: die Beschaffenheit und die Gemütsart dieser Figur, die zum Urbild des sarkastischen Schmähers und Enthüllers, des sterilen Geiferers geworden ist, sein mißgestalteter Leib und seine von Lebensneid (Ressentiment) erfüllte Seele — die ganze Prägung dieses Charakters verrät fast mehr noch als die Behandlung, die ihm zuteil ward, wie schlecht es um die Möglichkeit eigentlicher Opposition bestellt war selbst in diesem lockeren, der Rede und Gegenrede durchaus offenen Gebilde einer föderativen Ratsversammlung, welches Homer hier geschildert hat.

Ich glaube, man kann den Satz wagen, daß es noch keine Form der Herrschaft, wie fest oder wie locker, wie streng oder wie milde, wie simpel oder wie komplex ihr Wesen sein mochte, wie absolutistisch oder wie pluralistisch ihre Architektur, wie spannungsvoll oder wie ausgeglichen ihr inneres Gefüge — daß es noch keine Form der Herrschaft und keine Weise der Regierung gegeben hat — die revolutionären mit einbegriffen —, die *nicht* in der Behauptung einer einzigen höchsten Instanz, Person, Gruppe, Klasse oder Körperschaft ihr Wesen gehabt hätte, keine, die den inneren Kritiker und Widersacher förmlich in sich aufgenommen, legitimiert und zur festen Einrichtung erhoben hätte — keine bis auf die eine, diese kuriose britische Adelsherrschaft, die englische parlamentarische Regierungsweise, deren nicht monokratisches, son-

[2]) Zitiert nach der Übersetzung von Rudolf Alexander Schröder.

dern eben bipolares Parteiensystem allen grimmigen, sentimentalen oder auch realistisch-soziologischen Prophezeiungen zum Trotz sämtliche Schübe der Demokratisierung, der „Vermassung“ und der Nivellierung, sämtliche Phasen gesellschaftlicher Wandlung im 19. und 20. Jahrhundert bisher siegreich überstanden, verarbeitet, ja selber gefördert und jedenfalls sich einverleibt hat.

Der Vergleich, den ich in meiner ersten These gezogen habe, ist vielleicht nicht ganz billig, da es sich auf der Seite der „Volkssouveränität“ und auch der Mehrheits-Doktrin um Theorien, auf der Seite des Systems von Regierung und Opposition hingegen um nichts als einen praktischen Brauch handelt — wie Edmund *Burke* sagt: „Eine gewohnheitsrechtliche Regierungsweise *(prescriptive government)* wie die unsrige ist von keinem Gesetzgeber entworfen und auf keiner vorgängigen Theorie errichtet worden“[8]) —: Eine Verfassung, die, aus Kämpfen hervorgewachsen, sich in Bräuchen elastisch ausgestaltet hat, kann wohl niemals so zweischneidige Folgen zeitigen wie jene Doktrinen, die ebenso viele Waffen der Zerstörung wie Werkzeuge des Aufbaus geliefert haben und noch immer liefern. (Volkssouveränität konnte — ohne betrügerische Absicht — totalitär ausschlagen; Mehrheitsherrschaft kann Minderheiten knechten.) Immerhin mag diese vergleichende Bemerkung nützlich sein als eine Anregung und Aufforderung an uns selbst, das Wesen jener erstaunlichen politischen Lebensform, worin es eine legitime Opposition gibt, selber auch theoretisch aufzufassen. Gewiß nicht doktrinär, wohl aber theoretisch.

Der klassische Begriff der Gewaltenteilung kann ebenhierbei eine Hilfe leisten. Das politische Kernstück der Lehre *Montesquieu's* ist wohl die Unterscheidung zwischen der gesetzgebenden und der ausübenden Gewalt, zwischen Parlament und König — abgelesen am englischen Modell. Wird aber dem Parlament wesentlich nur die Gesetzgebung und allenfalls eine gewisse, mehr richterliche Kontrolle über die Ausführung der Gesetze zuerkannt, die es gemacht hat, dem König und seinen Räten andererseits die Regierung und Verwaltung, so wird „parlamentarische Regierung“ geradezu zu einer *contradictio in adjecto.* In der Tat hat Montesquieu ganz ausdrücklich (im 6. Kapitel des XI. Buches) erklärt, daß es keine Freiheit mehr geben würde, wenn „die ausübende Gewalt einer Anzahl von Personen anvertraut werden würde, die aus der gesetzgebenden Körperschaft entnommen sind“. Englische Schriftsteller haben längst — spätestens seit Walter *Bagehot* — den Widerspruch bemerkt, der zwischen dieser Abstraktion und der wirklichen britischen Regierungsweise, besonders der Weise der Regierungsbildung, bestand. Die liebenswürdige Koketterie, mit der Engländer das Widersinnige, Unvernünftige, Irrationale ihres Regierungssystems hervorzukehren lieben *(„but it works“)*, muß man wohl zu einem guten Teil vor diesem Hintergrunde sehen und aus dem Blick auf die abstrakte Rationalität der Gewaltenteilungslehre verstehen. Doch war

[8]) Aus einer Unterhausrede vom 7. Mai 1782 über „Reform of Representation in the House of Commons“, cf. Works, Vol. VI, p. 148; London 1856.

Montesquieu in Wahrheit vielleicht — betrachtet man seine Lehre von der empirisch-deskriptiven Seite — gar nicht so sehr im Irrtum und im Mißverständnis, wie es späterhin erschien, als jedermann die entwickelte parlamentarische Kabinettsregierung vor Augen hatte. Es hat zwar wohl niemals die reine Teilung der Funktionen gegeben, wie er sie empfiehlt, wohl aber zuzeiten einen reellen und spannungsvollen Gegensatz zwischen dem Unterhaus als Ganzem auf der einen, dem König und seinem Ministerium auf der anderen Seite. Es ist Josef *Redlich*, der in seinem großartig gründlichen Buch über den englischen Parlamentarismus dieses Verhältnis zwischen Parlament und Krone, diesen Kampf der geteilten oder sich teilenden Gewalten, mit dem Begriffe der Opposition bezeichnet hat: Seit der Restauration der Monarchie, sagt er, sei die neuere Geschichte Englands „durchaus eine Geschichte der zuletzt immer siegreichen, aber auch im Siege immer maßvollen und immer legalen parlamentarischen Opposition“[4]) — und damit meint er nicht etwa die innerparlamentarische Opposition gegen die vom Parlament bestellte und gestellte Regierung, sondern vielmehr die Opposition des Parlamentes als Ganzen gegen das Königtum. Ganz ebenso aber, wie hier die klassische Gewaltenteilung gewissermaßen auf ein lebendiges Oppositionsverhältnis zwischen Parlament und Krone zurückgeführt wird, ganz ebenso läßt sich auch umgekehrt das ausgebildete bipolare Verhältnis zwischen parlamentarischer Regierung und parlamentarischer Opposition als eine neue und modernere Gestalt nicht zwar juristischer, wohl aber vitaler Gewaltenteilung verstehen. Nachdem das Parlament die Befugnis zur Kabinettsbildung dem König abgerungen hat (die wirkliche „Exekutive“ also aus der „Legislative“ hervorgeht), ist die Funktion des Opponierens an die Minderheitspartei ebendesselben einen Parlaments, insbesondere des Unterhauses, übergegangen. Geteilt erscheinen nun vollends nicht mehr eine gesetzgebende und eine ausübende, wohl aber eine regierende und eine opponierende Gewalt. Und es ist eben diese moderne oder vitale Gewaltenteilung innerhalb der einen parlamentarischen Körperschaft, welche allein es möglich gemacht hat, daß die politischen Gewalten Montesquieu's sich vereinigten, und daß gleichwohl die Freiheit erhalten — und nicht nur erhalten, sondern gestärkt und bedeutend ausgebreitet wurde. Ja, man kann ferner sagen, daß das Auseinandertreten einer regierenden und einer opponierenden Gewalt innerhalb des einen Parlamentes vielleicht das geglückteste Verfahren darstellt, Herrschaft und Freiheit[5]) in einer lebendigen Verfassung zu vereinen derart, daß Herrschaft die Freiheit zuläßt, und daß Freiheit die Herrschaft doch nicht untergräbt.

Werfen wir von hier aus einen kurzen Blick auf unsere gegenwärtigen deutschen Zustände, so fühlen wir deutlich, wie sich bei uns die beiden

[4]) Recht und Technik des englischen Parlamentarismus, Leipzig 1905, S. 77.

[5]) Die Wendung möchte auf die Grundbegriffe von Alexander *Rüstows* „Ortsbestimmung der Gegenwart“ anspielen.

Schemata der Gewaltenteilung oder auch die beiden Schemata der Opposition, nämlich die Opposition des Parlaments gegen die Regierung und die Opposition der parlamentarischen Minderheit gegen die parlamentarische Mehrheit, eigentümlich ineinanderschieben. Der Sprachgebrauch zwar hat sich eindeutig in dem zweiten Sinne festgelegt, nicht durchweg aber die wirkliche Erfahrung und Gebarung. Immer wieder waren gelegentlich Appelle zu vernehmen, daß doch einmal das Parlament (der Bundestag) als solches und als Ganzes sich geltend machen möge gegenüber der vorwaltenden Macht der Bundesregierung oder, im besonderen, der wenig rücksichtsvollen Verfahrensweise des Bundeskanzlers, — Appelle an das Bewußtsein und Selbstbewußtsein der Parlamentarier schlechthin, so als hätten diese mit der Bildung und der Beschaffenheit der Regierung gar nichts zu tun. Wer in solcher Gesinnung und Hoffnung schließlich die Ohnmacht dieser Appelle gewahrt, die an der Mauer der Mehrheit abprallen, der mag dann wohl in bitterer Resignation die Zurücksetzung und den Niedergang des Parlaments und des Parlamentarismus beklagen, wie der Abgeordnete Reinhold *Maier* seinerzeit in einer vielzitierten Rede in Wiesbaden getan hat. Derselbe Liberale hat sich späterhin — in der „John-Debatte" des Bundestages[6]) gleichsam zum Protagonisten solcher „Parlaments"-Opposition wider die Regierung gemacht und den lebhaften Beifall der „parlamentarischen" Opposition gefunden, um dann schließlich aus diesem (durchaus produktiven) Traum aufgeweckt und durch das wohlwollende Desaveu seines Parteiführers daran erinnert zu werden, daß er einer Fraktion angehörte, und daß diese Fraktion zudem einen Teil der Regierungsmehrheit bildete. Andererseits hat auch die Hauptpartei der Regierungsmehrheit des öfteren, so zum Beispiel in einer charakteristischen Frage des parlamentarischen Protokolls im Sinne der „alten" Gewaltenteilung entschieden: Die Debatte über die Regierungserklärung vom Oktober 1953 wurde vom Sprecher der größten Fraktion des Hauses eröffnet — als handle es sich darum, der Regierung nun selbständig gegenüberzutreten mit einem freien Urteil aus der Mitte des Parlaments —, nicht aber vom Führer der Opposition, an dem es (gemäß dem Sinne der ‚neuen' Gewaltenteilung) gewesen wäre, dem Führer der Regierungsmehrheit zu erwidern[7]). Der Vorgang mag nach seinem politischen Gewicht nicht allzu bedeutend sein, aber er wirft ein helles Licht auf die Vermischung der beiden Schematen der Gewaltenteilung (des Schemas „Parlament/Regierung" und des Schemas „Regierende Mehrheit/Opponierende Minderheit"), welche unseren derzeitigen Zwischenzustand kennzeichnet. Ungleich wichtiger, ja geradezu einschneidend erschien freilich im Sommer 1955 die plötzlich zusammenschießende „Opposition" des ganzen Bundestages gegen eine Vorlage der Bundesregierung, nämlich deren Entwurf eines „Freiwilligen-

[6]) Am 16. und 17. September 1954.

[7]) Vgl. das Protokoll der 4. Sitzung, Seite 23 (D), und die dazu gehörige Bemerkung des Oppositionsführers, S. 35 (D).

gesetzes". Hier standen in bestimmter Sache die Parteien der Mehrheit mit der Minderheitspartei zusammen — das allein wäre nicht allzu ungewöhnlich, das war öfters vorgekommen —, aber sie standen im Gegensatz zur Regierung und ihrer Vorlage, obgleich diese Regierung doch aus denselben Mehrheitsparteien und ihrem Bündnis hervorgegangen war. In einem zugespitzten Sinne stand hier buchstäblich die Legislative wider die Exekutive, nämlich wider deren vorhandene und noch heranwachsende nicht-parlamentarische Elemente, wider Bürokratie und Militär. Genauer gesagt: Das Parlament schloß sich vorab deswegen zusammen, weil es befürchtete, durch Beamte des Bundeskanzleramtes und des Verteidigungsministeriums in der folgerichtigen Entwicklung seiner Wehr-Gesetzgebung überspielt zu werden, und weil es ferner fürchten mußte, daß ihm auf diese Weise auch die Kontrolle der künftigen Streitkräfte schon im ersten Augenblick entgleiten werde. Es ist hier nicht der Ort, diese denkwürdigen Vorgänge vom Juli 1955 im einzelnen zu schildern und zu analysieren. Der oppositionelle Abgeordnete *Mellies* nannte es in der Dritten Beratung des Freiwilligen-Gesetzes „die entscheidendste Tatsache seit 1949", daß das Parlament gegenüber der Regierung nicht nachgegeben" habe[8]). Die parlamentarische Opposition empfand also das Auftreten einer relativ solidarischen „Opposition" des Parlamentes im Ganzen mit hoher Genugtuung. Man muß aber zugleich erkennen, daß dem Zuzug, den sozusagen die Opposition hier von der Seite der Regierungsfraktionen des Bundestages erhielt, auf der anderen Seite der Bilanz die konstruktive Mitwirkung entspricht, welche die parlamentarische Opposition (die Sozialdemokratische Partei), namentlich in den Ausschußberatungen, der Neufassung des fraglichen Gesetzes hat angedeihen lassen. In beidem Sinne kam man einander entgegen — sowohl in der Opposition gegenüber der Regierung und ihrer Vorlage als auch in dem positiven Akte der Gesetzgebung, welcher der gesamten Regierungspolitik im Effekt auch wieder zum Nutzen diente[9]).

In diesem einen und freilich denkwürdigen Augenblick hat also tatsächlich die sonst überwiegende Beziehung nach dem Schema Regierung/Opposition gleichsam ausgesetzt und das andere, auf dem Kontinent ältere Verhältnis von Gewaltenteilung und Gewaltenspannung sichtbar hervortreten lassen, das nach dem Schema Regierung/Parlament angelegt ist. Diese exzeptionelle Erscheinung erklärt sich zu einem Teil auch aus der fundamentalen verfassungspolitischen Bedeutung des fraglichen Gesetzgebungsaktes (als des ersten Schrittes zur faktischen Wiederbewaffnung) und daraus, daß die Regierung ihrer-

[8]) Siehe Bundestag, 100. Sitzung, 5587 C.

[9]) Der Berichterstatter des Sicherheitsausschusses konnte feststellen, daß „dieses Ergebnis" — nämlich die Vorlage einer „völlig neuen Fassung" des Freiwilligengesetzes — „der Mitwirkung aller Seiten des Sicherheitsausschusses und der mitberatenden Ausschüsse zu verdanken" sei. (2. Bundestag, Drucksache 1600, S. 9.)

seits diese Bedeutung nicht wahrgenommen oder ihr nicht Rechnung getragen hatte. Überraschend trat in dieser Lage eine Reserve an Solidarität des Parlaments als Parlament zutage, die bis dahin fast gänzlich verborgen geblieben war[10]). So stellt sich diese Doppelheit der Schematen von Gewaltenteilung und Gewaltenspannung nicht etwa bloß als eine Verwirrung oder Vermischung widersprechender Gedanken in den Köpfen dar, sondern vielmehr und vor allem als eine Verschränkung verschiedener Strukturen im lebendigen System: Wir haben noch immer ein Vielparteiensystem, auch in diesem Bundestag, wie es ursprünglich bei uns herangewachsen ist in einer Epoche, da das Parlament nur zu repräsentieren, nicht zu regieren hatte (oder soll ich sagen: nicht zu regieren brauchte?); und wir haben trotzdem zu gleicher Zeit auch ein bipolares System, worin regierende Mehrheit und opponierende Minderheit einander gegenüberstehen. Welches der beiden Merkmale am Ende triumphieren wird, ist noch ungewiß.

Wie diese Entwicklung verlaufen wird, hängt sehr wesentlich davon ab, welche Art von Selbstverständnis sich in der *Sozialdemokratischen Partei* durchsetzen wird. Die Opposition des Zweiten deutschen Bundestages wird — von gelegentlichen, aufflackernden Nebenerscheinungen abgesehen — stetig von der sehr geschlossenen, sehr „dichten" Fraktion der SPD dargestellt. Obgleich das Gesamtbild in der Bundesrepublik, bedenkt man auch die Verhältnisse in den einzelnen Bundesländern, etwas komplizierter anmutet, und obgleich der Umstand, daß es Länder mit sozialdemokratischer Führung und „bürgerlicher" Opposition gibt, immerhin eine Tendenz, eine Möglichkeit der Formalisierung des Oppositionsverhältnisses anzeigt, bietet doch die Dauerhaftigkeit der Adenauerschen Koalition im Verein mit der gleichen Dauerhaftigkeit der sozialdemokratischen Opposition einen Anblick, der sich auch soziologisch beschreiben ließe und der auch von den Handelnden gelegentlich immer wieder einmal soziologisch verstanden wird. Derart nämlich, daß in diesem Staat — grob gesprochen — die bürgerliche Klasse regiere und die Arbeiterklasse opponiere. Daß also unser System, insofern seine Bipolarität ins Auge gefaßt wird, gleichsam eine milde Spätform des Klassenkampfes darstelle. Oder daß — noch einmal grob gesprochen — diese Opposition im zentralen Parlament, soziologisch betrachtet, nicht nur eine Opposition von Links gegen Rechts, sondern auch eine Opposition „von unten" gegen die „Oberen", nämlich gegen die wirtschaftlich und gesellschaftlich herrschende Klasse sei. Es liegt auf der Hand, daß eine solche Deutung, gar wenn sie in der praktischen Politik sich niederschlüge und sich von neuem festsetzte, der Chance der Formalisierung des Oppositionsverhältnisses (ich beziehe mich auf meinen fünften Leitsatz) beträchtlich im Wege stünde

[10]) „Unbeschadet dessen, daß wir eine parlamentarische Regierung haben, muß doch das Parlament im Ganzen bereitstehen und fähig sein, dem Übermut der Ämter zu wehren." So damals „Die Gegenwart" in ihrem Leitartikel vom 15. Juli 1955.

Hier werden die Reformbestrebungen wichtig, die sich namentlich nach der Bundestagswahl von 1953 innerhalb der Sozialdemokratischen Partei geltend gemacht haben, insbesondere insofern, als die Definition der eigenen Partei selber in Frage steht. Blickt man weiter zurück in die Geschichte dieser Partei und ihrer parlamentarischen Haltung, so bemerkt man freilich bedeutende Wandlungen, die sich schon vollzogen haben. Ich möchte kurz drei charakteristische Momente aus der Geschichte dieser Wandlungen ins Licht rücken.

Als Hermann *Müller* im Juni 1924 — nach einer schweren Wahlniederlage der SPD, welche gerade umgekehrt als 1953 den Befürwortern der Klassenkampf-Haltung Oberwasser gab — auf dem Parteitag gegen ebendiese Fronde die Verantwortlichkeit der SPD für die Republik hervorkehrte und also auch ihre Beteiligung an der Reichsregierung verteidigte, tat er es mit so zaghaften, entschuldigenden Worten, als hätte er ein geheimes Laster zu verdecken:

> „Wir waren — sagte er — eigentlich nur dann in der Regierung vertreten, wenn nichts anderes übrig blieb, und die Gründe, die uns dazu zwangen, waren fast immer außenpolitische."

Ganz anders war die Lage und formten sich die Begriffe im Jahre 1949, nachdem die erste Bundesregierung gebildet war, eine Regierung ohne Sozialdemokraten, deren Chef die Zusammensetzung seiner Mehrheit unter anderem mit dem Argumente rechtfertigte, Opposition sei „eine Staatsnotwendigkeit"[11]). Die sozialdemokratischen Sprecher nahmen dieses Motiv in der Debatte kräftig auf, aber Dr. Kurt *Schumacher*, der im übrigen eine sehr ausgeprägte und positive Vorstellung von der Funktion des Opponierens besaß, brachte doch zu gleicher Zeit jene soziologische Parteivorstellung ins Spiel, indem er als die Aufgabe der sozialdemokratischen Opposition „die Interessenvertretung der arbeitenden Bevölkerung"[12]) bezeichnete. Offenkundig wächst es aus dieser Wurzel, daß seine erste große Bundestagsrede (bei der Debatte über die Regierungserklärung) aus dem legitimen Kampf gegen die *Regierung* mehrfach und nicht zufällig in scharfe Invektiven wider den ganzen *Staat* hinüberwechselt, den er als „autoritären Besitzverteidigungsstaat" und als den „Staat der überwiegenden sozialen Restauration" kennzeichnet[13]). Legitime Opposition heißt selbstverständlich immer Opposition gegen die (zeitweilige) Regierung, und die Unterscheidung zwischen der Regierung und dem Staat — man verzeihe diese triviale Bemerkung! — ist grundlegend für das Verfassungsleben wie für die Erhaltung der Freiheit. Unerachtet dieser gewissen Labilität der Anhänglichkeit an den Staat als solchen drückte aber Dr. Schumacher in derselben Rede wiederum die Hoffnung aus,

> „... der Regierung und ihren Parteien den positiven Gestaltungswillen der Opposition aufzuzwingen"[14]).

[11]) Protokoll des Ersten Bundestages, S. 22 (C). [12]) Daselbst 32 (C).
[13]) Protokoll des Ersten Bundestages, S. 32 (D) und 39 (A).
[14]) Protokoll des Ersten Bundestages, 32 (D).

Auf diesen wichtigen Punkt — also auf die Frage nach den Chancen aktueller Wirksamkeit der Opposition im Parlament — werde ich noch zurückkommen. Im Augenblick geht es mir nur darum, zu zeigen, wie sich 1949 der Entschluß zu *gesamt*politischer Opposition — anfangs mit dem Schwerpunkt in der Wirtschafts-, hernach mit dem Schwerpunkt in der Außenpolitik — gleichwohl noch koppelt mit dem engeren soziologischen Parteibegriff („Interessenvertretung der arbeitenden Bevölkerung"), und wie diese mehr traditionsgemäße Haltung sogar gelegentlich ein Ausbrechen aus der Hürde der gemeinsamen Loyalität, eine Hinneigung zur Staatsopposition bewirkt.

1953 endlich ist die Szene in dieser Hinsicht abermals gründlich verändert. Anders als vier Jahre zuvor war nun Koalitionsbeteiligung überhaupt nicht mehr im Bereich der Möglichkeit, nachdem die Wahlentscheidung — zum ersten Male eine wirkliche „Entscheidung" — einmal gefallen war. Zum ersten Male gab es eine geborene Mehrheit und eine geborene Minderheit in einem nationalen deutschen Parlament, zum erstenmal also eine „primäre" Opposition[15]). Ihr Führer, Erich *Ollenhauer*, erkannte diese Lage unumwunden an, die SPD übernahm ohne Schwanken, aber auch ohne jene Überschärfung, die aus Enttäuschung herrührt, ihre Rolle. Ollenhauer sagte:

> „Die sozialdemokratische Bundestagsfraktion respektiert diese Entscheidung und die sich daraus ergebenden Konsequenzen, wie sie auch durch die erneute Wahl Dr. Adenauers durch die Mehrheit dieses Hauses ihren Ausdruck gefunden hat."[16])

Das Selbstverständnis der Partei oder doch der Parteiführung schien nun dem Zuge zur Formalisierung des Oppositionsverhältnisses merklich nachzufolgen, es finden sich kaum noch Anklänge an die Vorstellung vom Klassenstaat, und da seither das Schwergewicht der Kontroverse noch mehr als zuvor auf die Außenpolitik übergegangen ist, tritt auch in der Praxis das Moment des sozialen Aufbegehrens hinter demjenigen der eigentlich politischen Opposition fühlbar zurück.

Gleichwohl scheint das Problem nur zu schlummern. Der Widerspruch zwischen der soziologischen Partei-Auffassung und der politischen Oppositionsrolle — versteht man diese in ihrem vollen Sinn gemäß meinem siebten und meinem neunten Leitsatz — kann jeden Tag von neuem schmerzlich fühlbar werden und wird gewiß wiederum schärfer hervortreten, je mehr man sich den nächsten Bundestagswahlen nähert. Eine Klassenpartei oder, milder, eine Partei, die ein abgegrenztes soziales Interesse vertreten will oder unter dem Druck ihrer Mitglieder vordringlich vertreten muß, kann immer nur eine Minderheitspartei sein, würde also, sofern sich auf der anderen Seite eine kohärente Mehrheit erhält, zu einer ewigen Oppositionsstellung verdammt bleiben. Umgekehrt

[15]) Vgl. hierzu die Studie über „Bildung und Formen der Koalitionsregierung" weiter oben in diesem Bande.

[16]) 2. Bundestag, 4. Sitzung, S. 35 (D).

kann eine politische Oppositionspartei, soll sie ihre drei Funktionen — Kritik, Kontrolle und Entwurf einer alternativen Politik (einer Politik für die ganze Nation!) — mit Kraft ausfüllen, und will sie nicht zu einer Thersites-Figur zusammenschrumpfen, nicht leben und nicht handeln ohne die Hoffnung, die Mehrheit zu gewinnen und die Regierung zu übernehmen.

> „It is not only His Majesty's Opposition, but also His Majesty's alternative government" —

lautet ein lapidarer Satz von Ivor *Jennings*[17]), und man soll sich von seiner britischen Lokalfarbe nicht verführen lassen, die Sache selber für exotisch zu halten. Der Satz gilt, nimmt man ihn als Feststellung, freilich *nicht* (oder jedenfalls noch nicht) für unsere deutschen Verhältnisse: das ist es eben, worauf ich mit allem Nachdruck hinweisen möchte. Es läßt sich aber aus ihm eine Regel gewinnen, die ohne Zweifel für *jedes* bipolare System Geltung besitzt: Wenn eine opponierende Minderheit aus irgendwelchen Gründen (zum Beispiel solchen der Parteistruktur) keine Aussicht haben kann, die Mehrheit zu gewinnen und eine kommende Regierung zu bilden — und zwar allein zu bilden —, so kann sie nicht einmal ihre Oppositionsaufgaben voll erfüllen, so wird auch ihre Oppositionstätigkeit auf die Dauer fruchtlos werden.

Dies gilt insbesondere unter den Bedingungen eines stark ausgeprägten innerparlamentarischen und außerparlamentarischen Parteiwesens — Bedingungen, mit denen wir rechnen müssen, ob wir sie mögen oder nicht. Diese Tatsachen nämlich, die ja von den Verfechtern der Parteienstaats-Lehre so stark hervorgekehrt werden, daß sie im gegenwärtigen Zusammenhange kaum näherer Kennzeichnung bedürfen, machen es nahezu unmöglich, daß eine opponierende Partei der regierenden Partei (oder auch den durch einen Koalitionsvertrag vereinigten regierenden Parteien) „ihren Gestaltungswillen aufzwingt" — wie Dr. Schumacher seinerzeit wollte —, es sei denn, sie kann auf einen Umschwung der Wählerstimmung zu ihren Gunsten hoffen, den Gegnern mit einem solchen Umschwung drohen und deren Furcht vor diesem Ereignis nutzen. Ohne diese bewegende Kraft von Furcht und Hoffnung muß die Oppositionstätigkeit, sofern sie überhaupt loyal bleibt, entweder zu einem leeren Geklapper entarten oder zu einem verzweifelten, immer wiederholten Anrennen bis zur Erschöpfung. Die Parlaments*debatte* — wenn diese Zwischenbemerkung erlaubt ist —, einstmals das Medium einer Beredsamkeit, welche die Abgeordneten selber zu überreden, zu überzeugen, zu beeinflussen, den Gegner im Hause zu bedrängen, einzuschließen, zu überschwemmen, aus dem Sattel zu heben angelegt war — die Debatte hat, wie es scheint, nach einer Phase des Niedergangs, nach einer Entartung zu einer bloßen Abfolge von mehr oder minder gehaltvollen Fraktions-Deklarationen, auch bei uns eine andere Funktion anzunehmen begonnen: sie spielt sich in markanten Fällen in größter Öffentlichkeit ab, mit originaler

[17]) W. Ivor *Jennings*, Parliament, Cambridge, 1948, p. 159.

Rundfunk- und Fernseh-Übertragung, wird zum Schau- und Hörspiel (das auch seine Rezensenten findet) und in alledem zu einem offenen Wettbewerb um die Sympathie und Zustimmung der Wählerschaft im Lande. An den Stimmverhältnissen *im Hause* selber ändert sie nie oder selten etwas, aber an den Stimmverhältnissen *im Lande* kann sie recht viel ändern. Das gilt — nach dem Zeugnis von Lord *Campion,* der einen sehr lesenswerten Überblick über die Entwicklung des britischen Parlaments seit 1918[18]) verfaßt hat — abgesehen von jenen technischen Details der Publizität, auch für England, vor allem für England; aber auch in der deutschen Bundesrepublik kann man Anfänge dieser Art bemerken. Man kann auch sagen: Ehedem appellierte der Parlamentarier in der Debatte an das *„floating vote"* (an die Unentschiedenen, Unbefangenen, Noch-nicht-Festgelegten) *innerhalb* des Hauses, heute muß er an das *floating vote außerhalb* des Hauses appellieren, während er nach wie vor innerhalb des Hauses debattiert. Und dieser Drang und Zwang scheint um so wirksamer zu sein, je mehr das Parteiensystem sich polarisiert, je deutlicher es sich in die zweipolige Verfassung von Regierung und Opposition einfügt oder eine solche Verfassung hervortreibt.

Es ist, denke ich, nicht mehr nötig, näher auszuführen, wie und warum unter diesen Umständen eine Partei sich gleichsam selber blockiert, die durch ihren Mitgliederbestand, ihre Organisationsweise und ihr Selbstverständnis (ich vermeide das Wort „Ideologie") auf einer wie immer gearteten soziologischen Begrenzung beharrt. An der Entwicklung, die der BHE[19]) in Deutschland genommen hat, läßt sich recht deutlich einsehen, daß eine solche geborene Interessen- und Minderheitspartei, die von diesem Ursprung auch trotz allen gelegentlichen Versuchen zur Agglutination anderer sozialer Gruppen und Schichten wie auch zur Erweiterung des Programms ins National-Politische nicht wieder loskommt, schon gar nicht zum Opponieren, aber auch kaum zum Regieren (im eigentlichen und umfassenden Sinne des Wortes) taugt; sie geht darauf aus, im Koalitionswege solche einzelnen Ressorts zu erobern, die ihre Ausgangsinteressen berühren. Der Modellfall ist lehrreich.

Als Fazit dieses Teils der Betrachtung mag der folgende Satz festgehalten werden: In einem bipolaren Verfassungs- und Parteiensystem (und nur hier kann man ja von parlamentarischer Opposition im eigentlichen Sinne als von einem nach Bildung und Entstehung primären Phänomen sprechen!) vermag die opponierende Partei in ebendieser Eigenschaft nur dann ihre ganze Wirksamkeit sinnvoll und mit Erfolg zu entfalten, vermag sie die Funktionen der Kontrolle und des Entwurfes einer Alternativpolitik nur dann auszufüllen und

[18]) Developments in the Parliamentary System since 1918, enthalten in dem Sammelwerk „British Government since 1918", London 1950, 2. Aufl. 1951.

[19]) BHE bedeutet „Bund der Heimatvertriebenen und Entrechteten"; die Partei hat später den Namen „Gesamtdeutscher Block BHE" angenommen.

übrigens auch die Regierungspolitik nur dann zu beeinflussen, wenn sie das quasi-plebiszitäre Element der Wahlentscheidung ungescheut und unverärgert ins Auge faßt, und das heißt zugleich, wenn sie — der Möglichkeit nach — stets *das ganze Volk* anredet.

Bei der Untersuchung der Faktoren, welche die Entfaltung der Opposition hemmen, fällt schließlich das Verhältnis jenes circulus vitiosus auf, daß das soziologische Parteiverständnis beinahe zwangsläufig zur Befürwortung des Proportionalsystems verleitet, weil eine definierte Gruppe, eine Klasse, ein Interesse, eine Minderheit (selbst dann, wenn sie der emphatischen Illusion nachhängt, eines Tages von selber zur gesellschaftlichen und daher auch politischen Mehrheit zu werden) meist nach der direkten verhältnismäßigen Vertretung ruft, und daß das Proportionalsystem wiederum in aller Regel den Minderheitscharakter befestigt, auch die Bildung neuer Minderheitsparteien begünstigt, wo nicht provoziert[20]). Solange dieser fatale Zirkel nicht durchbrochen, die Selbstblockierung der Opposition (der Opposition des Bundestages, die doch eine unfruchtbare, thersiteische Daueropposition weder sein soll noch gewißlich sein möchte) nicht abgeworfen ist, bleibt das bipolare System bei uns wie in einer Verpuppung, und vermag die Dynamik von Regierung und Opposition nicht eigentlich zu spielen.

Zu *spielen* — sage ich. Das Wort bringt uns wieder zur Theorie zurück, zur Theorie der politischen Verfassung, ja — wenn ich so weit ausgreifen darf — zur Theorie des Politischen überhaupt. Jene höchst erstaunliche Erscheinung, daß die Herrschenden eine organisierte Gegnerschaft im eigenen Hause zulassen, daß die Möglichkeit des Widerspruchs legitim wird, daß also ständig zwei gegnerische Horden in einem und demselben Saale sitzen und einander in den meisten und in sehr wichtigen nationalen Angelegenheiten bekämpfen, ohne daß die eine von ihnen die andere je endgültig unterdrückte, und ohne daß die andere von ihnen der ersten verwehrte zu regieren — dieses verwunderliche Phänomen läßt sich, obwohl es doch offenkundig ein *politisches* Phänomen ist, mit keiner der landläufigen und auch kaum einer der bisher bekannten gelehrten Theorien der Politik, soviel ich sehen kann, befriedigend erklären. Die Lehre Carl *Schmitts* vom Freund-Feind-Verhältnis[21]) taugt dazu ganz offenbar am allerschlechtesten; träfe sie die Wirklichkeit, so müßten wir im günstigsten Fall eine Art von beständigem Kalten Krieg zwischen den Parlamentsparteien vor Augen haben; auch ließe sich zwischen *loyaler* Opposition und *totaler* Opposition schlechterdings kein Unterschied mehr entdecken. Ganz offenbar sind „Regierungspartei" und „Oppositionspartei" weder miteinander befreundet noch miteinander verfeindet, und doch herrscht zwischen ihnen sicherlich eine „politische" Beziehung. Gaetano *Mosca's* Lehre von der herrschenden

[20]) Vgl. oben den zehnten Leitsatz.

[21]) Carl *Schmitt*, Der Begriff des Politischen, Berlin 1927.

Klasse[22]) andererseits läßt uns nicht minder im Stich, wenn es sich um dieses kuriose doppelköpfige Gebilde handelt. Wer *herrscht* denn hier?

Ist es *ein* lebendig Wesen,
Das sich in sich selbst getrennt?
Sind es zwei, die sich erlesen,
Daß man sie als *eines* kennt?[23])

Max *Weber* wiederum erfuhr, erblickte und betonte leidenschaftlich und streng in allem Politischen den reinen *Kampf*, allenfalls den Konkurrenzkampf wo nicht um die Macht, so doch um die Führung[24]). Sicherlich begreifen diese Begriffe vieles, auch Entscheidendes im Verfassungsleben. Aber sie lassen nicht begreifen, warum und wieso die Wettkämpfer einander wechselseitig am Leben und in der Rennbahn halten, selbst dann noch, wenn einer von ihnen die Führung errungen hat. — Daß sie einander dulden, hat manchen auf den Gedanken gebracht, es sei das Prinzip der Toleranz (ethisch oder psychologisch oder geistesgeschichtlich verstanden), welches die Verfassung — gewöhnlich sagt man anstatt dessen: die „Demokratie" — allein am Leben erhalte. Und weil sich jene Gegner manchmal miteinander vertragen, meinen andere endlich, das *Kompromiß* sei die Grundkategorie des Politischen. Bei diesen freundlicheren, gesitteteren Ansichten fragt man sich wiederum nicht allein, woher stetige Opposition dann kommen könne, sondern auch, weswegen sie mit Fleiß und Kunst fortgeführt und immer wieder von neuem, mit wechselndem Subjekt und mit wechselnder Substanz, hergestellt werde, anstatt endlich einmal entweder in der Toleranz zu schmelzen oder im Kompromiß sich zu binden. Kurz, es scheint mir unvermeidlich, ohne die Kategorie des *Spieles* auszukommen. Wir sprechen lässig von parlamentarischen Spielregeln, wir zitieren wohl auch einmal den leider unübersetzbaren englischen Begriff des *Fair Play*. Damit gilt es Ernst zu machen, wissenschaftlich Ernst zu machen. Ich weiß, es fällt uns schwer. Im Handwörterbuch der Soziologie (von 1931) liest man in Walter *Sulzbachs* Artikel über „Parteien" die enthüllende, so ergreifend deutsche Bemerkung, im Zwei-Parteien-System „bestehe die Gefahr, daß der ganze Kampf nicht mehr seriös geführt wird und mehr einem Spiel oder einer freundschaftlichen Verabredung als wirklicher Gegnerschaft gleicht". Die Beobachtung ist nicht unzutreffend, aber warum sollte dies eine „Gefahr" darstellen? Ist der Friede einer Verfassung, welche durch den Wechsel den Umsturz hintanhält und durch Opposition die Revolution überflüssig macht, eine Gefahr? Nein! Die Polarität von Regierung und Opposition und die Möglichkeit des Wechsels der

[22]) Gaetano *Mosca*, Die herrschende Klasse, deutsch von Borkenau, Berlin und Münster 1950.

[23]) *Goethe*, Gingo biloba, im Buch Suleika des West-östlichen Diwans, Propyläen-Ausgabe Bd. 32, S. 57, Sperrungen im Original.

[24]) So zum Beispiel durchgängig in „Politik als Beruf", aber auch anderwärts.

Verantwortung — der Verantwortung für die ganze Nation — ist im Grunde nichts anderes als ein geregeltes Kampfspiel, auch wenn es längst keine Ritter mehr sind, die es betreiben, auch im Zeitalter der Massenorganisationen, auch im Zeitalter des Parteienstaates. Ohne das Spiel-Element[25]) ist am Ende überhaupt keine Verfassung zu verstehen[26]), und wo dieses Element entweicht, wo es radikal ernst wird, blutig ernst mit dem Kampf um die Führung, mit Freund und Feind und mit der Ergreifung der Macht, da ist es um die Verfassung und um die Freiheit geschehen.

[25]) *Huizinga's* Homo Ludens gab einen genialen Grundriß; das Spiel-Element in der *politischen* Kultur ist noch nicht untersucht worden.

[26]) In diese Richtung weist auch eine Bemerkung in Carl J. *Friedrichs* „Verfassungsstaat der Neuzeit" (Springer, 1953) S. 135.

THE HOUSE — LES DEPUTES — DIE PARTEIEN

EINE STUDIE ZUR VERGLEICHENDEN MORPHOLOGIE DER PARLAMENTE

Das englische Unterhaus, die französische Nationalversammlung und der deutsche Bundestag haben nacheinander die Verträge von Paris gutgeheißen. Das Unterhaus hat am 18. November 1954 abgestimmt, die Nationalversammlung am 30. Dezember 1954, der Bundestag am 26. Februar 1955. Diese drei Prozeduren bringen, obgleich sie sich gleichermaßen im Rahmen parlamentarisch-demokratischer Verfassungen, also nach einem und demselben staatsrechtlichen Schema vollzogen haben, doch drei außerordentlich verschiedene Gestalten oder Gesichter des Parlamentswesens und des Parlamentarismus zum Vorschein. In jedem der drei Fälle sind die konstituierenden Elemente — das Element des parlamentarischen Körpers im Ganzen, das Element der individuellen Abgeordneten und das Element der Parteien — gleichsam eine andersartige Verbindung miteinander eingegangen. Es erscheint fruchtbar und reizvoll, an einem und demselben, rechtlich gleichbedeutenden Vorgang diese drei Gestalten wie in einer Momentaufnahme sichtbar zu machen.

Überall haben diese schicksalsvollen Abmachungen eine Mehrheit gefunden. Überall gilt das Votum der Mehrheit als Entscheidung, die das ganze Parlament bindet, gilt die Mehrheit als Ersatz der Ganzheit und Einstimmigkeit. Nicht in der Weise zwar, daß die Minderheit Buße tun, ihre Sünde oder ihren Irrtum einsehen und sich bekehren müßte. Aber vielmehr in dem Sinne, daß die Minderheit, ohne sich aufzugeben, doch sich dem Spruch der Mehrheit beugen, ihn in dieser einen Sache als verbindlich respektieren muß. Nur dem Fanatismus erscheint das widersinnig oder unvollziehbar. Es ist die goldene Regel allen Parlamentswesens. Den Spruch der anderen anzuerkennen, ja anzunehmen, ohne den eigenen Widerspruch zu bereuen — und umgekehrt: den eigenen Widerspruch aufzugeben, ohne sich zu unterwerfen —, diese Paradoxie ist das Siegel der Würde freier Gesellschaften. Sie ist die kunstvolle Lösung des Knotens, daß es stets mehrere Meinungen, Wünsche und Möglichkeiten, aber nur eine wirkliche Handlung geben kann. Sie ist der ingeniöse Weg aus dem Zwiespalt von Selbständigkeit und Gemeinsamkeit, von Freisinn und Verträglichkeit. Nicht die plumpe Macht der Zahl, sondern dieses kostbare und freilich fragile Gut freiwilligen Übereinkommens macht das wahre Geheimnis des Verfahrens der Mehrheitsentscheidung aus. Ist die Entscheidung getroffen, so kann in dieser Sache der Kampf nicht weitergehen, außer jene glasfeine Spielregel würde zerbrochen, jener edle „Gesellschaftsvertrag" zerrissen. Augenblicks vielmehr muß der Kampf eingestellt werden — in dieser Sache, mag er auch in anderen Sachen und neuen Wendungen wiederkehren.

DREI MEHRHEITEN

Sieht man bloß auf die reinen Zahlen, so war die Unterhausmehrheit die beste und stärkste von den dreien. Ihr zunächst folgt diejenige des Bundestages; diejenige der Nationalversammlung war die schwächste. Eine einfache Tabelle mag das deutlich machen:

Ergebnisse der Abstimmung über die Westeuropäische Union
in den drei Parlamenten

	Zahl der Abstimmenden	für	gegen	Enthaltung
Unterhaus	268	264	4	-
Bundestag	473	314	157	2
National-versammlung	623	287	260	76

In London haben alle Anwesenden entweder Ja oder Nein gesagt, in Bonn haben zwei Abgeordnete weder zum positiven noch zum negativen Entschluß finden können, in Paris haben gar 76 Deputierte die verlegene oder verzweifelte oder vorsichtig distanzierte oder vorsichtig entgegenkommende Attitüde der Stimmenthaltung angenommen. Die englische Mehrheit ist überwältigend, die deutsche bedeutend (die Ja-Sagenden waren genau doppelt so stark wie die Nein-Sagenden), die französische sehr schwach. Diese Kennzeichnung bleibt auch dann gültig, wenn man wahrnimmt, daß der genaue Gegenstand der Abstimmung in jedem der drei Fälle ein anderer war.

DREI GEGENSTÄNDE

Das Votum des Unterhauses — die Engländer nennen eine Abstimmung *„division"*, das heißt Trennung, Scheidung, Zerteilung: diese *„division"* aber kam einer beinahe vollkommenen Vereinigung gleich — galt einem Antrag des Außenministers, Sir Anthony *Eden*, „dieses Haus möge die Politik von Ihrer Majestät Regierung in bezug auf Westeuropa billigen, wie sie in der Londoner Vereinbarung vom 23. Oktober ausgedrückt ist."

Nur in der zweitägigen Debatte haben sich die Mitglieder des Unterhauses mit den einzelnen Verträgen, mit ihren politischen, rechtlichen und finanziellen Aspekten befaßt; die Abstimmung vom 18. November hingegen bezog sich auf das Ganze dieser „Politik", auf die Erweiterung der Westeuropäischen Union (um Italien und die deutsche Bundesrepublik), auf die Aufnahme Deutschlands in die Atlantische Organisation, auf die Bewaffnung oder den militärischen Beitrag Deutschlands, auf die Beendigung des Besatzungsregimes und auf die Verpflichtung Großbritanniens, für eine unabsehbare Zeit Truppen auf dem Kontinent zu belassen — auf all dies gleichermaßen und in einem Zuge, eben auf die Politik der Regierung hinsichtlich Westeuropas. Sie bekundet die machtvolle Zustimmung des Parlaments zur europäisch-atlantischen Außenpolitik der Regierung schlechthin, in gewissem Maße auch und sogar zu ihrer Politik gegenüber Sowjetrußland. Sie ist synthetisch. Sie drückt aus, daß das Parlament der Regierung, seiner Regierung, in dieser Sache folge. Aber freilich darf die Abstimmung — in England! — nicht für sich allein betrachtet werden und wird sie auch von seiten der Regierung niemals losgelöst von den Nuancen der Debatte aufgefaßt und verbucht werden, welche trotz jener synthetischen Vereinfachung beachtet, ja berücksichtigt zu werden beanspruchen und verdienen.

Dasjenige Votum des Bundestages andererseits, das hier in der Tabelle erscheint, bezieht sich keineswegs auf die gesamte Politik des Kanzlers und Außenministers, sondern nur auf eine der vier Vorlagen, welche die Regierung dem Parlament unterbreitet hatte, nämlich auf den „Entwurf eines Gesetzes betreffend den Beitritt der Bundesrepublik Deutschland zum Brüsseler Vertrag und zum Nordatlantikvertrag". Die Mehrheit für den sogenannten Truppenvertrag war um ein weniges, die für den „Deutschlandvertrag" merklich günstiger, die für das Saarabkommen fiel wesentlich ungünstiger aus als in den drei anderen Fällen. Für den deutschen Regierungschef (wie für jeden Regierungschef) wäre es gewiß angenehmer gewesen, eine solche umfassende Billigung zu erlangen, wie sie Sir Anthony's Antrag zuteil geworden ist. Indessen leidet es keinen Zweifel, daß die einzelnen Elemente dieser Gesamtpolitik für die Deutschen einen recht unterschiedlichen Grad von Anziehungskraft oder Zwangsläufigkeit besaßen und besitzen, daß eine synthetische Beurteilung daher in Bonn nach der Natur der Sache schwerer fallen mußte als in London, und daß zudem gerade das „Junktim" oder die Koppelung von Opfern und Vorteilen eine umfassende Beurteilung nur erschwerte. Endlich muß man bedenken, daß die Beachtung der Nuance bei uns zulande wohl hinter dem Gebrauch der Vollmacht zu verblassen pflegt, oder daß ein Gesamtvotum nicht so sehr als synthetisch denn vielmehr als summarisch empfunden werden könnte. Die Londoner Vereinbarungen, welche ja die Grundlage und Richtlinie für die Ausarbeitung der Verträge selbst gebildet hatten, sind im Bundestag einer besonderen Abstimmung nicht unterworfen worden. Man mag in diesem Unterschiede des Gegenstandes der parlamentarischen Entscheidung auch zugleich eine tiefere Differenz der geistigen Nationalcharaktere wiedererkennen: in London war es mehr die *policy*, die Richtung des Handelns, welche zur Erörterung gestellt wurde, in Bonn waren es Texte, juristische Fixierungen von Rechten und Pflichten.

In Paris endlich heftete sich die letzte und endgültige Abstimmung des Parlamentes an einen abgesonderten Einleitungsartikel zu dem Projekt der Aufnahme Deutschlands (und Italiens) in die Westeuropäische Union — und das hieß für die Franzosen vorab: an das Prinzip der Bewaffnung der Bundesrepublik als solches. Diesen Artikel, der zuvor schon einmal verworfen worden war (am 24. Dezember), hatte Herr *Mendès-France*, der Ministerpräsident, eben darum mit der Vertrauensfrage verknüpft. Auf diese Weise diente das Votum der Nationalversammlung — jene knappe und nur relative Mehrheit bei so vielen Enthaltungen — ebensosehr zur (zeitweiligen) Rettung dieses Kabinetts wie zur Ermöglichung der West-Union. Der Widerstand gegen die deutsche Bewaffnung wurde durch die Furcht vor katastrophaler Handlungsunfähigkeit des Landes gerade um so viel geschwächt, wie eben nötig war, die Verträge „mit Hängen und Würgen" durchzubringen[1]). Der Gegenstand der Abstimmung war weder die Politik der Regierung — wie in London — noch waren es die schieren Vertragstexte — wie in Bonn. Der Gegenstand der Abstimmung war die Existenz der Regierung, aber freilich eben derjenigen Regierung, welche die Vereinbarungen von London und Paris getroffen, welche also der deutschen Bewaffnung zugestimmt hatte.

KRISE IN PARIS

Nur in Paris stand dergleichen auf dem Spiel, nicht in Bonn, nicht in London. Nur in Paris bewegte man sich — schon damals — am Rande der Krise. Das ist allerdings nicht allein aus dem qualvollen Problem zu verstehen, das hier gestellt war, sondern zugleich auch aus der Wesensart des französischen Parlaments und des französischen Parlamentarismus. Ein halbes Jahr zuvor erst hatte *Mendès-France* die Investitur erhalten. Dr. *Adenauer* regierte zur

[1]) Man vergleiche die Darstellung der Kammerdebatte in Heft 225 der Zeitschrift „Die Gegenwart" (Frankfurt) vom 15. Januar 1955: La Mort dans l'Ame.

Zeit der Ratifizierungsdebatte schon länger als anderthalb Jahre, wenn man nur die zweite Wahlperiode des Bundestages zugrunde legt, mehr als fünfeinhalb Jahre, wenn man seine eigene Amtsdauer ins Auge faßt. Die Regierung von Sir Winston *Churchill* schließlich war gut drei Jahre alt, als diese neue „Politik in bezug auf Westeuropa“ zur Erörterung kam. Und doch war, trotz so kurzer Frist, die parlamentarische Mehrheit des französischen Ministerpräsidenten so sehr zurückgegangen.

Zwei Abstimmungen der Nationalversammlung

	für	gegen	Enthaltung
Investitur 18. 6. 1954	419	47	143
Vertrauensfrage 30. 12. 1954	287	260	76

Nicht nur die Flut war abgelaufen, die ihn hochgetragen hatte, sondern die Ebbe schien schon nicht mehr aufzuhalten, die ihn austrocknen würde. Eine solche Bewegung, eine solche Bewegungsform — soll man sagen: eine solche Beweglichkeit? — des Parlaments ist nur möglich, wenn wechselnde persönliche Entscheidungen getroffen werden können. Wenn Gruppen zustimmen, ohne durch ein Koalitionsinteresse gebunden zu sein, und wenn Einzelne widersprechen können, ohne auf das Koalitionsinteresse ihrer Gruppe Rücksicht zu nehmen. In der Tat beweist dieser Vorgang mit dramatischer Deutlichkeit, daß die Nationalversammlung mindestens ebensosehr aus individuellen Deputierten besteht wie aus Parteien. Nur in einem einzigen Falle ist es eine ganze Partei, die sich geschlossen von der Ja-Seite auf die Nein-Seite hinüberbegeben hat: im Falle der hundert Kommunisten. Sie bilden die einzige Gruppe der Nationalversammlung, die mit lückenloser Disziplin auf Kommando funktioniert. Alle übrigen Veränderungen im Stimmenverhältnis der Kammer gehen auf gewissermaßen molekulare Veränderungen innerhalb der einzelnen Parteigruppen zurück: auf eine Teilung im Lager der Radikalen — der Partei des Ministerpräsidenten selbst, einer „Regierungspartei“ also, wenn man diesen Ausdruck auf französische Verhältnisse überhaupt anwenden kann —, auf eine Minderung seines Anhangs im Lager der Sozialrepublikaner, der vormaligen Gaullisten, die gleichfalls einige Kabinettsmitglieder „gestellt“ hatten, und auf eine Sezession sogar bei den Sozialisten, die zwar an der Regierungsbildung nicht unmittelbar beteiligt gewesen waren, gleichwohl aber im Juni 1954 geschlossen für die Beauftragung von Mendès-France eingetreten waren und die überdies strikte Weisung ausgegeben hatten, den Pariser Verträgen zuzustimmen. Die Sanktionen, welche diese Partei — hier schon zum zweiten Male — gegen die Unbotmäßigen ergriffen hat, vermochten an dem eingefleischten Eigenwillen der Deputierten schwerlich etwas Wesentliches zu ändern.

Die Bewegung andererseits, welche die imponierende Mehrheit für Edens Antrag im Unterhaus bewirkt hat, ist diejenige einer Vereinigung, eines Zusammenschlusses der beiden tragenden Kräfte dieses Parlamentes, der Regierungspartei und der Oppositionspartei. Man kann auch sagen, die Regierung habe in diesem Falle eine Politik verfolgt, die dem Willen nicht allein ihrer eigenen Gefolgschaft, sondern fast ebensosehr dem Willen des größten Teiles der Labour-Abgeordneten entsprach — der Labour-Partei, die zuvor regiert hatte. *Eden*, der die Debatte vom 17. und 18. November als die bemerkenswerteste und denkwürdigste bezeichnet hat, welche er seit dem Kriege erlebt habe — *Eden* hat in ihrem Verlauf denn auch an die Bestrebungen der Labour-Regierung erinnert, und Harold *MacMillan*, damals Verteidigungsminister, hat mit einem Respekt, wie ihn nur die Kontinuität der Verantwortlichkeit im Wechsel der Personen und Parteien hervorzubringen vermag, die Worte zitiert, die Edens Vorgänger Ernest *Bevin* zur Zeit der Luftbrücke gesprochen hatte:

> „Wenn eine ernste Lage entsteht, müssen wir das Haus bitten, ihr ins Auge zu sehen. Seiner Majestät Regierung und unsere westlichen Verbündeten haben keine andere Wahl außer der Kapitulation, und die Kapitulation kann niemand unter uns auf sich nehmen."

Ich gebe diese Einzelheit aus der Unterhausdebatte nicht allein wegen der Bedeutung wieder, die dieses Zitat mit seinem Pathos nüchterner Tapferkeit in sich selbst hat, nicht allein also wegen des Zitates, sondern noch mehr wegen der Zitierung: sie gibt eine Ahnung davon, welche Kraft es ist, die Regierung und Opposition sich in der Verfolgung einer gemeinsamen Außenpolitik miteinander — für eine Weile und für diese Sache! — vereinigen läßt. Der Zusammenschluß dient ja nicht der Regierungsbeteiligung, hat nichts mit einem Koalitionsabkommen nach deutschem Modell zu schaffen. Er wächst vielmehr aus der gleichen Vertrautheit mit der vollen Verantwortung des Regierens und besonders der Außenpolitik, die beide Seiten des Hauses verbindet. Es war ein Labour-Abgeordneter, ein Mann der Opposition, Herr *Paget*, der seinen eigenen radikaleren Parteifreunden den Satz zurief, der hier englisch wiedergegeben sei:

> *„Britain does not want a Conservative or a Socialist foreign policy, but a British foreign policy."*[2])

Diese britische Bewegung zur nationalen Solidarität darf indessen weder im Sinne patriotischen Enthusiasmus noch in demjenigen einer „optischen" Geschlossenheit mißdeutet werden. Vergessen wir nicht die vier Gegenstimmen! Man hat von Sanktionen in diesem Falle nichts vernommen. Ein alter Labour-Mann. Sidney *Silverman*, hat in der Debatte ausdrücklich angekündigt, er

[2]) Zu deutsch: Was Britannien braucht, ist nicht eine konservative noch eine sozialistische Außenpolitik, sondern eine britische Außenpolitik.

werde so stimmen, wie seine Überzeugung es erheische, und wie viele Leute in England es von ihm erwarteten, und er hat den Beweis liefern wollen, daß die Furcht vor Sanktionen der Partei unbegründet sei. (Selbstverständlich gibt es solche Sanktionen — die Labour-Führung hat nachmals allen Anlaß gefunden, von neuem solche Maßnahmen gegen den unbotmäßigen Flügel der Bevaniten zu erwägen und gegen dessen Führer, Aneurin *Bevan*, zu ergreifen; doch handelte es sich bei den Maßnahmen gegen Bevan im Frühjahr 1955 in Wahrheit um einen Kampf um die Führung, um den Versuch, eine Spaltung zu verhüten.) Vergessen wir auch nicht jene Nuancen, die das grobe Abstimmungsergebnis erst beleben und modulieren! Zum Beispiel Edens Hinweis auf den *„tiny twist"*, jene ganz kleine Drehung, die er am Schlusse von *Attlee's* Diskussionsbeitrag bemerkt habe: Man solle die Ratifizierung und die Verhandlungen vorantreiben, hatte *Attlee* da gesagt; und er sagte das, ohne dem einen oder dem anderen Schritt einen zeitlichen Vorrang einzuräumen, ohne die Abfolge überhaupt zu erörtern. Vielleicht war es eine Konzession an die Bevaniten, daß der Oppositionsführer so sprach, vielleicht ein eigener Zweifel, vielleicht ein Vorbehalt für das Protokoll. In jedem Falle hat er und das Gros seiner Partei nichtsdestoweniger zur „Ratifizierung" beigetragen. Hier und im Augenblick soll nur deutlich werden, daß diese Zusammenschluß-Bewegung im britischen Parlament, wenngleich ihr eine demonstrative Wirkung eignet und gewiß eignen sollte, doch von gewaltsamer, rauschhafter oder leerer Einigkeit weit entfernt ist. Man hört viele Töne, nicht nur einen einzigen.

ZERRUNG IN BONN

Die Bewegung in der Nationalversammlung führte, sofern sie nicht aufgehalten würde — und sie ist in der Tat nicht aufgehalten worden — auf den Sturz des Ministerpräsidenten Mendès-France und seines Kabinetts hin. Nicht notwendig zur Ablösung seiner Partei, sondern zur Ablösung seiner Person. (Tatsächlich gehörte sein Nachfolger der gleichen Partei an; die Kombination der Gruppen und Zirkel, die der Bildung der Regierung von Edgar *Faure* zugrunde liegt, weicht von der vorigen etwas ab.) Die Bewegung im Unterhause hingegen brachte der Regierung Churchills Zuwachs und Festigung, ohne daß sie sich zu verändern, etwa zu erweitern brauchte. Diejenige Bewegung — wenn sie eine Bewegung heißen soll —, die sich im deutschen Bundestag vor, bei und nach der Debatte und Verabschiedung der Verträge vollzog, hat einen Riß im Bündnis derjenigen Parteien erzeugt oder zum Vorschein gebracht, die Dr. *Adenauers* Kabinett gebildet und gestützt haben, einen Riß im Verhältnis von zweien dieser Parteien, der FDP und der CDU.

Man kann von der Beschaffenheit des deutschen Bundestages kaum eine drastischere Vorstellung gewinnen, als wenn man die Kolonnen mit dem Auge durchläuft, welche die Ergebnisse der namentlichen Abstimmungen bei der Sitzung vom 26. Februar 1955 wiedergeben. Der Blick, der diesen Reihen entlanggleitet, fühlt sich, solange er es mit den beiden größten Fraktionen zu tun hat, beinahe erholt, wenn er unter den endlos gleichförmig wiederkehrenden „Ja" im einen und den ebenso gleichförmig wiederkehrenden „Nein" im anderen Falle an dem gelegentlich unterbrechenden Wörtchen „krank" haften bleibt. Einzig im Falle der fünften Abstimmung, derjenigen über das Saarabkommen, gibt es bei der CDU/CSU ein wenig Abwechslung: viermal liest man hier „Enthalten", zweimal „Nein" unter der Masse der „Ja". Bei der SPD hingegen fehlt jede Abweichung, und es ist auch nur eine einzige Erkrankung verzeichnet. Die opponierende Minderheit, mag man sagen, könne sich den Luxus individueller Nuancen noch weniger leisten als die Regierungsparteien, die ihrer Mehrheit sicher sein durften. Nur bei den kleineren Parteien wird das Bild bunter, am buntesten bei den Freien Demokraten, und dort nicht nur im Falle der Saar-Abstimmung. Es sind nicht so sehr Deputierte, es sind Parteien, aus denen der Bundestag sich zusammensetzt, und ihre Disziplin hat in den meisten Fällen etwas nahezu Automatisches. Wie dort die gleichen Lettern und Worte in die Spalten des Registers, so scheinen hier die gleichen Bestrebungen des Willens und Urteils in die Fraktionen des Parlamentes eingegossen.

Und gerade jene eine Partei, die das vergleichsweise „bunteste" Verhalten ihrer Mitglieder zeigte, die der Freien Demokraten, hat doch im selben Augenblick ein ungewöhnliches Beispiel davon gegeben, in welchem Maße der Sinn und Zweck parlamentarischer Regierungen im System der Parteienkoalition durch die Überspannung der Parteidisziplin verzerrt werden kann. Inmitten jener quirlenden Flut und Ebbe der Nationalversammlung hat doch das Kabinett (von Mendès-France) eine stille Zone der relativen Festigkeit und Solidarität gebildet: Von den 26 Deputierten, die dieser Regierung als Minister oder Staatssekretäre angehörten, ist nur ein einziger — es war Pierre *Koenig*, der Verteidigungsminister — abgewichen, indem er sich der Stimme enthielt. So ungleichförmig sich dort die meisten Parteigruppen verhielten, so solidarisch trat das Kabinett auf. Beim deutschen Bundestag beobachten wir eher die entgegengesetzte Erscheinung — hohe Gleichförmigkeit des Parteiverhaltens, aber auffallende Abweichungen im Kabinett. Von den neunzehn Ministern der Bundesregierung stimmten im Falle des Saarabkommens vier nicht für die Vorlage der Regierung, einer von diesen, der Justizminister *Neumayer*, sogar dagegen. Außer Jakob *Kaiser* gehörten diese Sezessionisten des Kabinetts alle der gleichen Partei an, nämlich eben der FDP. Keiner von diesen hat deswegen seinen Rücktritt angeboten (was freilich auch nicht unbedingt die Konsequenz sein müßte). Wohl aber hat ein vierter FDP-Minister, Vizekanzler *Blücher*, seinen Rücktritt angeboten, obgleich er und gerade weil er *für* die Regierungsvorlage gestimmt hat: der Sezessionist der Partei und nicht des Kabinetts. Seine Partei selber hat die wunderliche These verkündet, daß vielleicht nicht die Abgeordneten, wohl aber und ganz besonders die ihr angehörenden Minister der Fraktionsweisung folgen müßten. Sie seien nämlich „Repräsentanten" der Partei im Kabinett. Kann eine Regierung aus weisungsgebundenen Parteivertretern bestehen? Man braucht nur im Grundgesetz nachzulesen, um unmißverständlich und zutreffend darüber belehrt zu werden, wer in der Bundesregierung die Richtlinien der Politik bestimmt. Es ist der Bundeskanzler, nicht aber sollen es Partei- und Fraktionsvorstände sein, die außerhalb der Regierung stehen. Der Vorrang der Parteidisziplin macht also — im Regime der Parteienkoalition — auch vor den Türen des Kabinetts nicht halt, sondern dringt dort hinein mit der Folge, daß ein Minister seinen Rücktritt einzureichen sich gezwungen sieht, gerade weil er Kabinettsdisziplin geübt hat, und daß dieser Minister nicht aus seiner Partei, sondern eben aus der Regierung ausscheiden zu müssen meint. Ich weiß nicht, ob man diese Art von Bewegung in dem vorliegenden Falle eher als eine Krise oder eher als ein Manöver verstehen soll. Der Ausgang der Episode scheint für die zweite Deutung zu sprechen: das Kabinett blieb in seiner persönlichen Zusammensetzung ebenso erhalten wie die Regierungskoalition in ihrer parteilichen. Wenn sie aber doch eine Krise anzeigt, dann ist es offenbar eine Krise des Verfahrens der Parteienkoalition als solchen. Vertreter, die von je verschiedenen extrenen Weisungen abhängen können schwerlich ein Kabinett bilden, das nach einem durchgängigen Plan und Willen handelt. Man könnte auch sagen: Nicht alle Richtlinien der Regierungspolitik, welche im Laufe einer Amtsperiode nötig werden mögen, lassen sich in den für die Regierungsbildung grundlegenden Abreden, also im „Koalitions-Vertrag", vorwegnehmen. Die Freien Demokraten haben sich bei dem Konflikt wegen der Saar-Abstimmung sogar auf eine solche vorgängige Koalitions-Abrede berufen, aber der Bundeskanzler andererseits mag sie darauf hingewiesen haben, daß der nun wirklich vorliegende Text der deutsch-französischen Abmachungen, insbesondere des Saar-Statuts, zur Zeit der Regierungsbildung von 1953 in dieser Gestalt nicht vorausgesehen werden konnte.

Die Frage nach der Möglichkeit einer kohärenten Regierungspolitik im System der Parteienkoalition (bei disziplinierten Fraktionen) ist durch den Ausgang des Konflikts, der hier geschildert wurde, nicht eigentlich beantwortet, eher nur verwischt worden. Der Konflikt wurde mehr durch Verschleppung als durch eine Klärung von Positionen und Normen beigelegt. In dem Fortbestand des Kabinetts kann man keinen Sieg über die Partei-Ansprüche erblicken — deswegen nicht, weil der Nein-Sager ebenso darin verblieben ist wie der Ja-Sager. Seine Außenpolitik zwar hat der Bundeskanzler durchgesetzt, nicht aber seine einigenden „Richtlinien" innerhalb der Bundesregierung. Die Dauerhaftigkeit dieser Regierung ist durch einen Mangel an Homogenität erkauft, und der Vertrag der beteiligten Parteien, verblassend vor der Gewalt neuer Probleme und Entscheidungen, hält nur stand, weil es an der Möglichkeit eines anderen mehrheitsbildenden Bündnisses mangelt.

PARTEIEN FRAKTIONEN REGIERUNGEN

Eine Schriftenreihe der Vereinigung für die Wissenschaft von der Politik

Herausgegeben von

DOLF STERNBERGER

Band I

LEBENDE VERFASSUNG

STUDIEN ÜBER KOALITION UND OPPOSITION

von

DOLF STERNBERGER

1956

VERLAG ANTON HAIN K. G. · MEISENHEIM AM GLAN

BEMERKUNG ZU DIESER SCHRIFTENREIHE

In dieser Reihe werden einige Ergebnisse von Untersuchungen vorgelegt, welche die Forschungsgruppe für Politik am Alfred-Weber-Institut für Sozial- und Staatswissenschaften zu Heidelberg unter der Leitung des Herausgebers angestellt hat. Die Forschungsgruppe trat mit dem Anfang des Jahres 1951 ins Leben und widmete sich im ersten Abschnitt ihrer Tätigkeit einer Reihe von Fragen, die mit der Natur der gegenwärtigen parlamentarischen Fraktionen zusammenhängen. Eine sorgfältige empirische Kenntnis und eine deutliche theoretische Erkenntnis der „Fraktionen" im gegenwärtigen Parlamentswesen namentlich unseres eigenen Landes, aber zugleich auf dem Hintergrunde der entsprechenden Erscheinungen in anderen Ländern, erschienen uns vordringlich wichtig, wenn man einen Begriff davon gewinnen will, wie Parlamente und wie insbesondere die parlamentarische Regierungsweise im Zeitalter organisierter politischer Parteien fungieren und fortbestehen können. So erstreckte sich die Aufmerksamkeit alsbald auf den Zusammenhang der Fraktionen mit den Parteien, auf die Rolle von Fraktionen und Parteien bei der Regierungsbildung, auf Bau und Leben, Dichte und Konstanz der Partei-Fraktionen selber, auf die wachsende Bedeutung der Parlamentsausschüsse und die besondere Art ihrer Verknüpfung mit den Fraktionen, schließlich auch auf die Einwirkung gesellschaftlicher Verbände auf Parteien und Parlamente. Solche ausdrücklich auf die lebende politische Verfassung gerichteten Studien bedeuteten in der Heidelberger wissenschaftlichen Entwicklung wohl eine Neuerung; doch flossen Überlieferungen und Anregungen aus dem Staatsrecht und aus der Geschichtswissenschaft, wie sie an dieser Universität betrieben und gelehrt wurden, sowie vor allem aus der reichen und bedeutenden soziologischen Forschungsrichtung in unsere Arbeiten ein, wie sie durch den Namen und die Tradition des genannten Instituts bezeichnet ist. Die Arbeitsweise der Forschungsgruppe wird man aus den einzelnen Publikationen kennenlernen. Hier mag noch bemerkt werden, daß alle Mitarbeiter in stetiger und enger Beziehung zueinander ihre jeweils besonderen Themen behandelt haben, und daß die wechselseitige Anregung und Kritik immer ein lebendiges Prinzip unserer Forschungsweise gewesen ist.

Diese Arbeit wäre nicht möglich gewesen ohne die tatkräftige und verständnisvolle Unterstützung der Stifter, welche Mittel für Stipendien, für die notwendigen Reisen und für literarische und archivalische Anschaffungen bereitgestellt haben. Unser Dank für solche Hilfe gilt den vormaligen Hohen Kommissaren der Vereinigten Staaten, ferner dem Herrn Bundes-Innenminister und in seinem Amte insbesondere den leitenden Herren der Kulturabteilung, weiterhin dem Vertrauensrat und dem Stabe der Rockefeller Foundation, dort insbesondere der Abteilung für Sozialwissenschaften. Endlich darf ich auch den Hauptausschuß, den Präsidenten und die Sachbearbeiter der Deutschen Forschungsgemeinschaft in diese Danksagung einschließen, welche unseren Bestrebungen und Versuchen die lebhafteste tätige Teilnahme haben angedeihen lassen. Der stetige vertrauensvolle Zuspruch schließlich, mit dem Geheimrat Alfred Weber und die Direktoren unseres Instituts, unter ihnen vorab Professor Alexander Rüstow, mit dem schließlich auch der Vorstand der „Vereinigung für die Wissenschaft von der Politik" uns bei unseren Arbeiten ermuntert haben, hat uns ein Gefühl der herzlichen Verpflichtung gegeben. D. St.

Aus der Reihe ad

Alexander v. Brünneck,
Horst Dreier & Michael Wildt
ad Ernst Fraenkel
Der Doppelstaat
112 Seiten | Klappenbroschur
ISBN 978-3-86393-113-1
Auch als E-Book erhältlich

Horst Dreier
ad Hans Kelsen
Rechtspositivist und Demokrat
143 Seiten | Klappenbroschur
ISBN 978-3-86393-114-8
Auch als E-Book erhältlich

Alfons Söllner
ad Hannah Arendt
Elemente und Ursprünge
totaler Herrschaft
136 Seiten | Klappenbroschur
ISBN 978-3-86393-117-9
Auch als E-Book erhältlich

Werner Renz
ad Hannah Arendt
Eichmann in Jerusalem
Die Kontroverse um den Bericht
»von der Banalität des Bösen«
191 Seiten | Klappenbroschur
ISBN 978-3-86393-125-4
Auch als E-Book erhältlich

www.europaeischeverlagsanstalt.de

Aus unserem Programm

Otto Kirchheimer
Politische Justiz
Verwendung juristischer Verfahrensmöglichkeiten zu politischen Zwecken
766 Seiten | Klappenbroschur
ISBN 978-3-86393-094-3

Christoph Müller
Das imperative und das freie Mandat
Neuausgabe mit einer Einführung von Horst Dreier
280 Seiten | Gebunden
ISBN 978-3-86393-120-9
Auch als E-Book erhältlich

Christoph Müller
Hugo Preuß,
der Vater der Weimarer Verfassung
Herausgegeben und eingeleitet
von Dian Schefold
274 Seiten | Klappenbroschur
ISBN 978-3-86393-137-7
Auch als E-Book erhältlich

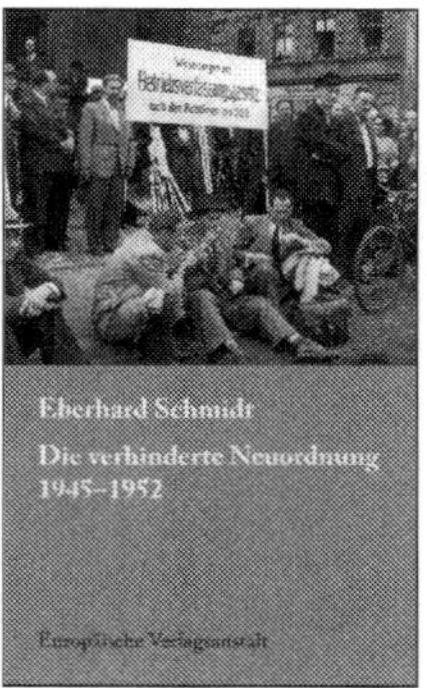

Eberhard Schmidt
Die verhinderte Neuordnung
1945–1952
272 Seiten | Broschur
ISBN 978-3-86393-138-4
Auch als E-Book erhältlich

www.europaeischeverlagsanstalt.de